市场营销策划理论与实务

主　编　李　阳　林玉贞　吴吉明
副主编　陈金山　吴超云　彭美红
参　编　施　芬　吴　玉　周丽雯
　　　　朱剑美　王清思

北京理工大学出版社
BEIJING INSTITUTE OF TECHNOLOGY PRESS

版权专有 侵权必究

图书在版编目（CIP）数据

市场营销策划理论与实务 / 李阳，林玉贞，吴吉明主编. —北京：北京理工大学出版社，2018.9（2024.1 重印）

ISBN 978-7-5682-6112-8

Ⅰ.①市…　Ⅱ.①李…②林…③吴…　Ⅲ.①市场营销学 – 教材　Ⅳ.①F713.50

中国版本图书馆 CIP 数据核字（2018）第 189892 号

出版发行 / 北京理工大学出版社有限责任公司	
社　　址 / 北京市海淀区中关村南大街 5 号	
邮　　编 / 100081	
电　　话 /（010）68914775（总编室）	
（010）82562903（教材售后服务热线）	
（010）68948351（其他图书服务热线）	
网　　址 / http：//www.bitpress.com.cn	
经　　销 / 全国各地新华书店	
印　　刷 / 北京虎彩文化传播有限公司	
开　　本 / 787 毫米 × 1092 毫米　1/16	
印　　张 / 15	责任编辑 / 徐春英
字　　数 / 352 千字	文案编辑 / 徐春英
版　　次 / 2018 年 9 月第 1 版　2024 年 1 月第 3 次印刷	责任校对 / 周瑞红
定　　价 / 39.00 元	责任印制 / 施胜娟

图书出现印装质量问题，请拨打售后服务热线，本社负责调换

前 言

营销策划是以满足消费者需求和欲望为核心,根据企业的营销目标,通过企业设计和规划企业产品、服务、创意、价格、渠道、促销,从而实现个人和组织的交换过程的行为。市场营销是培养营销策划人才的主干课程之一,也是高职高专工商管理、市场营销、旅游与饭店管理、人力资源管理、文秘等专业的主修课课程。

本书作为市场营销课程教学的教材,全书共有营销策划概述、分析市场营销环境、目标市场选择、产品策划、价格策划、渠道模式策划、促销策划七个学习模块,每个学习模块由若干学习任务组成,具有清晰的工作过程。每个学习任务包括情景案例、案例点评、知识体系等,构建了相对完整的市场营销策划理论及操作体系,突出学生市场营销与策划应用能力的培养,同时,满足以服务为宗旨,就业为导向,以能力为本位的高职教育办学方针要求。全书具有以下特色:

1. 操作性强。表现在内容上强调可操作性,不过多地进行理论方面的分析与解释,给学生大量的案例,让学生进行思考、提出方案;让学生自己提出策划思路或写出策划文案,教师则主要根据学生的策划能力对学生进行指导和考核。

2. 内容"必需、够用"。本书从够用和适度出发,按照高职人才培养目标的要求,学生所应掌握的基本理论和内容进行编制,将以前大部分营销策划教材中介绍的"STP – 4PS"的框架进行整合,更侧重营销策划方法、流程与营销策划文案写作及实施,理论体系完整,知识量适中,深浅适度。

3. 教学适用性强。本书具有教、学案例一体化的特点。在每个项目前有明确的学习任务,学习任务以案例导入来驱动教学;项目后附有思考练习题,进行任务演练,激发学生的操作兴趣,以便于复习巩固。

本书从计划编写到最后交稿,历时一年多时间,几经修改、打磨,汇聚了整个团队的智慧和心血,反映了编者对于市场营销策划的理解和对市场营销策划的教学体会;本书由李阳、林玉贞、吴吉明担任主编,由李阳定稿。书稿编写过程中,参阅了国内外营销学者大量研究成果，除注明出处的部分外，限于体例未能一一说明；在书稿成书过程中，得到了北京理工大学出版社编辑大力支持与帮助，在此，一并表示感谢！

由于编者水平有限，加上时间仓促，书中疏漏与不妥之处在所难免，敬请有关专家和读者批评指正。

编者

目　录

模块一　营销策划概述 ……………………………………………………（ 1 ）
　　任务一　认识市场营销 ……………………………………………………（ 1 ）
　　任务二　认识营销策划 ……………………………………………………（ 13 ）
　　任务三　营销策划书的撰写 ………………………………………………（ 19 ）

模块二　分析市场营销环境 ………………………………………………（ 32 ）
　　任务一　认识市场营销环境 ………………………………………………（ 32 ）
　　任务二　微观营销环境分析 ………………………………………………（ 37 ）
　　任务三　宏观营销环境分析 ………………………………………………（ 41 ）
　　任务四　市场营销环境分析方法及应变对策 ……………………………（ 50 ）

模块三　目标市场选择 ……………………………………………………（ 63 ）
　　任务一　市场细分 …………………………………………………………（ 63 ）
　　任务二　目标市场选择 ……………………………………………………（ 71 ）
　　任务三　市场定位 …………………………………………………………（ 77 ）

模块四　产品策划 …………………………………………………………（ 95 ）
　　任务一　产品与产品组合决策 ……………………………………………（ 95 ）
　　任务二　新产品开发策划 …………………………………………………（ 114 ）
　　任务三　品牌与包装策划 …………………………………………………（ 123 ）

模块五　价格策划 …………………………………………………………（ 136 ）
　　任务一　认识价格策划影响因素 …………………………………………（ 136 ）
　　任务二　价格策略选择 ……………………………………………………（ 142 ）
　　任务三　价格调整策划 ……………………………………………………（ 151 ）

模块六　渠道模式策划 ……………………………………………………（159）
任务一　认识分销渠道 …………………………………………………（159）
任务二　分销渠道的策划 ………………………………………………（167）
任务三　分销渠道管理 …………………………………………………（176）

模块七　促销策划 ………………………………………………………（185）
任务一　促销与促销组合 ………………………………………………（185）
任务二　人员推销 ………………………………………………………（190）
任务三　广告策划 ………………………………………………………（199）
任务四　公关策划 ………………………………………………………（213）
任务五　销售促进策划 …………………………………………………（224）

参考文献 …………………………………………………………………（234）

模块一

营销策划概述

学习任务

1. 掌握市场营销基本含义和相关核心概念;
2. 了解不同企业市场营销观念;
3. 了解市场营销理论;
4. 掌握营销策划的基本概念;
5. 熟悉营销策划方案的主要内容。

任务一 认识市场营销

情景案例

把梳子卖给和尚

奇妙公司创业之初,为了选拔真正有 ABC 效能的人才,公司要求每位应聘者必须经过一道测试:以赛马的方式销售 100 把奇妙聪明梳,并且把它们卖给一个特别指定的人群——和尚。这道立意奇特的难题、怪题,可谓别具一格,用心良苦。

几乎所有的人都表示怀疑:把梳子卖给和尚?这怎么可能呢?搞错没有?

许多人都打了退堂鼓,但还是有甲、乙、丙三个人勇敢地接受了挑战。

一个星期的期限到了,三人回公司汇报各自销售成果,甲卖出 1 把,乙卖出 10 把,丙居然卖出了 1 000 把。同样的条件,为什么结果会有这么大的差异呢?公司请他们谈谈各自的销售经过。

甲:我跑了三座寺院,到处和和尚讲,我们的梳子是多么多么的好,对头发是多么多么的好,结果那些和尚都骂我神经病,说我笑他们没有头发,赶我走甚至要打我。我很绝望,好在下山途中遇到一个小和尚,一边晒太阳,一边使劲挠着头皮,原来小和尚头上生了很多癞子,很痒,于是我便灵机一动,递上一把木梳,小和尚用后满心欢喜,于是买下一把。

乙:我想了很多办法,后来我去了一座名山古寺,由于山高风大,把前来进香的善男信女的头发都吹乱了,我问和尚,这里是不是有很多人拜佛?和尚说是的,我又问他,如果他们的头发被山风吹乱了,拜佛尊敬不尊敬?和尚说当然不尊敬。我说你知道了又不提醒他们,是不是一种罪过?他说当然是一种罪过。于是我建议他在每个佛像前摆一把梳子,游客来了梳完头再拜佛。那座山寺里一共有10座佛像,所以和尚就买了10把梳子。

丙:我来到一座颇负盛名、香火极旺的深山宝刹,对方丈说:"凡来进香者,多有一颗虔诚之心,宝刹应有回赠,保佑平安吉祥,鼓励多行善事。我这儿有一批梳子,听说您书法超群,可在每把梳子上刻写'积善梳'三字,赠送给每位进香者——而且这种梳子还有个特点,就是一定要在人多的地方梳头,这样就能梳去晦气、梳来运气。这样就会有很多人捐钱后就得到'积善梳'梳头,其他后来者也会去捐钱获得'积善梳'。"方丈听罢大喜,立刻买下1 000把梳子,并要求长期合作,签订供货合同。

案例点评

故事中的三个应聘者均有各自的营销特点:甲吃苦耐劳、锲而不舍、真诚感人;乙通过观察、推理、判断,能够大胆设想、因势利导地实现销售;丙则通过对目标人群的分析研究,大胆创意,有效策划,开发了一种新的市场需求。

后两个应聘者的经验告诉我们,在没有市场或市场需求不足的情况下,营销人员不仅可以另辟蹊径,打破常规,开发产品的新功能、新作用,发现需求——寻找消费者未被满足的需求,还能够创造需求——使消费者了解到自己尚未产生或意识到的需要;在看似不可能的情况下制定切实可行的营销方案,开辟新的市场。

知识体系

在企业的经营过程中,营销实践在不断地被修正、改革、完善,要认识市场营销,就必须了解市场营销是什么,营销的对象有哪些,要采取哪种营销观念指导公司参与市场竞争,以及谁在做营销。

营销既是艺术也是科学,既有一定的规律可循,又具有一定的创造性,好的营销不是碰运气,而是严密的筹划和执行的结果。

一、理解市场营销内涵

美国著名管理学家彼得·德鲁克(Peter Drucker)曾指出:"市场营销是企业的基础,不能把它看作是单独的职能。从营销的最终成果,亦即从顾客的观点看,市场营销就是整个企业活动。"由此可见市场营销已经成为企业经营活动的起点,不重视市场营销,企业就无法在市场竞争中取得成功。它虽然不是企业在市场竞争中取得成功的唯一因素,却已经成为企业成功的关键因素。

(一)市场营销的含义

美国著名的营销学者菲利普·科特勒(Philip Kotler)对市场营销的核心概念作了如下描述:"市场营销是个人和集体通过创造,提供出售,并同他人交换产品和价值,以获得其所需所欲之物的一种社会和管理过程。"由此可见,市场营销既是一种组织职能,也是一种创造、传播、传递顾客价值的思维方式,它包含以下4个基本点:

(1)市场营销的核心功能是交换。

(2)市场交换活动的基本动因是满足交换双方的需求和欲望。

(3)市场营销是一种创造性的行为。

(4)市场营销是一个系统的管理过程。

站在企业的角度，市场营销是企业在不断变化的市场环境中，为满足消费者需求、实现价值交换、达到企业目标所进行的市场选择、产品开发、产品定价、分销、促销和提供服务等一系列企业经营活动。它的主要作用是传递一种更高标准的生活，有利润地满足市场需求，实现价值交换，实现企业目标。

> **小贴士**
>
> **现代营销学之父——菲利普·科特勒**
>
> 菲利普·科特勒被誉为"现代营销学之父"，具有麻省理工学院博士、哈佛大学博士后及苏黎世大学等其他8所大学的荣誉博士学位。
>
> 他是IBM、通用电气（General Electric）、美国电话电报公司（AT&T）、德国默克（Merck）、北欧航空（SAS Airline）、米其林（Michelin）等许多全球性大公司的营销咨询顾问。其晚年的事业重点是在中国，他每年来华六七次，为平安保险、TCL、创维、云南药业集团、中国网通等公司作咨询。他认为，相对于经济平稳发展的欧美国家，中国更充满机会。

（二）市场营销的核心概念

为了进一步明确市场营销的内涵，我们将通过几组与之相关的核心概念来加深理解。

1. 需要、欲望、需求

（1）需要（Needs）：指人们没有得到某些基本满足的感受状态。人们不仅需要食品、空气、水、衣服和住所赖以生存，也需要娱乐、教育和医疗保健服务，这些需要是人最基本的生活和生存要求，存在于每个人自身的生理结构和情感生活中，不是社会和营销者所能创造的。

（2）欲望（Wants）：指想得到能满足基本需要的某种物品的愿望，是个人受不同文化社会环境影响所表现出来的对基本需要的特定追求，是需要在不同社会和环境中表现出的不同形式。一个需要代步工具的人，他的欲望可能是自行车、摩托车、汽车等，一个需要食物的人的欲望可能是馒头、包子、汉堡包或法式烤肉。市场营销者无法创造需要，但可以通过开发及销售特定的产品和服务来影响欲望。

（3）需求（Demands）：指人们对有能力购买并且愿意购买某个具体产品的欲望。当iPhone热潮席卷全球手机市场时，许多人都想拥有一部新上市的iPhone手机，但只有一部分人能够且愿意购买这一产品。对于市场营销者而言，不仅要估量有多少人对本公司的产品产生欲望，更应该了解有多少人真正愿意并且有能力购买，并通过各种营销手段来影响需求。

案例1-1

一元钱满足喝水的需要

炎热的夏天，刚打完一场篮球赛的李明，飞奔向校内的超市：
- 我感觉口渴了——需要
- A 我想喝可乐，B 我想喝果汁，C 我想喝……——欲望
- 口袋只有一元钱，我愿意且能买一瓶矿泉水——需求

因此营销者并不创造需要或试图使人们购买不需要的东西,而是发现人们现实生活中存在的问题和未满足的需要,根据需要开发、销售人们购买能力范围的特定产品,并不断刺激、引导人们产生购买特定物品的欲望。

2. 商品、服务与品牌

(1) 商品(Goods):用以满足人们需求和欲望的东西即为商品,比如计算机、电视机、汽车等。商品实际上只是获得服务的载体或工具,它的价值不在于拥有,而在于满足某种欲望。

(2) 服务(Service):指一方能够向另一方提供的任何一项活动或利益,如信息服务、游乐体验等。它本质上是无形的,不产生对任何东西的所有权问题;它的生产可能与实际产品有关,也可能无关。

(3) 品牌(Brand):是一种基于被顾客认可而形成的、能给企业或组织带来增值的无形资产。产品满足了顾客的利益需求,而品牌则满足了顾客的情感需求。产品同质化的今天,企业的竞争已从产品的竞争转向了品牌的竞争。

当提到麦当劳时,人们会联想到汉堡包、乐趣、孩子、快餐、金色拱门等,所有这些就形成了麦当劳的品牌。由此可见,品牌是企业、产品与消费者之间建立的一种关系,是存在于顾客头脑中的关于产品或企业的声誉和期望。

市场营销者必须清醒地认识到,其创造的产品、服务或品牌,不管形态如何,如果不能满足人们的需要和欲望,就必然会失败。

3. 价值和满意

消费者购买产品的行为实际上是在价值、成本、效用和满足之间根据每个人的经济实力进行选择的过程。

(1) 效用(Utility):指消费者对商品和服务满足其需要的整体能力的评价。效用大小取决于产品提供的功能利益和情感利益之和,既包括满足消费者对该商品属性的需要,也包括消费者心理层次上的满足感。

(2) 成本(Cost):指消费者用于购买商品及使用该商品、获得某种效用的支出,包括金钱成本、时间成本、精力成本、体力成本等。

(3) 价值(Value):指消费者对产品质量、服务和价格的主观判断,是得到和付出之比,即消费者通过对产品效用和成本进行比较而得到的一种主观心理评判。价值可以用下面的公式表达:

价值 = 利益/成本 = (功能利益 + 情感利益) / (金钱成本 + 时间成本 + 精力成本 + 体力成本)

消费者通常根据这种对商品价值的主观评价和支付的成本来做出购买决定,效用的最大化是顾客选择产品的首要原则。

消费者购买某种产品后往往会把购后感受和购前预期进行对比,从而产生满意或不满意的产品评价,为此营销者必须采取增加产品利益、效用,降低成本等方式来提高消费者价值和消费者满意度。

4. 交换、交易和关系

(1) 交换(Exchange):指为从他人处取得所需所欲之物,而以自己的某种物品作为回报的过程。自产自用、强取豪夺、乞讨和交换等都是获取所需之物的方式,然而,交换的发生,必须具备5个条件:

①至少有交换双方；

②每一方都有对方所需要的有价值的物品；

③每一方都有沟通和递送物品的能力；

④每一方都可以自由地接受或拒绝对方的物品；

⑤每一方都认为与对方交易是满意或合适的。

因此，交换是个价值创造的过程，交换之后双方会变得比以前更好。

（2）交易（Transaction）：是由交换双方之间的价值交换所构成的。如果双方正在进行谈判并趋于达成协议，这就意味着他们正在进行交换，一旦协议达成我们就认为发生了交易行为。交换是一个过程，交易是一个结果。

交易通常有两种方式：一是货币交易；二是非货币交易，包括以物易物、以服务易服务的交易等。一项交易通常要涉及至少两件有价值的物品，确定双方同意交易的条件、时间、地点，以及维护和迫使交易双方执行承诺的法律制度。

（3）关系（Relationship）：在交换过程中企业会与供应商、消费者等建立长期的、良好的关系，这样就形成营销的关系网络。这种关系的作用是保持长期的业务合作，减少交易成本和时间。

为了促使交换成功，营销者必须分析参与交换的双方各自希望得到什么和付出什么，并通过不断承诺和给予对方高质量的产品、优良的服务和合理公平的价格来维持长期满意的关系。

5. 市场与目标市场

（1）市场（Markets）：在营销者看来，市场是指那些具有特定需求的全部潜在消费者。哪里有未被满足的需求，哪里就有市场。在市场营销者眼中，买方构成市场，卖方则构成行业。

市场容量的大小取决于人口、购买力、购买欲望三个因素，即

$$市场 = 人口 + 购买欲望 + 购买力$$

对于市场而言，这3个要素之间相互制约、缺一不可。

案例1-2

如何寻找和发现市场

故事一

一位鞋商把他的两个销售人员叫来吩咐说："给你们个任务，谁去把鞋卖到非洲去，我将会给他丰厚的回报。"

甲说："老板你这不是难为人吗，怎么可能把鞋卖给非洲人呢，那里的人根本就不穿鞋的。"

乙说："老板，我去！多好的机会啊，多大的市场啊，要是非洲人民知道穿鞋的好处，得有多少人买我的鞋啊。"

故事二

一天，两个年轻人从山村来到一座大城市，口渴得厉害，想找些水喝。可让他们惊奇的是：在城市里，就连喝水都要钱！

一个人就想：在城市里喝水都要钱，这样的日子怎么过呀，还是回到农村吧，起码喝水

不要钱!于是他就放弃了在城市里打拼的愿望,从此在农村过了一辈子平淡的生活。

另一个人就想:在城市连喝水都可以赚钱,这样的机会有多好呀,在城市里创业真是到处都是机会呀!于是他就从创办卖水公司开始,在这座城市创业打拼,最终过上了幸福生活。

(2) 目标市场(Target Markets):商品经济发展到一定阶段,市场就会出现供过于求、需求千差万别的状况,对于任何一个企业或组织而言,提供让所有消费者满意的产品或服务几乎是不可能的事情。这就要求企业实行目标市场营销,即把整个市场划分为若干个由相似需求的消费者组成的细分市场,并根据企业自身资源优势选择准备为之服务的消费群体——目标市场。

案例1-3

浪漫体验功能型饮料市场——"他+""她-"饮料

[人民网2004年4月20日讯] 4月17日,首届北京王府井饮料节在王府井步行街鸣锣开场,北京汇源集团控股的汇源·北京她加他饮品公司也在此间隆重亮相,并推出中国首款男女饮料——"他+""她-"营养素水饮料,以"饮料也要分男女"的全新理念引得路人关注。

饮料分男女的创意诞生于2003年的"光棍节"(11月11日),提起这个巧合,CEO周子琰笑言:他和她在光棍节相遇,从此光棍不再孤单。按照她的解释,男人要喝男人饮料,女人要喝女人饮料,这叫市场细分;分男女是性别细分,分"+""-"是功能细分,男人要增加活力,女人要减肥、减压。"他+",表示给男人以力量;"她-",表示给女人以魅力。

汇源·北京她加他饮品公司个性化的品牌创意,打破了自古饮料男女不分的格局,以细分的产品满足了现代都市男女不同的生理、心理需求;同时以第三人称作为品牌名称,引发消费者的关注和理解,此外,时尚明快的产品包装上飘逸的男性轮廓和柔美的女性轮廓,凸显了国内首款男女营养素水的特点。

周子琰对饮料行业有自己的独到见解,她认为可口可乐卖的是"快乐",百事可乐卖的是"新生代的选择",而"他+""她-"卖的是"浪漫"。

原来,"饮料也分男女!"

二、树立正确的市场营销观念

营销观念是企业进行营销活动的指导思想和行为准则,是企业开展营销活动,处理企业、消费者和社会三者利益关系所持的观念、思想和态度。观念不同,行为方式就会有所不同。

随着世界经济和市场的发展,企业营销观念也在不断变化,营销观念的发展大致经历了由"以生产为中心"转变为"以顾客为中心",从"以产定销"变为"以销定产"的演变过程,这一演变过程,归纳起来主要有以下两个阶段:

(一)传统营销观念

1. 生产观念

生产观念(Production Concept)是指导销售行为的最古老的观念之一。这种观念认为,消费者喜欢那些可以随处买到而且价格低廉的产品，企业不论生产什么都会有人买。企业工作的重点是扩大生产、提高生产和分销效率。显然，生产观念是一种重生产、轻市场的经营哲学，适用于市场供不应求的产品或企业想要扩大市场的情况。

2. 产品观念

产品观念（Product Concept）认为消费者最喜欢那些质量好、功能全、具有特色的产品，"酒香不怕巷子深"，持有产品观念的企业经营者强调"以质取胜""以廉取胜"，只要产品好，就会顾客盈门，不去研究消费者需求与市场变化。

3. 推销观念

推销观念（Selling Concept）或称销售观念，是许多企业采用的一种观念。这种观念认为，消费者通常表现出一种购买惰性或抗衡心理，企业只有主动推销和积极促销，才能引起消费者的兴趣和欲望，否则消费者不会足量购买某一企业的产品。

"销售能够生产的产品，而不是生产能够销售的产品。"推销观念的本质仍然是生产什么销售什么，即以生产为起点，先生产后推销，以产定销。推销观念往往用于推销那些非渴求商品，也是产品过剩时许多企业常常奉行的营销观念。

（二）现代营销观念

1. 市场营销观念

从本质上说，市场营销观念（Marketing Concept）是一种以消费者需要和欲望为导向的哲学，它从明确的市场出发，以消费者需要为中心，协调所有影响消费者的活动，并通过创造性的消费者满意来获利，即"消费者需要什么就生产什么"。在这种观念下，企业不是寻找自己产品的合适消费者，而是为消费者找到合适的产品。持有市场营销观念的企业认为，实现组织各种目标的关键在于正确确定目标市场的需要和欲望，并且比竞争者更有效地传送目标市场所期望的商品或服务。

市场营销观念同推销观念之间存在着较大的区别。哈佛大学教授西奥多·李维特对推销观念和市场营销观念做了深刻的比较：推销观念注重卖方需要；营销观念则注重买方的需要。推销以卖方需要为出发点，考虑如何把产品变成现金；而营销则考虑如何通过产品以及与创造、传递产品和最终消费产品有关的所有事情，来满足消费者的需要。

市场营销观念的出现使企业经营观念发生了根本性的变化，也使市场营销学发生了一次革命。

2. 社会市场营销观念

在环境恶化、能源短缺、通货膨胀、失业增加、环境污染严重、消费者保护运动盛行的新形势下，市场营销观念无法解决消费者需要、消费者利益和长期社会福利之间隐含的冲突，这就要求有一种新的营销观念加以修正取代，这种新的观念我们称之为社会市场营销观念（Societal Marketing Concept）。

社会市场营销观念认为，企业必须平衡企业利润、消费者需要和社会利益之间的关系。企业提供的产品不仅要满足消费者的需求和欲望，而且要符合消费者和社会的长远利益，关心与增进社会福利。

随着买方市场的进一步深化和消费者心理的日趋成熟，现代营销观念也将不断发生变化，从而也会带来企业营销思想、意识、态度和哲学的新变化。

不同营销观念的区别见表1-1。

表1-1 不同营销观念的区别

类别	营销观念	观念、思想、态度				
传统营销观念	生产观念	消费者只对产品是否能够买得到且价格低廉感兴趣				
传统营销观念	产品观念	消费者最喜欢产品特色和追求良好的产品质量，因此，企业盲目地追求产品好，但对消费者的需求却注意不够，看不到市场需求的变化，往往导致企业成为"市场营销近视眼"				
传统营销观念	推销观念	企业的营销活动是千方百计通过人员推销和促销去刺激需求，争取消费者大量购买。企业是在销售能够生产的东西，而不是生产市场需要的产品。其结果是消费者使用了不喜欢的产品，"口口相传"，导致产品信誉遭到破坏	出发点	重点	方法	目的
传统营销观念	推销观念		工厂	产品	推销和促销	通过销售获取利润
现代营销观念	市场营销观念	实现组织目标的关键在于正确确定目标市场的需要和欲望，并且比竞争对手更有效、更有利地传送目标市场所期望的东西，具体表现为：消费者需要什么，企业就干什么。营销已经不是企业内部一个部门的工作，而是整个企业活动的导向问题	目标市场	消费者需求	整合营销	通过消费者满意获取利润
现代营销观念	社会市场营销观念	企业的市场营销活动不但要满足消费者的需求，而且要符合整个社会的长远利益。目标是协调企业、消费者以及社会之间的关系，通过三者的共同努力，实现一个尊重消费者主权和利益、能够充分发挥企业优势与特长、使企业能够不断得以发展、提高全社会的福利及满足人类不断发展需要的经营环境				

三、合理运用市场营销理论

（一）4P理论

杰罗姆·麦卡锡（E. Jerome McCarthy）于1960年在其《基础营销》（*Basic Marketing*）一书中第一次将企业的营销要素概括为4个方面，即：产品（Product）、价格（Price）、渠道（Place）、促销（Promotion），简称为"4P组合"。1967年，菲利普·科特勒在其畅销书《营销管理：分析、规划与控制》第1版中进一步确认了以4P为核心的营销组合方法。

1. 产品（Product）

产品是指能够通过交换满足消费者某种需求和欲望的任何有形物品或无形服务，包括功能、质量、特点、款式、花色、包装、品牌、服务等。

2. 价格（Price）

价格直接影响企业销售收入和利润的高低。它是企业在考虑成本、需求、竞争等因素的基础上，根据企业定价目标而制定出的最有利的价格策略，包括产品定价、折扣、价格变动等。

3. 渠道（Place）

渠道是指企业为了在适当的时间、地点、方式将其产品配送到目标市场而进行的销售网络培育和建设的活动，包括销售地点、销售模式、中间商的选择以及分销渠道的设计、管理与控制等。

4. 促销（Promotion）

促销是指在产品同质化的市场中，企业利用广告宣传、营业推广、公共关系和人员推销等方式，向消费者传递企业或商品信息，帮助消费者认识其商品或服务，引发消费者兴趣，刺激消费者购买欲望，从而达到提高企业知名度、增加销售量的目的。

4P 理论是以传统制造业为出发点、以市场为导向的营销理论，它通过对产品、价格、渠道、促销的计划和实施，以适应市场内外部环境的变化。其核心在于制定并实施有效的市场营销组合。

（二）4C 理论

随着市场竞争日趋激烈，媒介传播速度的加快，越来越多的企业开始关注消费者需求的变化，传统 4P 营销理论受到了挑战。1990 年，美国学者劳特朋（Robert Lauteerborn）提出了与传统营销的 4P 相对应的 4C 理论，即 Customer（消费者）、Cost（成本）、Convenience（便利）和 Communication（沟通）。4C 理论注重以消费者需求为导向，与市场导向的 4P 理论相比，4C 理论有了很大的进步和发展。

1. 消费高（Customer）

主要指消费者的需求。4C 理论认为消费者是企业一切经营活动的核心，企业要重视消费者需求，根据消费者的需求来提供产品。同时，企业提供的不仅仅是产品和服务，更重要的是由此产生的客户价值（Customer Value）。

2. 成本（Cost）

4C 理论将市场营销的价格因素延伸为生产经营全过程的成本，企业要想获得更多的利润，就不得不想方设法降低成本。企业不仅要考虑生产成本，也要考虑消费者的购买成本，即消费者在购买时耗费的时间、体力和精力，以及购买风险等。

3. 便利（Convenience）

即为消费者提供最大的购买和使用便利。便利是客户价值不可或缺的一部分，4C 理论强调企业在制定分销策略时，要更多地考虑消费者的方便，而不仅是企业自己的方便。要通过提供良好的售前、售中和售后服务，让消费者在购物的同时也享受到便利。

4. 沟通（Communication）

4C 理论认为，企业应通过与消费者进行积极有效的双向沟通，建立基于共同利益的新型企业—消费者关系。这不仅是企业单向的促销和劝导消费者，而是在双方的沟通中找到能同时实现各自目标的通途。

4C 营销理论从其出现的那一天起就普遍受到企业的关注，20 世纪 50—70 年代，许多企业运用 4C 理论创造了一个又一个奇迹。但是由于 4C 理论过于强调消费者的地位，强调消费者的需求变化和个性发展，因此必然会带来企业产品结构、工艺流程的不断调整、成本的不断增加、利润空间的大幅缩小；另外，在一些市场机制尚不健全的国家或地区，极易产生假、冒、伪、劣的恶性竞争以及"造势大于造实"的推销型企业，从而严重损害消费者的利益。

4P 理论与 4C 理论内容和要素对照分析见表 1-2。

表1-2 4P理论与4C理论内容和要素对照表

理论	4P理论		4C理论	
要素	产品	产品组合、服务、品牌、包装	顾客	以顾客需求、欲望为出发点,提供产品和服务
	价格	基本定价、支付方式、价格折扣等	成本	考虑顾客愿意付出的金钱、时间、精力等成本
	渠道	销售模式、地点的选择;中间商的选择、控制与管理	便利	制定能为顾客提供最大便利的分销策略
	促销	广告、人员推销、公共关系、营业推广	沟通	积极主动地与顾客沟通,寻找双赢的方法

（三）4R理论

4R理论是由美国学者唐·舒尔茨在4C理论的基础上提出的新营销理论,该理论认为,随着市场的发展,企业需要从更高层次上以更有效的方式在企业与消费者之间建立起有别于传统的新型的主动性关系。4R理论的营销四要素包括:

1. 关联（Relevancy）

即认为企业与顾客是一个命运共同体,建立并发展与消费者之间的长期关系是企业经营的核心理念和最重要的内容。企业必须通过某些有效的方式在业务、需求等方面与顾客建立关联,形成一种互助、互求、互需的关系,把顾客与企业联系在一起,减少顾客的流失,以此来提高消费者的忠诚度,赢得长期而稳定的市场。

2. 反应（Respond）

在经营管理中,多数企业倾向于说给消费者听,却往往忽略了倾听的重要性。在相互渗透、相互影响的市场中,对企业来说最现实的问题不在于如何制订、实施、控制计划,而在于如何及时地倾听消费者的抱怨、希望、渴望和需求,并及时做出反应来满足消费者的需求。

3. 关系（Relation）

如今企业抢占市场的关键在于能否与消费者建立长期而稳固的关系,即能否从一次性交易转向建立长期友好的合作关系;能否从着眼于短期利益转向重视长期利益;能否从消费者被动适应企业单一销售转向消费者主动参与到生产过程中来;能否从相互的利益冲突转向共同的和谐发展;能否从管理营销组合转向管理企业与消费者的互动关系。为此,企业要把交易转变成一种责任,利用有效沟通,建立与消费者之间的长期、稳固、互动关系。

4. 回报（Return）

对企业而言,市场营销的价值在于能为企业创造短期或长期的经济效益。因此,一定的、合理的回报既是正确处理营销活动中各种矛盾的出发点,也是营销的落脚点;既是维持市场关系的必要条件,也是营销发展的动力。

4R理论以竞争为导向,着眼于企业与消费者间建立互动与双赢的关系,不仅积极地满足消费者的需求,而且主动地创造需求,通过关联、关系、反应等形式建立与顾客独特的关系,把企业与消费者联系在一起,形成独特的竞争优势。但与消费者建立关联、关系,需要一定实力基础或某些特殊条件,这并不是任何企业都可以轻易做到的。

（四）7P 理论

随着服务业的兴起，服务营销学作为一门独立的学科逐渐发展起来。与传统的营销方式不同，服务营销观念认为消费者购买了产品仅仅意味着销售工作的开始，企业不仅要关心产品的成功售出，更要注重产品所提供过程中的消费者感受。为此，服务营销理论在 4P 理论的基础上加以扩充和调整，增加了 3 个"P"，即：

1. 人（People）

这里的"人"主要是指作为服务的一部分的所有人类的活动，包括服务生产者、消费服务的消费者以及在服务环境中的其他消费者的活动。一方面，在服务业中担任生产或操作性角色的人，其实就是服务产品的一部分，他（她）们可以完全影响消费者对服务质量的认知与喜好，其贡献和其他销售人员相同；另一方面，在服务环境中某些消费者的活动也会影响到其他消费者对产品的认知。

2. 有形展示（Physical Evidence）

法国的营销学家法立普（Jean-Paul Flipo）认为，有形展示既包括与服务工作有关的有形展示，也包括与服务人员有关的有形展示。

服务的无形性决定了服务的质量和内在品质无法通过服务产品自身表现出来的。企业只有通过"有形展示"为消费者提供必要的有形线索，才能让消费者体验服务质量，认识服务的价值，提高服务的可识别性。

3. 过程（Process）

过程是指服务的生产工艺、交易手续和消费规程的总和，包括与服务生产、交易和消费有关的程序、操作方针、组织机制、人员处置权规则、消费者参与的规定、活动流程等。

以上 3 个新的组合因素不但影响着消费者最初的购买决定，而且影响着消费者的满意程度和再购买决定。服务营销 7P 组合内容如表 1-3 所列。

表 1-3　服务营销 7P 组合内容

要素	主要内容
产品（Product）	1. 领域；2. 质量；3. 水准；4. 品牌；5. 服务项目；6. 保证；7. 售后服务
定价（Price）	1. 水准；2. 折扣；3. 付款条件；4. 差异化；5. 消费者的认知价值；6. 质量/定价
地点或渠道（Place）	1. 所在地；2. 可及性；3. 分销渠道；4. 分销领域
促销（Promotion）	1. 广告；2. 人员推销；3. 销售促进；4. 宣传；5. 公关
人（People）	1. 人力配备（训练、选用、投入、激励、外观、人际行为）；2. 态度；3. 其他消费者（行为、参与程度消费者/消费者之接触度）
有形展示（Physical Evidence）	1. 环境（装潢、色彩、陈设、噪声水准）；2. 装备实物；3. 实体性线索
过程（Process）	1. 政策；2. 手续；3. 器械化；4. 员工裁量权；5. 消费者参与度；6. 消费者取向；7. 活动流程

7P 理论的核心在于揭示了员工的参与对整个营销活动的重要意义。企业员工是企业组织的主体，每个员工所做的每件事都将是用户对企业服务感受的一部分，都将对企业的形象产生一定的影响。企业应关注为用户提供服务的全过程，通过互动沟通了解用户

在此过程中的感受，使用户成为服务营销过程的参与者，从而及时改进自己的服务来满足用户的期望。

随着 7P 理论的提出和广泛认同，服务营销理论的研究开始扩展到内部市场营销、企业文化、员工满意、消费者满意、消费者忠诚、全面质量管理、企业核心能力等领域，这些领域的研究代表了 20 世纪 90 年代以来服务营销理论发展的新趋势。

四、关注营销新发展

（一）整合营销

整合营销是一种对各种营销工具和手段的系统化结合，根据环境进行即时性的动态修正，以使交换双方在交互中实现价值增值的营销理念与方法。它强调以消费者为中心并把企业所有资源综合利用，实现企业的高度一体化营销。整合既包括企业营销过程、营销方式以及营销管理等方面的整合，也包括对企业内外的商流、物流及信息流的整合。

整合营销常用工具包括广告、促销、直销、宣传与公关、赞助、展会、包装、商品交易、口头传播、电子营销等。

整合营销观念改变了把营销活动作为企业经营管理的一项职能的观点，而是要求将所有活动都整合和协调起来，注重与消费者之间的交流、对话和沟通，努力为消费者的利益服务。

（二）数据库营销

数据库营销是在 IT、Internet 与 DataBase 技术发展的基础上逐渐兴起和成熟起来的一种市场营销推广手段，它是以特定的方式在网络上或是实体中收集消费者的消费行为资讯、厂商销售资讯，并将这些资讯以固定格式存储在数据库当中，在适当的营销时机，以此数据库进行统计分析的营销行为。通过数据库的建立和分析，各个部门都对消费者的资料有详细全面的了解，可以给予消费者更加个性化的服务支持和营销设计，使一对一的消费者关系管理成为可能。因此，数据库营销不仅仅是一种营销方法、工具、技术和平台，更重要的是一种企业经营理念。

数据库营销在西方发达国家的企业里已相当普及，在美国，1994 年 Donnelley Marketing 公司的调查显示，56% 的零售商和制造商有营销数据库，10% 的零售商和制造商正计划建设营销数据库。从全球来看，数据库营销作为市场营销的一种形式，正越来越受到企业管理者的青睐，在维系消费者、提高销售额中扮演着越来越重要的作用。

（三）网络营销

网络营销是企业整体营销战略的一个组成部分，是指为实现企业总体经营目标，以互联网为基本手段，营造网上经营环境的各种活动。网络营销的职能包括网站推广、网络品牌、信息发布、在线调研、顾客关系、顾客服务、销售渠道、销售促进 8 个方面。

（1）网络营销不同于网上销售，网上销售只是网络营销的职能之一，是网络营销发展到一定阶段的结果。

（2）网络营销不同于电子商务，虽然二者都包含了产品的网上销售，但如果没有发生交易行为，则称为网络营销。

（3）网络营销不等于网站推广，网站推广是网络营销的重要内容，它的成功只是网络营销的第一步，并不意味着网络营销的成功。

（4）网络营销是企业营销战略的一个组成部分，它不可能脱离一般的营销环境而独立存在。

在网络营销活动中，常用的网络营销工具包括企业网站、搜索引擎、电子邮件、即时信息、网络实名、电子书等，借助于这些手段，才能更好地实现营销信息的发布、传递以及与消费者之间的沟通。

（四）绿色营销

绿色营销观念是 20 世纪 80 年代初出现的以销售绿色产品为特色的市场营销观念，是指企业在生产经营过程中，以促进可持续发展为目标，以环境保护为经营指导思想，为迎合消费者绿色消费的消费习惯所开展的营销活动。绿色营销要求企业在营销活动中顺应时代可持续发展战略的要求，注重地球生态环境保护，促进经济与生态环境协调发展，以实现企业利益、消费者利益和社会利益的协调统一。

实施绿色市场营销的企业，必须在开展市场营销活动的同时，努力消除和减少生产经营对环境的破坏和影响。在选择生产技术、生产原料、制造程序时，应符合环境保护标准；在产品设计和包装装潢设计时，应尽量降低产品包装或产品使用的剩余物，以降低对环境的不利影响；在分销和促销过程中，应积极引导消费者在产品使用、废弃物处置等方面尽量减少环境污染；在产品售前、售中、售后服务过程中，应注意节省资源、减少污染，要努力把经济效益与环境效益结合起来，尽量保持人与环境的和谐，不断改善人类的生存环境。

（五）直复营销

直复营销是指不通过中间商，直接接触消费者并将产品和服务送达消费者。直复营销最大的特点是消费者可以在家里购物，方便、省时，产品选择自由，可以实现比较购物。为建立长期的客户关系，企业也可以通过寄卡片、发布信息、赠送小礼品等方式加强与消费者的联系。

直复营销的主要方式有直接邮寄、产品目录、电话营销、互动电视、售货亭、网站和移动设备等。

直接邮寄包括向个人寄发产品、告示、提醒通知或其他物品等。利用直接邮寄可以对目标市场进行选择，实现定制化营销，并进行早期测试和反馈测量，是一种比较流行的方式。

产品目录是指印刷的、电子的或网上的系列产品目录、特殊产品目录或服务项目。客户管理、成本控制、产品质量是产品目录营销成功的保障，企业也可以通过增加文字或信息特色、发送材料样品、开设专门的咨询热线、向最佳客户派送礼品等方法提高产品目录营销的效果。

电话营销是指利用电话接线员和呼叫中心传递信息、接受订单的营销方式。电话营销是一种重要的直复营销工具，有助于替代成本更高的现场销售或登门拜访，但有时也会干扰消费者的工作和生活，因此有效的电话营销应该选择适当的电话营销者，并对他们进行良好的业务培训。

任务二　认识营销策划

情景案例

北京大洋节电设备有限公司由中国香港物业发展有限公司和北京供电部门、铁路部门合资兴建。通过对企业用电、节电情况调查，以及市场上各类型节电产品的价格、质量情况分析，公司得出以下两个结论：

（1）节电产品有一定的市场需求，并且在某些行业需求量较大；

（2）节电产品以节能灯为主，但市场上的节能灯产品普遍存在寿命过短、节电不节钱、用户不敢用的问题。

根据这一结论，公司制定了以下营销规划：

（1）开发生产节能灯产品，并进而带动其他节电产品的开发；

（2）由生产部门把节能灯寿命 5 000h 重新定位为 10 000h，质量标准直接瞄准飞利浦产品；

（3）产品质量承诺由保用半年改为保用 1 年；

（4）营销部门在 3 个月内将 20 000 支节能灯投放市场，并形成一定的经济效益；

（5）在市场销售部的基础上，专门成立了企业营销策划部，具体负责企业的战略规划、产品的销售策略及具体销售战术的实施。

选定目标市场，抓节能灯试点

当时对节能灯需求的单位很多，有机关团体、宾馆饭店、商场等，但考虑到过多的目标市场不利于集中公司的人力、物力，于是，公司把宾馆饭店行业中三星级以上的宾馆作为目标市场，并作为节能灯的试点单位。主要原因在于这些单位节能灯的需求量大，使用时间长，节电效果要求高，有足够的经济实力。

采用直销双高的营销策略

针对用户期盼高寿命节能灯的心理，公司把节能灯的价格定在 40~50 元，以体现优质优价的新品牌的特点。这一价格是飞利浦同类产品价格的 1/3，这在当时用户还是可以接受的。为了进一步消除用户顾虑，公司又精心组织和策划，采取了以下的几次行动：

（1）开展公共关系活动。由本公司组织、全国节电办公室牵头、北京"三电办"参加的在人民大会堂举行的"关于'明球'牌节能灯突破 10 000 小时的新闻发布会"，一时间大小报纸铺天盖地报道明球灯的信息，不仅震惊了节能灯同行，而且也给北京一直黑暗的节能灯市场带来了一线光明。这次公关活动宣传本公司新产品形象的同时，也为公司产品大量进入市场打下了良好基础。

（2）加大促销力度。首先，召开了由试点单位各宾馆饭店工程部经理参加的新产品恳谈会，听取了与会人员对新产品性能和质量的要求，公司着重介绍了产品及产品质量保证，在会上公开提出属质量问题保用 1 年，可签订书面合同。接着，公司又派出大批训练有素的营销人员，深入到各大宾馆饭店，上门促销。

由于策略得当，方法正确，结果在不到 40 天的时间内，20 000 支节能灯全部进入了市场，而且做到了基本收回货款。价格最贵的卖到了 55 元/支（华北大酒店）。

一般在 40 元/支左右，创造了国内节能灯价格最高、销售速度最快、效益最好的先河，公司也提前近 2 个月完成了任务指标。节能灯的销售在短期内取得的巨大成功，在宾馆行业和其他行业造成很大的影响。

随着节能灯销售量的剧增，国内同行也开始仿造公司节能灯的外形，以低价出售的方式和公司展开了市场争夺战。面对这种情况，公司及时将节能灯的价格大幅下调（成本此时也大大下降），并通过晚报中缝、函件向北京的宾馆饭店、写字楼、机关等单位广泛宣传产品性能和质量保证,以此维持公司节能灯的市场份额和应对行业竞争。

(资料来源:清华领导力培训)

案例点评

企业的发展有赖于创新,所以企业也就需要策划。海尔、长虹、万科、联想等企业的成功都可以说是策划的成功,也正由于这些企业的成功示范效应,越来越多的企业重视企业营销策划,运用营销策划来抢占市场竞争的制高点。北京大洋节电设备有限公司营销策划工作的成功之处在于:

1. 正确地制定了企业营销战略方案

(1) 将节能灯作为主要产品率先推向市场,这一立项符合了国家产业发展的方向,同时也兼顾了企业节能节电、提高效益的需求,这是企业营销成功的首要条件;

(2) 产品定位战略得当,在产品发展的不同时期采用了相应的营销策略,抓住了市场上缺少高寿命节能灯这一空白点,以产品质量高出对手、价格上又适时地多次降低赢得市场青睐。

2. 正确地实施了企业营销策划,制定了周密细致的营销战术方案

(1) 正确选择目标市场,是试点销售取得突破性进展的原因之一;

(2) 根据产品发展不同时期的特点进行营销策划。在产品刚投入市场时采用"直销双高"策略,注重了一个"快"字;在产品发展快速时,注重了一个"优"字;当产品质量稳定、市场竞争激烈时,公司通过多次降价、新闻媒介宣传、上门促销等措施,利用质量优势,始终占据市场的主要份额。

知识体系

现代企业所进行的多种形式的营销策划活动,对企业的生产经营和发展起到了极为重要的作用。

一、营销策划的内涵

(一) 策划内涵

"策划"一词,有策略、主意的意思,一般是指对某一活动的运筹和规划,也具有动态的筹划、谋略含义,又称为"策略方案"和"战术计划",是指在社会活动中,人们为了达成某种预期的目标,依据所拥有的资源条件,参照环境因素,借助一定科学方法、艺术手法、创造性思维,为决策、计划而进行的研究、构思、谋划、设计并形成行动方案的过程。策划是现代经济活动中最常见的活动之一。

美国《哈佛企业管理丛书》指出:策划是一种程序,在本质上是一种脑力的理性行为。

日本人则把策划称为"企划",认为是通过实践活动获得更佳成果的智慧或智慧创造行为。

在我国,策划是人类最古老的活动之一,许多兵书上都有记载,《论语·述而》中"好谋而成者也"的"谋"字、《汉书·商帝记》中"运筹帷幄,决胜千里之外"的"筹"字、"凡事预则立,不预则废"的"预"字都是策划思想的体现,这些思想在今天的企业管理活动中仍发挥着重要的作用,并且表现出以下特点:

(1) 策划的本质是一种思维智慧的结晶。

(2) 具有目的性。不论什么策划方案，都有一定的目的，否则策划就没有意义了。

(3) 具有前瞻性、预测性。策划是人们在一定思考以及调查的基础之上进行的科学的预测，因此具有一定的前瞻性。

(4) 具有一定的不确定性、风险性。策划既然是一种预测或者筹划，就一定具有不确定性或者风险性。

(5) 具有一定的科学性。策划是人们在调查的基础之上，进行总结、科学的预测，策划不是一种突然的想法或者突发奇想的方法，它是建立在科学的基础之上进行的预测、筹划。

(6) 具有科学的创意。策划是一种思维的革新，其灵魂就是创意。没有创意的策划，就不是真正意义上的策划。

(7) 具有可操作性。策划是形成行动方案的过程，因此可操作性是策划最基本的要求和前提。

(二) 营销策划内涵

营销策划是在对企业内外部环境予以准确分析并有效运用各种经营资源的基础上，对一定时间内企业营销活动的行为方针、目标、战略以及实施方案与具体措施进行的设计和计划。它综合了哲学、经济学、管理学、营销学、社会学和心理学等学科的知识和原理，并使这些知识和原理在营销管理工作的实践中得到体现。因此，营销策划得以成立的基本前提有两个，即营销现状与营销目标。营销现状即企业所处的营销环境，营销目标是企业欲达到的理想目标。因此，一旦营销目标树立，即意味着营销策划的开始。

营销策划在发展之初只是附属市场营销工作中的一个职能，即在企业内部设置专人或职能部门，兼职或专职进行市场营销策划。20世纪五六十年代，营销策划作为独立的企业职能出现在美国，早期的营销策划主要是广告策划和公关策划。

在我国，营销策划于20世纪80年代末才逐渐兴起，最初以"点子"创意为主，"点子大王"何阳的创意开启了中国的营销策划之旅。20世纪后期，营销策划发展为广告公司、文化传播公司、管理咨询公司等法人实体，从业人员专业素质也大大提高，营销策划业逐渐由个体行为向团队行为、专业行为、长期行为方向发展。

要全面正确地认识营销策划，必须要先弄清楚营销策划与计划、营销策划与决策、营销策划与点子的区别。

1. 营销策划与营销计划的区别

计划是体现企业执行力的一个重要因素，策划则更多地展现企业的创造性。企业在不同的时段或阶段，对营销策划和营销计划会有不同的重视程度。同时，它们也会由企业不同的部门来制定或执行。

(1) 营销策划与营销计划都需要面临众多的信息处理和反馈，足够的信息来源以及对信息的正确运用和处理，会使二者都能获得理想的结果。不是所有的计划都有策划。计划是具体的实施细则，有的计划是长远的目标打算，不具备现实际操作性；有的计划是常规的工作流程，不具备创新性。

(2) 营销策划一个是主动性的、目标性很强的行为，更多地表现为战略决策，包括状况分析、问题诊断、制定和优化方案、整合优势等。计划是被动性的、规划性很强的行为，往往表现为掌握原则和方向、按部就班的工作流程。

（3）从对象上看，营销策划一般运用于工商企业和商业性活动中，营销计划则一般运用于政府组织的指导性活动中。

（4）计划往往具有极端性、单一性，缺乏策划所具备的丰富性和灵活性。策划人或经营者在进行企业经营决策时，强调策划；而在执行这一策划时则强调计划。

2. 营销策划与营销决策的区别

1947年，美国管理学家西蒙在《行政行为——行政组织中决策过程的研究》一书中，第一次系统地提出了管理科学中的决策理论。作为现代管理学上的一个术语，决策是指个人或群体为实现其目的，制定各种可供选择的方案并决定采取某种方案的过程。决策就是决定，它不是创意和论证，也不需要实施和评估，只是对一个事物的判断。

决策是建立在论证（调研）的基础上，但决策对创意（提出概念）这个环节并不强调，论证只是决策的前奏。某些决策，如经验决策（也称个人决策），是不需要论证的。因此决策以抉择为重点，以聚合思维为主，重在优选方案；而营销策划强调创意创新，创意是策划的灵魂。如果说策划是决定干好干坏，那么决策就是决定干与不干，这就是两者的本质区别。

3. 营销策划与点子的区别

许多人认为，出点子也是营销策划，这显然是不对的。出点子主要是提供一种主意、一种观点，是不容易想到、但容易做到的事情。营销策划离不开点子，许多大的策划往往从一个点子开始，一个一个点子连起来就是一个好的营销策划。充分运用点子，有利于营销策划的发展，因此好的点子是有价值的。

营销策划是一个系统工程，策划中有点子，但点子只是一个主意、一点思想火花。尽管每个人都具备点子，但不是每个人都会产生创意，因为创意的产生需要借助更多的专业知识，这就是两者的本质区别。因此，成功的营销策划并不是靠拍脑袋拍出来的，也不是一种偶然的巧合，而是某些客观规律的体现，是在现代科学原理指导下的产物。

二、营销策划在现代企业经营中的作用

随着企业经营观念由生产观念、产品观念和推销观念向营销观念的逐渐转变，营销策划在企业经营决策中的地位也显得越来越重要。营销策划对企业经营决策的作用和影响主要表现在以下方面：

（1）加速企业经营观念的转变；
（2）避免经营活动的盲目性，减少经营失误，提高企业经营决策水平；
（3）加强企业经营管理与市场开拓的针对性；
（4）促使企业积极创新，增强企业竞争活力；
（5）使企业的经营不断适应快速发展的科技进步和市场变化情况；
（6）促使企业重视经营管理人才的培养。

综上所述，营销策划对企业经营的促进作用是多方面的，必须引起企业的高度重视并切实开展营销策划。一个不重视营销策划的企业，在竞争日趋激烈的市场中很难逃脱被市场淘汰的命运。

三、营销策划的主要内容

营销策划的主要内容涵盖企业营销活动的所有环节和各个方面。具体而言，其内容主要分为以下方面：

1. 搜集和分析企业相关营销信息

这里的营销信息主要包括企业所处营销环境的信息、企业自身营销能力的信息等。信息是策划的基础，没有真实的、丰富的企业营销信息作为依据，企业营销策划方案就会脱离企业的营销实际。

2. 市场竞争战略与市场发展战略的策划

通常根据企业已确定的市场营销战略目标，结合企业的优势，如品牌优势、成本优势、销售网络优势、技术优势、质量优势等确定企业的营销战略重点，并通过不断的努力，打造企业的核心竞争力。

3. 市场选择与定位策划

随着商品的日益丰富，消费者的需求也变得多样而复杂。对于同一种类的商品，消费者会在价格、外观、功能、质量、品牌等方面表现出不同的需求偏好。对于任何企业而言，在有限的资源、设备、技术等条件下，无法提供满足所有消费者需求的产品，因此企业必须根据自身条件优势，进行市场选择与定位策划，选择若干个最适合本企业经营的细分市场作为自己的目标市场，并在目标市场中建立与众不同的品牌形象和产品形象。

4. 产品与品牌策划

产品是企业赖以生存和发展的基础，产品策划是企业营销策划的核心。企业要想在市场竞争中立于不败之地，必须重视产品开发与策划，不断提高产品质量，优化产品组合，树立品牌形象，以便更好地满足市场需要，取得更大的经济效益。

5. 价格策划

产品价格是企业营销组合中非常敏感的内容，它不仅是影响企业销售收入和利润的重要因素，也是改变企业市场竞争地位的重要手段，同时成功的定价还可以使企业的品牌形象得到强化。因此定价是整个企业营销策划中最有生命力的部分，它既是定价策略的选择，也是定价策划艺术最直接的表现。

6. 渠道策划

在产品从生产者向消费者转移的过程中，企业为提高销量，扩大市场份额，挖掘潜在客户，提高消费者满意度和品牌知名度，往往需要建立包括各种批发商、零售商、代理商和商业服务机构在内的分销渠道。选择渠道模式、建立分销渠道、管理分销渠道构成了企业渠道策划工作的主要内容。

7. 促销策划

在市场竞争中，企业往往要借助广告、公关、人员推销和营业推广等促销策划活动，向消费者传递信息，突出本企业及产品的特点，以激发、引导消费者的欲望和需求，巩固和扩大企业的市场份额。

四、营销策划的一般程序

营销策划是一项极其复杂的特殊决策活动，好的营销方案的设计，绝非是靠某人心血来潮，拍拍脑袋就能产生出来的，而必须要严格地按照策划程序来进行；此外，策划不是设计陷阱和圈套，即策划必须以不损害消费者利益为前提。策划的方案一定是有利于产品的销售而不是有害于产品的销售，这就要求企业营销策划要遵循其必要的原则。

企业营销策划程序并不存在一个标准的模式，但对其全部操作过程进行分析，可将程序分为具有上下逻辑联系的3个阶段。

第一阶段：问题识别。这一阶段的重心是确定问题所在，提出策划的目标，其主要工作是对有关营销信息进行搜集分析和营销目标的初步设立。

第二阶段：诊断阶段。这一阶段的核心任务是对前面所提出的各种方案进行逐个论证、分析。

第三阶段：方案选择。这一阶段的主要任务是从各种可能方案中选出最合适的方案。

任务三　营销策划书的撰写

情景案例

小产品，大市场——乌江榨菜策划纪实

中国饮食结构的变化，使酱腌菜的消费量不断增大，而其中榨菜产品消费量占据酱腌菜市场总量50%以上，市场发展空间相当广阔。

【行业市场机会分析】

中国的酱腌菜行业酝酿着一场变革和整合，两个关键因素更是催化了这场变革的到来。

第一：生活方式（特别是一二线城市人群）的改变，生活节奏的加快，成品酱腌菜满足了人们对方便性的需求。

第二：食品安全越来越多地受到消费者的关注。由于市场容量大、进入门槛低的特点，低层次发展、低水平竞争一直是酱腌菜行业的顽疾，酱腌菜行业将面临规范整治。

【继承"涪陵榨菜"品牌口碑，迅速提升乌江品牌】

在消费者心目中涪陵是最好的榨菜产地，"涪陵榨菜"是一个品牌，但事实上却没有"涪陵"牌商标，而涪陵作为一个地名，也不可能进行商标注册。基于这样的现状，策划者决定将"涪陵"成为产地背书，主要用来与消费者沟通信任、保证技术、保证品质。

在产品包装的上部品牌识别区，加上这样一段文字："乌江榨菜，正宗涪陵榨菜，始于1898年，巴国古都涪陵因乌江（古称涪水）而得名，涪陵榨菜名冠世界三大名腌菜之首，乌江榨菜色如暖玉，其味鲜、香、嫩、脆，更为涪陵榨菜之极品！"。

【创造差异化概念——三榨】

市场调研发现，消费者评价榨菜好坏的重要标准是"鲜""脆"，而实现"鲜""脆"的方法就是榨菜最有特色的工艺——榨，"榨"是工艺之根本！榨尽水分存留精华，榨得干而不失清爽，榨得清脆更有弹性，榨得有滋有味。榨菜也是因此而得名。

为了保证产品品质，乌江榨菜的生产过程都是经过了多次的清洗和腌榨，这正是乌江榨菜的特殊资源：三清三洗，三腌三榨。

一清一洗，翡翠洗：精选上品"乌江翡翠头"，以清冽的泉水清洗表面风尘，还原翠玉本色；

　　二清二洗，去盐霜：将初腌榨菜，以清泉浸去多余盐霜，确保复腌之时风味饱满，层次分明；

　　三清三洗，黄玉洗：将成型榨菜，起筋去皮，再以清泉浸洗至通体宛如黄玉之色；

　　一腌一榨，榨龙骨：将初腌翡翠头堆成盘龙状，榨得菜心韧性十足，咬劲十足；

　　二腌二榨，榨龙髓：将复腌榨菜以竹器压榨，榨得菜心内开出层层龙鳞纹，加入秘制天香，其味自然入骨入髓；

　　三腌三榨，榨龙涎：将腌成之榨菜再次压榨，榨出鲜、香、嫩、脆层次分明的绝妙滋味。

　　"三榨"源于榨菜，既继承了榨菜的优质资源，又区别于普通的榨菜，摆脱了消费者对榨菜低价值的认知，取得了定价的主动权，从而可以通过价格的调整实现企业利润的提升。

【包装媒体化】

　　对包装元素进行重新设计组合，从历史感、文化感、品质感、口感、工艺等方面诠释产品特点，真正体现了包装的媒体化功能。包装袋的正反面分成若干个传递信息区域，利用有限的空间传递品牌信息，将产品的包装变成真正的传递信息的媒体平台。

【决战市场，传播有道】

　　在投放的媒体选择上，策划者决定"占领传播制高点"，与"中国最有号召力的声音"——中央电视台联手，设置声音门槛，这样即使其他榨菜品牌有意效仿，也无力跟进，进一步夯实乌江榨菜在行业的地位。

【终端建设同步开展】

　　从2005年3月份开始全国招商，借助成都糖酒会这一商业秀台，迅速完成全国所有地级城市和部分县城的经销商的设立。从4月份开始，产品迅速进入各类卖场和便民小店；从6月份开始对KA和A类卖场开展主题促销，加强产品在卖场的生动化陈列，加强品牌形象在卖场的展示宣传，加强人员导购及品尝售卖等。

案例点评

　　营销策划是一项极其复杂的特殊决策活动，好的营销方案的设计必须要严格地按照策划程序来进行，其主要内容要涵盖企业营销活动的所有环节和各个方面。"乌江"牌榨菜是重庆市涪陵榨菜集团旗下众多榨菜品牌之一，随着中国饮食结构的变化，酱腌菜的消费量不断增大，尤其是榨菜产品消费量占据酱腌菜市场总量50%以上。如此广阔的市场发展空间，对"乌江"而言，既是机遇又是挑战。本策划方案既涵盖了环境分析、品牌塑造、产品差异化定位等内容，也进行了包装、渠道的创意性策划，全面细致地规划了"乌江"榨菜的未来发展方向，在塑造品牌、提高市场份额方面起到了重要的作用。

知识体系

　　从功能上来看，营销策划书具有项目可行性分析、营销活动计划、营销策划方案说明3种作用。一份好的营销策划书，既要准确地传达策划者的真实意图，做到使阅读者相信；又要在此基础上充分、有效地说服决策者，使决策者能够认同营销策划的内容，采纳营销策划建议，并按营销策划的内容去实施营销方案。

一、营销策划书的类型

按营销策划书的项目专题不同，常见的营销策划书类型有：
(1) 营销战略规划；
(2) 产品市场推广策划；
(3) 营销团队建设；
(4) 促销策划，如广告策划书、促销活动策划书、公关策划书等；
(5) 专卖体系等特殊销售模式策划；
(6) 提升终端销售业绩；
(7) 样板市场打造；
(8) 渠道建设与管理；
(9) 价格体系建设；
(10) 招商策划；
(11) 新产品上市策划；
(12) 产品规划；
(13) 市场定位；
(14) 营销诊断；
(15) 网络营销平台的创立等。

二、营销策划书的格式与内容

不同类型的营销策划书，其策划目的不同，内容也不尽相同，但一般营销策划书应包括以下一些基本要素：

1. 封面

营销策划书的封面如同策划书的名片，醒目、整洁的封面设计能起到强烈的视觉效果，给人留下深刻的印象。

营销策划书封面的构成主要有以下几个要素：

(1) 营销策划方案名称，即策划方案的标题。标题的写法一般有两种：单标题和双标题。单标题一般就是把策划主题明确具体、直接简明地表示出来，如《××新品上市策划案》《××全国市场推广策划案》等；双标题就是策划方案标题采用正副标题的形式，一般正标题概括表达策划主题，副标题具体表达或补充说明策划主题的内容。

(2) 委托策划客户名称。如果是接受客户企业委托的策划项目，一般还要在封面标注《××公司××策划书》。

(3) 营销策划提案日期。这里的日期一般是指策划方案完成的日期或正式提案的日期，而且应该按完整规范的格式标注，如2016年12月1日或2016.12.1等。

(4) 营销策划方案适用时间段。主要标注营销策划方案计划执行的起始时间段，如2012.1.1—2012.12.31。

(5) 营销策划机构或策划人的名称。一般在距封面下部大约1/3处标明策划机构全称或个人名称，有时也会根据需要把策划小组成员名称和策划分工标注清楚。

(6) 策划书的编号及保密级别。策划公司承接的策划任务类型较多、数量较多时，应按一定的编号办法进行编号管理。在营销策划方案实施完毕之前，有关人员也应根据情况标明策划方案需要保密的级别，如秘密、机密及绝密，以防止信息外泄。

2. 前言

前言主要是对策划的意义、目的、紧迫性、缘由、起因、方法、过程、内容等背景性资料进行介绍，其作用不仅在于让读者了解策划项目的背景情况，更重要的是让读者对营销策划方案产生一种急于了解的强烈欲望和初步的价值判断。

前言的文字一般不应过长，其内容应集中在以下几个方面：

(1) 策划任务的情况。例如，×××营销策划公司受×××公司委托，承担其××营销策划任务。

(2) 策划的目的、意义、原因。主要阐述策划人对客户企业策划该项目的重要性、紧迫性和必要性等的看法与态度，以进一步加强客户企业决策人对策划该方案的信心。

(3) 策划的工作过程。主要阐述策划工作过程、工作方法、参与人员以及策划方案实施的预期效果。

3. 目录

目录涵盖了营销策划书的主体内容和要点，是营销策划书的基本框架，通过策划方案要点、思路和结构的介绍，为使用者查找相关内容提供方便。

4. 概要

概要是对营销策划书主要内容的概括性陈述，其目的是使阅读者对整个方案有一个全面的了解和认识。

5. 正文

(1) 界定营销策划问题。主要是分析客户营销战略目标与营销现状之间的差距，对营销策划所要实现的目标、解决的问题进行准确描述。

(2) 企业背景状况分析。介绍企业一般情况、企业业绩、产品、价格渠道、促销、服务、形象、占有率、盈利等。

(3) 营销环境分析。这是营销策划的依据与基础，所有营销策划都是以环境分析为出发点。环境分析一般包括外部环境与内部环境两个方面，重点分析环境变化中对营销工作影响较大的因素。通过分析，发现市场中存在的机会与风险、企业优势与劣势。

(4) 确定具体营销方案。这是策划书中的最主要部分。在拟定这部分内容时，必须非常清楚地提出营销目标、营销战略与具体行动方案，同时还要将这些战略与策略具体落实成各项具体的工作、各时段具体的任务，也就是说要制定出周密细致的行动方案，包括：做什么、何时做、何地做、何人做、怎么做、对谁做、为什么做、需要多长时间、需要多少物资、人员及费用、达到什么程度等，列出相应的费用预算表、活动安排表和方案进度表。

(5) 控制与应急方案。作为策划方案的补充部分，用以明确对方案实施过程的管理与控制。具体来说，就是制定效果评估方案、业绩奖惩制度、效果监控机制、状况信息反馈制度等，以保证方案的顺利实施。同时也要制定多套应急方案，以应对可能出现的一些突发事件和难以预料的营销危机。

6. 结束语

按照行文习惯，一般在介绍完营销策划主体内容后，应作一个简要的总结，以重复强调主要观点并突出强调重点内容。

7. 附录

附录是营销策划书的附件部分，主要包括营销策划方案中提到的一些数据资料的原始依据、一些理论观点的原始结论、备选方案，或者由于篇幅太多而不适于放在正文中的分析过程等。附录有助于读者理解策划方案有关问题来龙去脉的内容，有助于深化读者对营销策划方案的认识，有助于增强方案的可信度和可行性。

三、营销策划文案的撰写要求与技巧

营销策划文案或称营销策划书，是营销策划的文字报告形式。营销策划文案从形式上要规范、鲜明、具体，具有形象性和可操作性。文案的篇幅要与策划内容的繁简相一致，文案的形式要图文并茂，文案的语言要简约、流畅、生动，文案的结构要严谨、完善、层层递进、环环相扣、彼此照应。除此之外，营销文案的撰写还需要特别注意以下问题：

（一）营销策划文案的撰写要求

（1）逻辑思维原则。策划的目的在于解决企业营销中的问题，首先要交代策划背景，分析产品市场现状，设定情况。其次要按照逻辑性思维进行构思，阐述具体策划内容，明确提出解决问题的对策。

（2）简洁朴实原则。营销策划书属于商业应用文的范畴，因此在写作上要做到简洁朴实、语言精练、重点突出、详略得当，抓住企业营销中所要解决的核心问题，深入分析。

（3）可操作性原则。营销策划书是用于指导营销活动的，因此其可操作性非常重要。制定具有针对性、可行性的方案，以免造成不必要的人、财、物的耗费。

（4）创意新颖原则。营销策划书不仅要求表现手法新，同时也要求标题新颖、醒目、紧扣题旨；"点子"出奇制胜，给人以观念上的冲击。

（二）营销策划文案的撰写技巧

（1）前言的撰写最好采用概括力强的方法，如采用流程图或系统图等；

（2）在书写之前，先在一张图纸上反映出策划方案的全貌；

（3）巧妙利用各种图表；

（4）策划书的体系要井然有序，局部也可以用比较轻松的方式来表述；

（5）在策划书的各部分之间要做到承上启下；

（6）要注意创意、版面的新颖性，提高策划书的吸引力。

任务实训

1. 分析某一时期同行业中不同企业的营销活动与营销策略。
2. "哪里有需求哪里就有市场"，营销人员发现需求的灵感往往来自人们生活中出现的困难、问题、挑剔和抱怨。就你所发现的生活中的困难、问题、挑剔、抱怨，与小组同学进行讨论，分析其中蕴含的商机和待开发的产品（服务）。

复习思考

1. 市场营销的含义是什么？如何理解与其相关的核心概念？

2. 市场营销观念有哪些?
3. 4P理论的主要内容是什么?
4. 如何理解营销策划的内涵?
5. 营销策划的主要内容有哪些?
6. 营销策划文案的撰写技巧有哪些?

案例赏析

板蓝根口服液大连市场营销企划案

第一部分　前言

一、基本方针

为了能够成功地抢占感冒药中成药领域的领导品牌，确定我们的基本方针：一是紧抓绿色概念、安全概念、便利概念、预防概念；二是"二十字口诀"，即双轨启动、重点运作、以点带面、广告提示、疗效渗入。

二、营销手段

营销手段	
主要手段	报纸、电视、终端拦截
重要手段	公关、促销、折页、电台、形象展示
辅助手段	回访、推拉、网络

三、市场启动步骤

论证阶段	准备阶段	导入阶段	深入阶段
1. 外部环境论证 2. 媒体价位论证	1. 产品上市时应准备的各种证件 2. 市场调查 3. 制定当地市场启动计划 4. 营销队伍组织建设 5. 与媒体单位签订合同 6. 渠道确定 7. 铺货	1. 电视、电台广告 2. 适量报纸硬广告 3. 销售渠道建设与完善 4. 终端、促销 5. 公关 6. 折页、横幅	1. 电视、电台广告 2. 适量报纸广告 3. 公关、促销 4. 加大促销品投放力度

第二部分　市场营销环境分析

一、市场环境分析

1. 感冒药市场概况

（1）目前知晓率最高的中药抗感冒药有板蓝根颗粒剂、VC银翘片、感冒清片和胶囊、感冒冲剂、羚羊感冒片、抗病毒冲剂等，使用较多的也是这几个品种。

（2）在感冒药的使用上，消费者仍以西药为主，同时也使用一些中药制剂，如板蓝根、VC银翘片等作为西药的补充。据调查统计，全部服用西药的人数约为全部服用中药人数的2倍。

（3）中成药由于其绿色、安全、毒副作用小等优点，逐渐被消费者接受，且已有相当数量的拥护者。

(4) 感冒药剂型多以片剂、胶囊、颗粒剂为主，口服液剂型较少。

(5) 感冒药中纯中药制剂较少，目前尚无知名领导品牌。

(6) 市场上现仅有5家药业生产板蓝根口服液。

2. 感冒药市场的发展趋势

目前，国内医药生产企业有6 000余家，感冒药市场容量在100亿元以上。1 000多家西药生产企业，生产西药感冒药100多种；200多家中药生产企业，生产中药感冒药十几种。"PPA事件"给不含PPA的感冒药企业带来了一次机遇，包括康泰克在内的含有PPA的感冒药让出的市场有12亿～13亿之多，对于国内中药企业来说"PPA事件"提供的机遇更是千载难逢。据预测，中西药市场占有格局将发生有利于中药的改变，原来中西药的比例为3∶7，而将来中西药的比例可能达到1∶1。

又据调查表明，70%的被调查者表示感冒后会选择中药，30%的被调查者表示要有选择地吃中药，这无疑给中药感冒药制剂提供了一个巨大的市场和发展空间，人们对以中草药为代表的植物药治疗疾病、预防疾病的效果和优点越来越肯定了。更多的消费者希望市场能出现更多的名牌中药抗感冒药，以满足他们对付感冒的要求。

可见，感冒药市场将发生很大的变化，一批疗效好、市场营销较成功的中成药感冒药制剂将脱颖而出，成为感冒药市场一道亮丽的风景线，其中儿童纯中药抗感冒药制剂将占有相当的市场份额。我企业板蓝根口服液的推广上市，正是适合这一客观的需求，必将创造出良好的经济效益。

二、消费者分析

1. 消费者基本特征分析

(1) 在购买感冒药上不受职业、文化程度、收入限制，目标受众广泛。

(2) 在产品认知方面受广告（特别是电视广告）影响大，但是在购买决策上，医生建议、营业员推荐甚至店堂陈列对消费者影响很大。部分消费者将感冒药作为家庭常备药品。

(3) 在选择预防感冒药上以中成药为主，主要是板蓝根、VC银翘片等。

(4) 女性对待感冒比男性对待感冒较为谨慎；父母为儿童选择感冒药以中成药为主。

(5) 购买儿童感冒药品主要看重微甜口味及液体剂型。

2. 影响消费者购买决策的主要因素分析

(1) 产品功效：产品功效是消费者选择产品时的第一考虑因素，因为对于感冒药来说，消费者在购买时目的性很明确——为解除某些症状或预防某些疾病而购买。

(2) 口碑传播：如果消费者身边的亲友有服用经验并稍做推荐，其对购买决策的影响是所有广告宣传所无法企及的。

(3) 广告宣传：广告宣传是消费者认知产品的重要途径，并对消费者的购买行为有着极其重要的引导作用，特别是对于儿童类药品的广告引导，效果相当明显。

三、竞争者分析

1. 竞争者层次划分

根据整个感冒药市场的基本情况，将板蓝根口服液的竞争对手划分为主要竞争对手和次要竞争对手，其中主要竞争对手为A类板蓝根系列中成药，次要竞争对手为B类（其他中成药感冒药）和C类（西药感冒药）。

2. 板蓝根颗粒制剂主要竞争对手分析

竞争类型	同类产品比较	特点
A类	广东和平 10g×20 包 15.00 元 广东和平 5g×20 包 7.00 元 江西新余 5g×20 包 16.00 元 南昌济生 5g×20 包 18.00 元 江西济民 5g×20 包 15.00 元	(1) 以冲服为主，服用不方便 (2) 广告宣传力度较小，大多在终端自然销售 (3) 包装设计一般，难以引起消费者注目 (4) 价格差别较大，多在 15 元左右，已被消费者接受 (5) 大多由厂家办事处、医药公司或个体代理商运作，实力相对较弱
B类	(1) 板蓝根冲剂 (2) VC 银翘片 (3) 三九感冒灵 (4) 感冒清片和胶囊 (5) 羚羊感冒片 (6) 抗病毒冲剂	(1) 除三九感冒灵外，其余生产厂家较多 (2) 中成药中知晓率较高，使用的多是这几个品种 (3) 除三九感冒灵外，其余见效慢，但药效长且对多种感冒有很强的适用性 (4) 平均价格如下（限大连地区）：三九感冒灵 12.00 元 VC 银翘片 1.50 元 抗病毒冲剂 9.00 元
C类	(1) 康泰克 (2) 日夜百服宁 (3) 泰诺 (4) 感康 (5) 三九感冒灵 (6) 康必得 (7) 白加黑感片 (8) 海王银得菲	(1) 属于广告产品，厂家实力雄厚、知晓率较高 (2) 具有对多种感冒适应性强、起效快、药效长等特点 (3) 平均价格如下（限大连地区）： 康泰克 12.00 元；日夜百服 12.50 元 感康 12.00 元； 白加黑感冒片 12.40 元 康必得 4.00 元

四、渠道分析

1. 渠道结构

(1) 厂家——经销商——终端；

(2) 厂家——终端。

2. 渠道成员描述

药店分为零售独立药店和连锁药店两种模式，规模上分为大中型药房和小型便利药房两种。独立药店多为国营药店，很多隶属于医药公司。连锁药店多为私营或个人承包形式，由于统一形象、统一配送带来的规模效应，渐渐成为药品零售的主力军。

药店经理：厂家代表一般不会与药店经理有过多接触，因为货款不是直接找药店经理结算。在产品推销上药店经理也不是关键人物。

药店柜组长：柜组长是药品销售的关键环节，一般零售药店，柜组长有权要求药店经理到厂家或经销商处进货。柜组长通常分为两种类型：一种以个人经济利益为重，这类柜组长会把厂家的渠道促销费用全部揽入个人口袋，不会将厂家的渠道促销费用分给营业员；另一种柜组长能均衡照顾柜组成员的利益，这类柜组长会把促销费用平均分给柜组成员，会把有促销费用的产品放在柜台最醒目的地方，还会经常提醒柜组成员多关心这个品种，营业员也会尽量多推销这个品种。

药店柜组成员：柜组成员分为两种类型。一类以利益为重。这类营业员只要哪种保健品有促销费用或费用较高，就会尽力推荐哪一品种。第二类营业员多以顾客利益为重，这类营业员一般会根据在销售过程中长年累积的经验,将疗效好的保健品推荐给消费者,虽然也会受促销费用的影响,但还没有到不顾一切、唯促销费用说话的地步,由于受大气候的影响,这类营业员目前已越来越少。

五、SWOT 分析

优势/劣势 机会/威胁	优势 S (1) 领导的市场营销意识和拓展市场的决心 (2) 产品包装精美,吸引人 (3) 板蓝根口服液是纯中药制剂,绿色、安全 (4) 市场上感冒药以片剂和颗粒为主,口服液较少,而板蓝根口服液剂型为液剂,利于吸收	劣势 W (1) 产品的生产成本及包装成本等过高,且零售价高,消费者很难接受 (2) 产品在运输装卸时,容易破损,消费者也不适合随身携带 (3) 营销人员素质尚需不断完善与提高。
机会 O: (1) 感冒药中纯中药制剂较少,目前尚无领导品牌 (2) 市场上仅有5家生产企业,竞争对手较少 (3) 秋冬季节为流感高发季节,为产品的快速启动提供了条件	SO 略	WO 略
威胁 T (1) 市场上已有5家生产企业 (2) 西药感冒药的广告宣传攻势十分强劲,严重地抢夺了一部分感冒药消费者 (3) 新产品层出不穷,广告力度大,竞争激烈	ST 略	WT 略

第三部分 市场营销策略及行动方案

一、市场推广战略

为了合理有效利用资金,以最少的投入获取更大的回报,达到预期目标,基于对竞争对手、市场的了解分析,拟订以下策略:

(1) 软硬结合:根据医药行业的特点,采取公关、促销活动与媒体宣传相结合,以产品功效渗入人心,从而塑造企业品牌,提升公司的形象。

(2) 充分发挥公关活动的舆论影响作用,通过口碑效应影响受众的消费行为,提高受众对本公司板蓝根口服液的认知度和知名度(以组织儿童和老人活动为契机点)。

(3) 采取高空媒体与地面促销相结合的市场启动方式,并采取"短期内以产品功效带动品牌成长,再以品牌成长带动企业发展"的战略思想。

(4) 以操作保健品的方式操作本产品,力求短期内造成区域销售热潮,并快速扩大公司及产品影响。

二、产品策略

(1) 产品剂型：口服液剂型，口味较甜，微苦；
(2) 产品规格：10mL×10支/盒；
(3) 用法与用量：口服，一日四次，成人一次15～20mL，小儿一次3～5mL，婴儿一次2～3mL。

产品功效	产品四大特点	产品定位
(1) 流行性感冒 (2) 流行性腮腺炎 (3) 扁桃体炎 (4) 肝炎、肝硬化 (5) 消炎、解毒、咽肿 (6) 小儿麻疹（预防和治疗的双重作用）	(1) 抗菌、消炎、去痛、治感冒四效合一（抗菌不留情） (2) 纯中药制剂，不含PPA，无任何副作用（身心更安全） (3) 现代科学组方，效果显著（效果更显著） (4) 口服更方便，吸收更快捷（吸收更便捷）	绿色、安全、有效、服用方便的抗病毒、预防感冒的中成药

三、价格策略（略）

四、渠道策略

1. 渠道模式

(1) 跨入药店直营、由营销代表负责当地市场的拓展与销售。
(2) 寻找适合的医院和诊所合作，由医院和诊所销售。（注：前期主张双轨并行原则。）
(3) 大连、鞍山市场同时启动。
(4) 其他地区招全国总代理商或招各地代理商和经销商负责销售。

2. 渠道结构（略）

五、终端策略

1. 终端布点

(1) 优"点"：商业区邻近或位于居民区、交通要道附近。
(2) 劣"点"：周围无居民，行人少，环境差，药房管理差。

2. 终端陈列点

(1) 对传统终端：柜台后面与视线等高的货架上、收银机旁、柜台前都是好的陈列点；
(2) 终端促销时：终端人流最多的走道中央、货架两端的上面、墙壁货架的转角处、出纳出入口；
(3) 避免下列陈列点：仓库出入口、黑暗角落、店门口两侧死角、气味强烈商品附近。

3. 陈列秘诀

(1) 建立良好的客情关系，获得终端支持，得到好的陈列表现（位置）。
(2) 不要将终端宣传品或产品陈列品被其他产品掩盖。
(3) 不要将不同类别产品堆放在一起，同类产品放在一起。
(4) 抢占好的陈列点位置，顾客经常或必须经过的交通要道为第一选择。
(5) 运用一些小的"指示/提醒"式陈列，摆放少量的产品在柜台上，而主要产品陈列在客户站着所面对方向的架上。
(6) 产品名永远面对消费者，库存充足。

(7) 以更换样品为由，经常检查纠正。
(8) 定期更换在外陈列的产品，防止变色、损伤。

4. 货架排列法

(1) 横向排列：产品陈列做到整齐、干净、美观。
(2) 多盒排列：2盒或2盒以上排成一字形，以竖排为主，平常所陈列货品不少于3盒。

5. 结算方式

(1) 现结：争取首批布点30%以上现金；b类和a类主动要货时送货，以求现结。
(2) 批结：必须签订合同；限定每次最低进货量。

6. 终端培训

(1) 产品理论、病理理论、作用机理、推销技巧。
(2) 终端硬件：窗贴（柜台贴）、终端宣传品（折页）、横幅。必要部分：窗帖、终端宣传品。
(3) 陈列技巧。

7. 软终端建设

通过软终端建设，达到我们的目标：每个营业员都成为我们产品的推销员。

(1) 促销机制（奖励方法）：每盒××元提成。

说明：各个药店营业员提成均为××元，保持一致水平。

(2) 情感沟通：要求业务员必须与辖区的营业员处好关系，可由经理不定期检查；每个月末组织一次营业员与营销代表座谈会。
(3) 促销培训：包括对营业员进行产品知识、宣传技巧两方面的培训，强调这方面的重要性，可采取开卷答题、赠送礼品的方式强化其学习记忆。

8. 终端导购

(1) 内容：加强营业员、医生、终端促销人员对产品主要机理、功能、宣传技巧方面的强化培训，突出产品高科技性。同时与同类产品有比较，找出不同之处和本产品的优点，让消费者在短时间内容易接受。
(2) 方式：主要是通过情感沟通获得营业员或医生、促销人员对我们产品的认同，从而达到推荐我们产品的目的。

六、广告策略

1. 广告宣传战略

通过对传播媒体的有效组合，有针对性地影响消费者，将××药业板蓝根口服液形象根植于消费者心中。

采取高空媒体（电视、电台广告）与地面媒体（平面报纸、宣传单页）相结合的广告宣传方式，立体全面地影响消费者。

传统媒介主要用于造势、传递信息、提高知名度、树立良好的品牌形象，并配合公关活动、促销活动来创造实效，进而达到"1+1>2"的效果。

2. 广告宣传原则：统一性、集中性

3. 独特的销售主张

(1) 绿色、安全、高效的预防感冒、抗病毒类中成药。

(2) 标本兼治：杀灭病毒，减轻症状。

4. 广告推广关键语

预防感冒，抗病毒，板蓝根口服液

清热解毒、凉血消肿；滴滴浓情，无限关爱

抗感冒，绿色安全，便捷高效

抗菌不留情，健康永相随

对付流感，预防比治疗更重要

板蓝根口服液，预防儿童流感的良药

5. 广告宣传媒介

(1) 以电视为主，向目标群体进行高空诉求，同时辅以电台广告为补充。

(2) 以平面媒体为地面接应，进而扩大广告覆盖率。

6. 广告创意（略）

七、促销策略

1. 促销目的

扩大板蓝根口服液的知名度及回头率。在终端点促销时可采用优惠销售或赠送礼品等方式，在保证销量的同时，带动品牌的成长。

2. 促销方案

(1) 临床、诊所促销：由于其特殊性，采取一些特殊的临床销售技巧。

(2) 终端药房促销：

①软终端：情感沟通、专业培训、联谊活动、促销机制（奖励办法）等。

②硬终端：POP、推拉等。

③可采用"累计销售额返利表"，配备促销礼品及广告宣传品等方式进行促销。

3. 消费者促销

可采用"优惠活动日"、会员制、积点返利销售等方式进行促销。

4. 促销活动类型

(1) 终端促销活动：

时间：每周1~2次及节假日。每周六、日，节假日主要在终端促销。要有持续性，每一周期以一个月为宜。

(2) 户外促销活动：

时间：节假日或疾病高发期。注意事项：①前期做好宣传铺垫工作；②做好公关工作；③活动当日的细节安排和后续活动的顺延。

八、培训

培训目的：培养思想、业务、理论、管理都过硬的干部和骨干，提高分支机构的战斗力，建立一支具有丰富的创新能力，具有言之有物、言之有理、言之有术的表达能力，具有会造势、善借势、逢山能开路、过河能搭桥的实战能力，具有勇往直前、坚韧不拔、坚强毅力的高素质营销团队。

培训对象：

(1) 新员工；

(2) 新的市场策略、战术推销参与人员；

(3) 开发新市场人员;
(4) 跟不上市场发展需要的员工;
(5) 其他需要培训的员工。

培训内容:
(1) 企业文化;
(2) 工作制度、工作纪律;
(3) 产品知识;
(4) 营销知识;
(5) 各岗位的业务知识和实践交流。

培训形式:
(1) 全员培训;
(2) 部门培训。(根据营销中心计划,分阶段、分部门进行培训);
(3) 传帮带(骨干带队,现场言传身教);
(4) 周培训例会;
(5) 采取面授与实践相结合,操作要领要加以演示。

培训要求:
(1) 培训过程中要严格要求,培养组织纪律观念;
(2) 注意培训内容的衔接,强调气氛,让学员有危机感,学有所得;
(3) 培训完成后考核成绩上报营销中心。

问题:
1. 板蓝根口服液的营销环境中有哪些机会、威胁?企业的优势、劣势有哪些?
2. 结合板蓝根口服液营销策划方案,讨论分析常用的营销手段有哪些。

模块二

分析市场营销环境

学习任务

1. 阐述市场营销环境的概念；
2. 了解市场营销环境的特点及与市场营销活动的关系；
3. 理解微观市场营销环境与宏观市场营销环境的内容；
4. 简析营销环境的研究意义、方法以及不同营销环境下的企业营销对策；
5. 学会运用环境因素分析环境对营销活动的影响、企业面对机会与威胁所应采取的对策。

任务一 认识市场营销环境

情景案例

凯迪拉克轿车营销环境分析

（一）凯迪拉克产品概述

通用汽车公司凯迪拉克事业部前身是1899年创立的底特律汽车公司，1902年改名为凯迪拉克，1907年被通用公司收购。

1960—1970年，凯迪拉克生产了闻名于世的豪华轿车。从1977年开始，凯迪拉克朝小型化发展，其顾客主要是那些对轿车要求较高的人，他们大多是专业人员，收入和受教育水平都较高，平均年龄约为58周岁。为了吸引年轻高收入消费者，公司在1975年5月推出了塞维车型，它体积较小，具有国际标准尺寸，有注入式5.7L缸发动机和其他一系列特点，这使得它成为世界上装备最好的轿车之一。

1981年，通用汽车公司又推出了凯迪拉克有史以来最小的车型——西马龙。1986年，为进一步迎合年轻顾客，凯迪拉克开始在维乐系列中推出功能型车——图铃品牌轿车。图铃车型具有雾灯、尾部防撞板、15英寸铝合金车轮、黑色轮胎、更快的速度和更好的转向功能。

1986年，凯迪拉克定位于高端市场，为消费者提供家用和个人用车。

1987年，凯迪拉克推出了其最具特色的车型之一——阿兰特两人座敞篷车。它的车身和内部设备都是每周两次用波音747运输机从意大利皮林法里那设计制造厂空运过来，然后在美国装配。它凭借57 183美元的最低价和6 000辆的限量成为凯迪拉克中最贵且产量最少的车型。

1988—1989 年，凯迪拉克的目标除了价格将持续上升以外，仍将保持其基本市场定位。总经理格莱腾伯格说："我们的目标是使每一款凯迪拉克在外表、特点和质量方面前进，我不希望像梅塞德斯—奔驰那样按销量加权的平均售价达到 43 000 ~ 44 000 美元，但我希望提高档次。"

凯迪拉克 1989 年的产品线中，有 25 000 美元的维乐、26 000 美元的布罗汉姆，还有 30 000 ~ 40 000 美元的霜林，爱尔多拉多最低价约 27 000 美元，塞维则是 30 000 美元。当然，阿兰特还是最贵的，售价 57 183 美元。

（二）宏观环境分析

豪华汽车作为奢侈品，其市场份额的大小直接受宏观经济的影响，因此，在市场分析时需要对宏观经济发展趋势进行预测。

20 世纪 70 年代中期以后，西方各国经济开始面临严重衰退和通货膨胀，失业率逐年上升。1981 年以后，里根总统采取大幅度减税，减少政府开支以刺激供给，以财政赤字激增的代价，取得了一定成效。美国失业率从 1980 年的 7.1% 下降到 1988 年的 5.4%，通货膨胀率由 1980 年的 13.5% 降低到 1988 年的 7.1%。国民平均收入也持续增长，从 1981 年的 8 476 美元增加到 1988 年的 13 123 美元。国民生产总值增长率一直保持在 4% 以上。这使企业能够对未来经济做出乐观的估计。

美国的石油一半以上依赖进口，石油价格上涨会对美国经济产生不利影响。世界石油价格自 1980 年达到最高点 40 美元/桶后，在 20 世纪 80 年代逐渐下滑。石油是不可替代的资源，从长远讲，其价格必然是上升的，为避免石油价格的冲击，研究节能型及替代石油能源的汽车应是在很长时间内都必须考虑的问题。

综上所述，可以比较乐观地说，在未来几年内，宏观经济环境是有利于豪华汽车市场发展的。

（三）微观环境分析

1. 竞争对手分析

凯迪拉克轿车的主要竞争品牌是美国企业生产的林肯、奥斯莫比尔、别克、水星和克莱斯勒；欧洲企业生产的德国梅塞德斯—奔驰、宝马和奥迪；英国生产的劳斯莱斯和美洲虎，还有瑞典的萨伯和沃尔沃等。其主要的国内竞争对手是福特公司的林肯和大陆品牌轿车，主要的国外竞争对手是欧洲的企业，如英国的劳斯莱斯和德国的梅塞德斯—奔驰、宝马、奥迪以及亚洲竞争对手日本。

虽然在 20 世纪 80 年代末，日元的坚挺使得日本汽车失去了低成本的优势。日本不再像以前那样制造出价格低廉、能与韩国、南斯拉夫和美国国内厂家相竞争的车型。由于难以获得期望的利润，日本开发了许多结构紧凑、尺寸适中的车型，包括本田的雅阁、丰田的凯莫端和克莱西达，以及尼桑的马克西马。

2. 顾客分析

（1）顾客性别结构：由美国人口统计局资料可知，20 世纪 80 年代，美国男子的收入水平是女子的 2 倍以上；另外，40% 的妇女不外出工作。因此可以有把握地说，豪华汽车市场的用户群绝大部分是有较高收入的男性。

（2）购买者的年龄结构：在美国市场，中青年用户受过大学教育的比例很高，大学毕业年龄平均为22岁。大学毕业以后走上工作岗位，最开始时工资不高，需要有一定工作经验后才能获得较高收入。近似估算，在25岁以后才有能力购买豪华车的收入为50 000美元左右，因此年龄下限大致确定为25岁。凯迪拉克车主的平均年龄58岁，美洲虎车的用户平均年龄50岁，两者取中估算，中青年用户市场年龄上限大致确定为54岁。

由以上分析，可将美国豪华车市场划分为30~55岁的中青年男性顾客群和55岁以上的中老年男性顾客群两大细分市场。

案例点评

（1）通过环境分析可以看出，未来几年内产品市场整体情况看好。但应充分考虑到困难，尤其是竞争对手的经营状况，并进行有效的市场定位。

（2）中老年市场前景乐观。美国的出生率逐年降低，正在迅速步入老龄化社会，人口的迅速老龄化无疑会使中老年豪华车的潜在用户数量不断增长。

在20世纪90年代后，"婴儿潮"逐渐步入中老年。1990—2000年，45~64岁的中老年人数量增长了21.7%，65岁以上老年人口数量增长了11.9%。而同一时间段25~44岁中青年人口只增长了2.2%，这对凯迪拉克来说无疑意味着一个巨大的商机。因此可以预计中老年豪华车市场前景很乐观。

（3）中青年市场逐渐萎缩。由人口因素可知，1990—2000年，25~44岁中青年人口只增长了2.2%，这可能意味着市场潜在客户数量增加幅度很低，而中青年豪华车市场上竞争厂商较多，在市场发展缓慢时，竞争会比较激烈。这主要影响日本厂商和宝马、奥迪系列。但应注意到45~64岁年龄段人口数量增长了21.7%，这意味着在豪华车市场中年龄较大用户（45~55岁）的市场份额会有较好的增长，这对于美洲虎和梅赛德斯—奔驰来说意味着好消息。从长远看，美国人口的急剧老龄化，会使中青年豪华车市场逐渐萎缩。

（4）公司必须适应市场环境，继续坚持产品的高质量和技术创新，集中优势于中老年市场，加强消费者忠诚度，不断摸索针对中老年消费者的最优营销组合。

知识体系

一、市场营销环境的含义

任何一个企业的市场营销活动都处于一定的环境之中，企业的每一项市场营销活动都要受到市场环境的作用和制约。因此，为了实现市场营销目标，企业必须认真分析和研究市场营销环境，以制定相应的市场营销策略，保证企业市场营销活动与市场环境相适应。

企业的发展既受自身条件的限制，也受外部条件的制约。在营销活动中，环境对企业的影响是非常大的，特别是近年来全球经济一体化及企业间竞争的加剧，使营销环境越来越复杂，同时环境对企业的作用也越来越明显。企业必须密切关注环境的变化，根据环境的变化，不断调整营销策略，自觉地利用市场机会，防范可能出现的风险，才能确保在竞争中立于不败之地。

如何理解企业的市场营销环境呢？美国市场营销学家菲利普·科特勒对其作了如下定义："企业的市场营销环境是由企业市场营销管理职能以外的因素和力量组成的，这些因素和力量影响市场营销管理者成功地保持和发展同其目标顾客交换的能力。"从科特勒的定义和企业的市场营销实践来看,企业能否获得市场营销活动的成功,不仅受制约于企业外部因素,还会受到企业内部因素的影响。因此,简单而言,所谓市场营销环境是指影响企业市场营销活动和市场营销目标实现的各种因素及条件。企业的一切市场营销活动都处于一定的环境之中,企业开展市场营销活动必须以市场营销环境为依据,保证企业市场营销活动与市场环境相适应,才能顺利开展市场营销活动,并实现其预期的各项目标。

市场营销环境包括的内容广泛而又复杂,许多学者从不同的角度对市场环境进行了研究与分析,形成了在环境问题上具有不同特点的各种观点,在此我们将市场营销环境分为宏观环境与微观环境两部分。

微观环境因素是指那些给企业带来直接影响的各种因素,主要包括企业内部、营销渠道企业、顾客、竞争对手、社会公众。宏观环境因素是指那些通过影响微观环境而间接影响企业市场营销的更大范围的环境因素,主要包括人口环境、经济环境、自然环境、技术环境、政治环境和社会文化环境。

宏观与微观环境属于市场环境系统中的不同层次,所有微观环境都受宏观环境的制约,而微观环境也对宏观环境产生影响。企业的营销活动就是在这种内外环境相互联系和作用的基础上进行的,如图2-1所示。

图 2-1 市场营销环境

微观环境与宏观环境之间也不是并列的关系,微观环境受制于宏观环境,微观环境中所有的因素都要受宏观环境中各种力量的影响。

二、市场营销环境的特点

企业的市场营销活动与市场环境有着密切的联系,环境中各种因素的变化,一方面给企业创造新的市场机会,另一方面也会给企业带来环境威胁。因此,企业的市场营销工作应从分析企业的市场营销环境开始,找出环境因素变化的特点。

1. 变化性与相对稳定性

构成企业市场营销环境的因素是多方面的,每个因素都会随着社会经济的发展而不断变化,只是这些变化有快慢强弱之分,人口、社会、自然等因素变化相对较弱较慢,对企业的市场营销活动影响则相对地长而稳定;而科技、经济、政治与法律因素的变化相对其他因素变化要快一些和强一些，它们对企业市场营销的影响就相对较短且跳跃性较大，特别是科技因素变化最快最强，它是促使企业技术改造和产品创新的主要动力。

2. 关联性与相对分离性

市场营销环境不是由某一个单一的因素决定的，它要受到一系列相关因素的影响。一个国家的体制、政策、法令，总是影响着该国科技、经济的发展速度和方向。而科技的发展给企业带来了新技术、新材料、新工艺，使企业不断地生产出新产品投放到市场上去，改变了社会某种需求。同样，科技和经济的发展又会引起政治体制和经济体制的相应变革，促使某些政策法令相应变更。

但是在事实上，市场营销环境中某些因素又彼此相对分离。在战争和动乱时期，军事和政治因素的影响十分明显；而在和平时期，科技、经济和自然因素的作用则较突出，科技主要影响企业产品的质量及其更新换代的速度，而产品政策则主要影响企业的投资方向和投资结构。这种环境的相对分离性为企业分清主次环境威胁或相对机遇提供了可能性。

3. 环境的不可控性与企业的能动性

市场营销环境的多变性决定了其不可控性的特点，企业不可能控制宏观环境因素及其变化，如企业不可能改变国家的政策、方针、法令和社会的风俗习惯，更不可能控制人口的增长等。这就要求企业必须不断适应变化着的市场营销环境，根据宏观因素的变化来主动调整市场营销战略，充分发挥企业的主观能动性，在变化的市场营销环境中寻找新的机会，不仅求得企业的生存，而且能使企业有更好的发展。

案例 2-1

美国有两名推销员到南太平洋某岛国去推销企业生产的鞋子，他们到达后却发现这里的居民没有穿鞋的习惯。于是，一名推销员给公司拍了一份电报，称岛上居民不穿鞋子，这里没有市场，随后打道回府。而另一位推销员则在给公司的电报上称，这里的居民不穿鞋子，但市场潜力很大，只是这个市场需要开发。他让公司运了一批鞋过来免费赠给当地的居民，并告诉他们穿鞋的好处。逐渐地，人们发现穿鞋确实既实用又舒适而且美观，所以穿鞋的人越来越多。这样，该推销员通过自己的努力，打破了当地居民的传统习俗，改变了企业的营销环境，获得了成功。

三、市场营销环境分析的意义

企业市场营销环境是不断变化的，而每一个环境因素的变化都可能为企业创造机会，也可能为企业发展带来威胁。所谓营销机会，是指对市场营销管理者富有吸引力并易于建立企业竞争优势的领域；所谓营销威胁，是指环境中不利于企业发展的趋势或状况。营销者应善于识别所面临的潜在机会或威胁，并正确地评估其严重性和可能性，进而制定应变计划。

企业对环境的适应，既是营销环境客观性的要求，也是企业营销观念的要求。因此，每一个企业都必须进行市场环境分析。这是因为：

（1）通过市场营销环境的分析能为企业的经营决策提供可靠依据。

企业市场营销活动处于市场营销环境的制约中，企业要生存发展，只有通过对市场营销环境的研究，熟悉环境，了解环境的变化，才能对企业市场营销活动做出正确的预测，制定和选择确实可行的最优的市场营销方案。

（2）通过市场营销环境分析可促使企业更好地满足社会需要。

为使企业生产出来的产品适销对路，必须进行市场调查与预测，分析市场营销环境，及时掌握和了解市场需求动态，做到按市场需求组织生产，减少生产的盲目性，满足消费者和用户的需求。

（3）通过市场营销环境的分析能增强企业活力。

分析市场营销环境，有利于企业主动地调整经营结构，改善经营条件，增强企业对社会环境的适应能力、应变能力、市场上的竞争能力及企业的自我改造和自我发展的能力。

寻找、分析、评估市场机会，是市场营销管理人员的主要任务，也是市场营销管理过程的关键环节。由于市场环境要素不断变化，市场需求处于动态变化之中，因此，每一个企业都必须通过环境分析主动捕捉市场机会、规避环境风险。

任务二　微观营销环境分析

情景案例

杭州"狗不理"包子店为何无人理？

杭州"狗不理"包子店是天津狗不理集团在杭州开设的分店，地处商业黄金地段。正宗的"狗不理"以其鲜明的特色（薄皮、水馅、滋味鲜美、咬一口汁水横流）而享誉神州。但正当杭州南方大酒店创下日销包子万余只的纪录时，杭州的"狗不理"包子店却将楼下1/3的营业面积租让给服装企业，依然"门前冷落车马稀"。

当"狗不理"一再强调其鲜明的产品特色时，却忽视了消费者是否接受这一"特色"，那么受挫于杭州也是势在必然了。

（1）"狗不理"包子馅比较油腻，不合喜爱清淡食物的杭州市民的口味。

（2）"狗不理"包子不符合杭州人的生活习惯。杭州市民将包子作为便捷快餐对待，往往边走边吃。而"狗不理"包子由于薄皮、水馅、容易流汁，不能拿在手里吃，只有坐下用筷子慢慢享用。

（3）"狗不理"包子馅多半是蒜一类的辛辣刺激物，这与杭州这个南方城市的传统口味也相悖。

案例点评

在天津和其他北方城市受顾客欢迎的"狗不理"包子为什么在杭州受到冷落，这个问题值得深思。"狗不理"包子在杭州"失宠"，并非因其自身品质不优、品牌不名，而是从整个营销过程一开始就没有注意到杭州消费者的生活方式和颇具个性化的口味。

一个产品价值的高低、能否畅销最终是由消费者决定的。"狗不理"包子馅较油腻，不合杭州市民的口味，又不符合杭州市民把包子作为快餐、边走边吃的生活习惯，在杭州"失宠"就在所难免了。

由于消费者市场具有地区性、复杂性、易变性、替代性和发展性等特点，天津"狗不理"包子在进入杭州市场前，先需进行市场调研，了解消费者、竞争对手的状况、企业自身的优缺点等环境问题。只有这样，才能有的放矢，采取相应的营销战略和策略。

> **知识体系**

微观环境，又可分为作业环境和企业内环境，是指与企业市场营销活动直接发生关系的组织与行为者的力量和因素，主要包括企业的供应商、市场营销渠道企业、顾客、竞争对手、公众以及企业内部影响市场营销管理决策的各个部门等。

一、企业

研究企业市场营销活动，不仅要考察企业市场营销部门的工作，还要考虑其他职能部门（如财务部、制造部、研究与开发部、采购供应部、行政管理部、销售部）的有力配合。一个企业的市场营销部门不是孤立的，因为市场营销部门的业务活动和其他部门的业务活动是相互关联的，例如，市场营销部门把它的市场营销计划呈送最高管理层之前，要征求财务和制造部门的意见，如果这两个部门在资金使用和生产能力上不予支持，则市场营销计划将成为一纸空文。在市场营销计划的执行过程中财务资金能否有效地运用，制造部门是否按期按质交货，研究与开发部门对产品性能的提高与新产品设计，采购部门对生产过程所需原材料能否及时供应，企业高层管理的决策是否正确，这些都是影响市场营销计划完成的企业内部因素的环境力量。所以市场营销部门的管理者进行决策时必须考虑到其他部门的业务活动情况，而且企业所有部门都要密切协作，共同参与企业的市场营销工作。

二、供应商

企业供应商是向企业及其竞争者提供生产经营所需资源的组织或个人，包括提供原材料、零配件、设备、能源、劳务及其他用品等。供应商是对企业产生巨大影响的力量之一，其所提供资源的价格、质量、数量、及时性、稳定性等直接影响企业的产品成本、价格和利润以及企业服务市场的能力。因此企业应选择那些能保证质量、交货期准时、低成本的供应商，并且尽量多选择几家供应商，避免由于对某一供应商的过分依赖，而受到突然提价或限制供应的威胁。

三、营销渠道

任何一家企业都不可能自己承担所有有关产品和服务的全部生产及营销活动，而必须与营销渠道中的其他企业合作，才能完成生产和营销任务。营销中间商是协助企业推广、销售和分配产品给最终买主的企业，主要包括：

1. 中间商

中间商指协助企业进行产品经销或销售，将产品最终销售给购买者的机构，包括商人中间商和代理中间商。前者是转售商品的企业，对其经营的商品有所有权，如批发商、零售商。后者又称经纪商，替生产企业寻找买主，推销产品，对其经营的产品无所有权。

2. 实体分销商（或称物流公司）

指便利交换的或是商品的实体分销者，如运输公司、仓储业企业等。其基本功能是调解生产与消费矛盾，解决产销时空背离矛盾，提供商品时间效用和空间效用，以适时、适地、适量地帮助完成商品由生产者到消费者的流转过程。

3. 营销服务机构

指为厂商提供各种营销服务，协助生产企业开拓产品市场及销售推广的机构或企业。如营销调研公司、广告代理商、市场营销咨询企业等。

4. 金融中介服务机构

指协助生产企业融资和保障货物购销储运风险的各种机构，如银行、保险公司等。金融中介服务机构不直接从事商业活动，但对工商企业的经营发展至关重要。随着市场经济的发展，企业与金融机构的关系越来越密切，企业的信贷资金来源、企业间的业务往来、企业财产和货物的风险保障等都会直接影响企业的生产经营活动状况。

案例 2-2

2999 元联想电脑的意义

2004 年 8 月 3 日，联想——中国乃至亚洲最大的 PC 生产厂家宣布将其旗下的家悦系列家用电脑全线大降价，最低的一款甚至降至 2 999 元，比普通组装机的价格还便宜，开品牌电脑价格低于 3 000 元的先河。联想方面对此次降价的解释是为了"推行乡镇电脑普及计划"，占领中小城市和乡镇的潜在市场，以低价 PC 撬开电脑消费的"冻土层"。事实上，抢占乡镇市场只是联想这次行动的市场目标，背后的目标则是与供应商之间的竞合。

众所周知，CPU 既是电脑的核心部件，也是其中最昂贵的部件。在 CPU 行业中长期占据垄断地位的是英特尔公司的奔腾系列 CPU，从奔腾 1 到奔腾 5，英特尔以飞快的速度推出更快的 CPU，推动了电脑市场的一次又一次飞跃。作为下游的 PC 生产商，谁能跟上英特尔的步伐，与其建立伙伴关系，最先获得新一代的奔腾芯片供应权，就意味着在市场上占据先机，其利益也就滚滚而来。由此，英特尔凭借其在 CPU 市场的垄断地位制定垄断价格，攫取了 PC 制造业的大部分利润，一般整机生产商根本没有与其讨价还价的话语权。

联想作为中国乃至亚洲 PC 生产厂商的龙头老大，自然不想处处受制于英特尔，希望享受更优惠的 CPU 供应价格。在自己后向一体化进入 CPU 生产领域不显示的情况下，联想选择了与英特尔的竞争对手——AMD 合作。

AMD 在 CPU 技术上虽然不逊于英特尔，但始终不能形成对英特尔的有效挑战，市场份额更是远不及英特尔，它也渴望能跟联想这样的大型厂商合作，扩大自己在 CPU 市场的知名度和市场份额。

2004 年 6 月初，联想和 AMD 合作，开始试探性地在其"锋行"系列家用电脑上安装 AMD 的 CPU，以观英特尔的反应，然而英特尔对此并没有什么表示，不肯降低对联想的 CPU 的供货价格。

于是联想决定放手一搏，采用 AMD 的新的 64 位 CPU，大幅度降低售价，希望能够大幅度扩大市场份额，利用其规模优势获得在向 AMD 采购中更大的折扣。联想希望自己的这一策略能够迫使英特尔为保住联想这个大客户不被 AMD 独占，会在未采用 AMD 的 CPU 的其他联想电脑上给予更好的政策。

四、顾客

顾客，是指企业的目标市场，即企业服务的对象，一般包括 5 种类型。

1. 消费者市场

消费者市场，是指为了个人消费而购买的个人和家庭所构成的市场。

2. 生产者市场

生产者市场，是指为了生产、取得利润而购买的个人和企业所构成的市场。

3. 中间商市场

中间商市场，是指为了转卖、取得利润而购买的批发商和零售商所构成的市场。

4. 政府市场

政府市场，是指为了履行职责而购买的政府机构所构成的市场。

5. 国际市场

国际市场，是指由国外的消费者、生产者、中间商、政府机构等所构成的市场。

五、竞争者

企业在市场营销活动中面临着各种竞争者的挑战。从消费需求的角度划分，可把竞争者分为以下几种类型。

1. 愿望竞争者

愿望竞争者，是指提供不同产品、满足不同需求的竞争者。对彩电制造商而言，生产VCD、家庭音响、个人电脑、家用空调等不同产品的厂家就是愿望竞争者。因为在购买力有限的情况下，消费者不可能同时购买诸多的大件产品。所以这种竞争的关键在于采取积极有效的促销手段，吸引消费者。

2. 平行竞争者

平行竞争，是指满足同一种需求的不同产品的生产厂商之间的竞争。例如，为满足顾客对交通工具的需求，家用轿车、摩托车、自行车等生产厂家之间就形成了平行竞争的关系。

3. 产品形式竞争者

产品形式竞争，是指满足同一种需求的产品各种形式之间的竞争。以近视镜为例，它的基本功能是使近视患者"恢复"正常视力，但满足这一需求的产品有各种各样的形式，如普通眼镜、高档眼镜、隐形眼镜、特殊材质眼镜等。除了矫正视力的功能外，有些眼镜还有遮阳、装饰等特殊功能，这些就是产品形式竞争。

4. 品牌竞争者

品牌竞争，是指满足同一种需求的同种形式产品的不同品牌之间的竞争。例如，主打农村市场的21英寸彩电品牌有长虹的"红双喜"、创维的"富临门"、康佳的"福临门"、厦华的"福满堂"、海信的"喜临门"、TCL"王牌"等。

每个企业都必须认真研究、明确自己的主要竞争对手，了解竞争对手的主要策略以及双方的实力对比情况，这样才能知己知彼，扬长避短，在竞争中取胜。

案例 2—3

真正的竞争者

纳爱斯、奇强等清洁剂制造商对"超声波洗衣机"的研究惶恐不安。如果此项研究成功的话，该类洗衣机洗衣服无需清洁剂。可见，对清洁剂行业而言，更大的威胁可能是来自超声波洗衣机。

柯达公司，在胶卷业一直担心崛起的竞争者——日本富士公司。但柯达面临的更大威胁是当前广泛使用的数码相机。由佳能和索尼公司销售的数码相机能在电视上展现画面，可转录入软盘。可见,对胶卷业而言,更大的威胁是来自数码相机。

六、公众

公众,是指对企业的生存和发展具有实际的或潜在的利害关系或影响力的一切团体或个人。

1. 政府公众

政府公众,是指负责管理企业业务经营活动的有关政府机构。

2. 媒体公众

媒体公众,是指报纸、杂志、广播、电视等具有广泛影响的大众媒体。

3. 金融公众

金融公众,是指影响企业取得资金能力的任何集团,如银行、投资公司等。

4. 市民行动公众

市场行动公众,是指各种消费者权益保护组织、环境保护组织、少数民族组织等。

5. 地方公众

地方公众,是指企业附近的居民群众、地方官员等。

6. 一般群众

7. 企业内部公众

企业内部公众,是指董事长、经理、职工等。

因此,企业的市场营销活动不但要针对目标市场的顾客,而且还需要考虑上述各类公众,努力塑造并保持企业良好的信誉和公众形象,并采取适当的措施与周围的各种公众保持良好的关系。

任务三　宏观营销环境分析

情景案例

贺卡的国际营销

广阔世界出版公司是美国贺卡行业的领先企业。它从20世纪30年代开始开展国际业务,把产品销往加拿大,由于加拿大的贺卡市场很有潜力,因此公司决定在加拿大建立子公司管理加拿大的业务。在加拿大获得成功后不久,该公司在英国的利兹建立了第二个子公司,经营也很成功,"广阔世界"在英国贺卡行业赢得了非常好的声誉。

20世纪50年代末,该公司研究进入欧洲大陆市场的可行性,并把卡片项目委托给瑞典营销咨询公司进行调研,结果表明欧洲大陆贺卡非常有利可图,于是就在法国、德国和意大利分别建立了自己的子公司。其中,德国子公司所用的生产卡片工序,完全是沿袭母公司在美国获得成功的那一种。卡片的设计是美国卡片的复制,仅把卡片上的英语翻译成德语。很多情况下,翻译会漏掉一些内容,如在英语中原本幽默的成分翻译成德语之后就失去了原有的趣味。另外,由于两国文化的不同,对美国人很有吸引力的一些卡片韵味在德国则没有了,造成贺卡在德国的销售量低于预期。

传统的德国贺卡是折叠的或者是明信片式的,设计人员把精力放在对卡片外观的设计上,很少在卡片上写诗句,因为德国人的习惯是购买者在卡片里面或背面自己写上想说的话。于是该公司把印有诗文的卡片介绍给德国贺卡市场,这种卡片在德国还是新鲜的玩意儿,另外,该公司还把另一种可折卡片引进了德国市场。

除了贺卡产品以外,公司还将一种美国式的层式货架介绍到德国,这种货架可装120张卡片。在使用这种层式货架以前,贺卡的经营是十分呆板的。因为在德国,商店把所有卡片都放在长4.5~6英尺①的柜台里,价格低的卡片被堆在柜台的中间,所有的卡片都用玻璃纸包好,贵一点的卡片才被平放在柜台的后部,如果不是向售货员特别询问,就难以发现贵重贺卡。

该公司的管理人员认为,他们在德国对经营方式的革新是成功的,他们发现在德国使用在美国已被证明是成功的产品和经营方式是可行的,特别是在零售店里。在德国主要是在连锁商店和百货商店零售贺卡。对这些零售店,该公司把自己成功的存货和发出新订单系统提供给零售商,它使零售商不必劳心于控制存货和选择订货的品种。

该公司唯一的广告是通过贸易杂志做的,它同时也依靠销售组来推销商品。销售组由销售经理管理的12个德国雇员组成,推销的地域范围是按照人口划分的。销售经理以前是母公司的推销员,有很深的德国背景。对在德国的美国驻军这一部分市场,子公司完全没有染指,而是由母公司通过德国的代理商直接销售。总公司的管理人员认为子公司没有能力经营这一市场,因为他们的产品生产范围太窄了,而且也没有能力生产英文印刷的产品。

尽管该公司的产品比德国造的同样产品价格略高,但公司人员认为,他们的价格是很有竞争力的,大部分的产品价格为1马克或再少一点。人们发现,把卡片的价格定为1马克40分或2马克,在德国市场上就销不动了。管理人员认为他们的产品定价略高一点是因为德国的贺卡比较小,上面很少有诗文。在德国和美国,零售商的加价都是100%,如果一个卡片卖50美分,那么它的成本就只有25美分。

把产品销给零售商时,该公司发现了两个问题:第一个问题是德国制造的卡片配有带彩色图案的薄纸信封,而该公司的产品只配有白信封;第二个问题是德国人习惯把每张卡片都包在玻璃纸内。这是因为传统上贺卡的零售量很小,玻璃纸在贮存时可以起到保护作用,而该公司的卡片是每张包在白信封内,零售商要拆开信封把卡片放到货架上。为了克服德国传统造成的障碍,公司告诉零售商,他们应向顾客介绍贺卡上的诗文,应该让顾客看到这些诗文,所以不要用包装纸去包装贺卡。公司认为,信封并不像卡片本身那样重要,所以一直注重的是卡片的质量,而不是一拆开就被扔掉的信封质量。

后来,该公司的产品线扩大到能生产各种各样的日用卡片(生日卡、纪念日卡)和节日卡片(圣诞节卡、复活节卡),产品线虽然不像美国那样齐全,但管理人员认为已足以供应德国市场了。

因为译成的德语必须符合德国人的语言习惯和文化背景,该公司转而雇用说德语的翻译人员,把卡片上的诗文译成德语,特别是在这个消费者具有广阔选择余地的行业中,这一点相当关键。用该公司经理的一句话说:"诗文是我们最重要的产品。"

尽管德国的子公司在市场上取得了显著的成绩,但是销售额却没有达到预期的目标,甚至没有达到所期望的发展速度。在对管理成本及对产品的革新做了仔细的检查之后,该公司

---

① 1英尺=0.304 8米。

经理人员认为，在贺卡中引入诗文，所采用的促销方式及对零售商的控制都是正确的，是德国卡片市场上的其他因素限制了销售额的增长。其中之一就是按照德国的传统习惯，德国人之间的交往很正统，他们不像美国人那样使用很多卡片，而只是偶尔为之。然而最近对德国市场的分析表明，德国人之间的交往正逐渐变得不那么正统了，部分原因是因为他们和住在当地的许多美国人有接触而受了影响。所以，广阔世界公司对进一步开拓德国市场仍充满信心。

案例点评

贺卡产品虽小，但生动地表达了在国外销售产品的宏观环境影响因素，产品销售不仅要考虑到产品质量，更重要的是要考虑到语言、文化、风土人情、消费者习惯等多重因素，如果不注意这些因素，即使质量再好，价格再低，往往也难以销售成功。

知识体系

宏观市场环境因素是指那些通过影响微观环境而间接影响企业市场营销的更大范围的环境因素。宏观市场环境是企业外在的不可控因素，是对企业营销活动造成市场机会和环境威胁的主要社会力量。企业一般只能通过调整企业内部人、财、物及产品、定价、促销、渠道等可以控制的因素来适应宏观市场环境的变化和发展。

宏观市场环境主要包括人口环境、经济环境、自然环境、科学技术环境、政治环境和社会文化环境等环境因素。

一、人口环境

人口环境是影响企业市场营销活动的一个重要因素，因为人是市场的主体。人口的数量、分布、构成、教育程度以及在地区之间的移动等人口结构因素对市场需求都会产生影响。企业必须认真关注人口环境的变化，及时捕捉机会，调整战略，使企业在市场营销活动中领先一步。

1. 人口规模及其增长速度

哪里有人哪里就有衣、食、住、行、用等各种消费需求，人口规模与市场容量有着密切的关系。我国现在人口已达13亿，虽然实行了计划生育的基本国策，但是，由于人口基数大，每年新增人口1 600万，相当于一个中等国家的人口数。庞大的人口数量及增长速度使得我国成为世界上最大的潜在市场，这也是国外企业纷纷进入中国市场的原因所在。企业在手舞足蹈之时也应看到，由于人口众多，基本生活资料、基本原材料、运输、能源等的供应出现紧张状况，这会进一步制约企业的市场营销活动。

2. 人口地理分布及密度

人口密度指的是一定时间、一定地区的人数与该地区的面积之比，通常以每平方千米居民人数表示。可以用公式表示：

$$人口密度 = 该地区的人数 / 一定的地区面积$$

我国人口的地理分布极不平衡，东部沿海人口密度大，西部则小；城市人口密度大，农村则小。企业的市场营销工作不仅要考虑到由于地理位置的不同，而产生的需求和购买习惯不同；而且还要考虑到目标市场的人口密度大小，以此确定企业产品的流向和流量。总之，人口分布及密度状况对企业的市场细分、目标市场的选择具有重大的意义。

3. 人口结构

人口构成，包括自然构成和社会构成，前者如性别结构、年龄结构；后者如民族构成、职业构成、教育程度等。以性别、年龄、民族、职业、教育程度相区别的不同消费者，由于在收入、阅历、生理需要、生活方式、价值观念、风俗习惯、社会活动等方面存在的差异，必然会产生不同的消费需求和消费方式，形成各具特色的消费者群。例如，不同年龄的消费者由于其需求不尽一致而集结为老年市场、青年市场、儿童市场等。再如，我国有56个民族，许多少数民族有其独特的消费需求、消费方式和购买行为。显然，注意人口环境方面的这些因素对企业的营销活动极具重要性。

人口结构，指一个地区人口的年龄构成、性别构成、籍贯构成等。由于人口出生率的下降，中国人口的年龄结构正在老化。全国人口中60岁以上的老年人比重已接近10%，在一些大城市，老年人比重甚至接近20%。因此，人口结构中的消费主体也会相应老龄化。婴儿用品的需求正在下降，老年用品的需求却在上升。

性别构成从总体上来说一般都是对称的，但在不同的场合，性别构成却不同。在购物中心，女性人数要超过男性，而在机场、码头、车站等交通枢纽，男性人数则超过女性人数。近年来，由于中国的改革开放，各地区的流动人口迅速增加，籍贯构成也复杂起来，因此对商品和服务的个性化要求明显增强。

4. 家庭单位和家庭生命周期

现代家庭仍是社会的细胞，也是商品采购的基本单位，一个国家或地区家庭单位的多少，直接影响着许多消费品的市场需求量。如家庭数量多，对家电、家具等生活必需品的需求就会大，否则，需求量就小。同时，家庭生命周期状况对企业的市场营销也有重大影响。

家庭生命周期，一般由7个阶段构成：

（1）未婚阶段。单身一人，空闲时间多，可以进行广泛的社交，对于书籍、名牌服装等需求较大。

（2）新婚阶段。夫妇二人，无子女，需要家具、电器等耐用消费品和时装等。

（3）"满巢"Ⅰ。年轻夫妇和6岁以下婴幼儿，需要婴幼儿的食品、玩具、书籍、服装等。

（4）"满巢"Ⅱ。年轻夫妇和6岁以上儿童，需要文教用品、书籍、自行车等。

（5）"满巢"Ⅲ。年龄较大的夫妇和经济尚未独立的子女，需求基本与"满巢"Ⅱ相同。

（6）"空巢"。子女已婚独居，家中只剩夫妇二人，需要方便、营养、卫生的食品和保健品等。

（7）单身。丧偶独居，需求同"空巢"。

二、经济因素

从市场营销角度来看，最主要的经济环境力量是社会购买力水平，而社会购买力水平变化是受宏观经济环境制约的，是经济环境变化的反映。影响购买力水平的主要因素有消费者收入状况、消费者支出模式与消费结构以及消费者储蓄和信贷情况等。

（一）消费者收入状况

1. 个人收入

是指消费者个人从各种来源所得到的货币收入，包括消费者个人的工资、红利、租金、退休金、馈赠等收入。消费者收入主要形成消费资料购买力,这是社会购买力的重要组成部分。而且由于生产资料需求是由消费资料需求引发派生出来的,因而对生产、经营生产资料的企业的市场营销活动也会产生重大影响。消费者收入的多少还影响着消费者支出行为模式。

2. 个人可支配收入

指从个人收入中扣除税款和非税性负担后所剩下的余额,即个人能够用于消费支出或储蓄的部分。

3. 个人可任意支配收入

是指从个人可支配的收入中再减去维持生活所必需的费用(吃、住、穿等)和其他固定支出(分期付款),这部分收入是消费者可以任意支配的收入。由于需求弹性很大,因而是影响消费需求构成最活跃的经济因素。这部分收入越多,人们的消费水平就越高,企业市场营销的机会也就越多。

4. 货币收入和实际收入

在通货膨胀、税收等因素的影响下,有时货币收入虽然增加,但实际收入却可能下降。例如,消费者的货币收入不变,如果物价上涨,消费者的实际收入减少。即使消费者的货币收入也随着物价上涨而增加,但如果通货膨胀率大于货币收入增长率,消费者的购买力也会受到影响。

在分析研究消费者平均收入时,还要分析研究不同阶层、不同地区、不同时期的消费者收入。例如,近几年深圳、广州、上海、北京及东南沿海地区的收入水平较高,购买力强,而西部地区购买力相对较弱。这种研究对企业选择目标市场,有针对性地开展市场营销活动,具有重要的意义。

(二)消费者支出模式与消费结构

消费者收入变化直接影响到消费者支出模式的变化。德国统计学家恩斯特·恩格尔根据对德国、法国、比利时等国许多家庭收支预算的调查研究,发现了家庭收入与各方面支出变化之间的规律性,它通常用恩格尔系数表示:

$$恩格尔系数 = \frac{食物支出金额}{家庭消费支出总额}$$

根据恩格尔的观点以及西方一些经济学家进行的修正,表述如下:

(1)随着家庭收入增加,用于购买食品的支出占家庭收入的比重(恩格尔系数)会下降。

(2)随着家庭收入增加,用于住房建设和家庭其他方面消费支出占家庭收入的比重大体不变。

(3)随着家庭收入增加,用于服装、交通、娱乐、保健、教育等方面的支出和储蓄占家庭收入的比重上升。

恩格尔系数越大,生活水平就越低;反之,恩格尔系数越小,生活水平越高。它通常被用作衡量家庭、阶层以及国家富裕程度的重要参数。根据联合国粮农组织提出的标准,恩格尔系数小于 0.4 为富裕、0.4~0.5 为小康、0.5~0.6 为温饱、0.6 以上为贫困。

随着经济的发展以及消费结构的变化,使恩格尔系数呈下降趋势。但以当代各国实际情况来看,一些经济发展水平不高的国家和地区,恩格尔系数的下降与经济增长不是等比的,只有当平均的食物消费水平达到相当水平时，收入的进一步增加才不再对食物支出发生重大影响；而在食物消费水平较低时，收入略有增加，对食物支出的比例可能不变，甚至增大。因为人们消费的食物数量不再增加，但食物质量标准却会相应提高。企业在市场营销的调查分析中应注意这种消费支出模式和消费结构变化的新情况，适时地为消费者生产和输送适销对路的产品和劳务。

（三）消费者储蓄和信贷情况

1. 消费者储蓄

储蓄来源于消费者的货币收入，其最终目的还是为了消费。在一定时期内货币收入水平不变的情况下，如果储蓄增加，投资的机会也多，购买力和消费支出便减少；反之，如果储蓄减少，投资的机会也少，购买力和消费支出便增加。所以储蓄的增减变动会引起市场需求规模和结构的变动，对企业的市场营销活动会产生一定的影响；同时，企业还要深入了解消费者储蓄的目的，因为储蓄的目的不同，往往会影响潜在需求量、消费内容、消费的发展方向以及消费模式。只有掌握了消费者的储蓄动机，才能为消费者提供满意和需要的商品和服务，引发消费者的购买动机。

2. 消费信贷

消费信贷也成为影响消费者购买力和支出的一个重要因素。所谓消费信贷就是消费者凭信用先取得商品使用权，然后按期归还贷款以购买商品。消费信贷在西方国家广泛存在，对购买力的影响很大。美国消费信贷在全世界最高，各种形式的赊销、分期付款业务十分发达，增长迅速。有些经济学家认为，消费信贷已成为美国经济增长的主要动力之一，因为它允许人们购买超过自己现时购买力的商品，这就可以创造更多的就业机会、更多的收入，以及更多需求，从而刺激经济增长。消费信贷规模变化会影响购买力的增减变动，我国为了促进商品经济发展，正逐步扩大消费信贷的规模和范围，例如，住房、汽车、旅游等方面已开展消费信贷，消费信贷水平也在逐步提高，这些新动向对企业的市场营销活动产生了十分重大的影响。

三、自然环境

自然环境主要指营销者所需要或受营销活动所影响的自然资源因素。在生态环境不断遭到破坏、自然资源日益枯竭、环境污染问题日趋严重的今天，自然环境已成为涉及各个国家、各个领域的重大问题，环保呼声越来越高。从营销学的角度看，自然环境的发展变化，给企业带来了一定的威胁，同时也给企业创造了机会。

目前来看，自然环境有以下 4 个方面的发展趋势：

1. 原料短缺或即将短缺

各种资源，特别是不可再生类资源已经出现供不应求的状况（如石油、矿藏等）对许多企业形成了较大威胁，但对致力于开发和勘探新资源、研究新材料及如何节约资源的企业又带来了巨大的市场机会。

2. 能源短缺导致的成本增加

能源的短缺给汽车及其他许多行业的发展造成了巨大困难，但无疑为开发研究如何利用风能、太阳能、原子能等新能源及研究如何节能的企业提供了有利的营销机会。

3. 污染日益严重

空气、水源污染、土壤及植物中有害物质的增加，随处可见的塑料等包装废弃物以及污染层面日益升级的趋势，使那些制造了污染的行业、企业成为众矢之的。而那些致力于控制污染，研究开发不会造成污染的产品及其包装物的企业，能够最大限度降低环境污染程度的行业及企业，则有着大好的市场机会。

4. 政府对自然资源加大管理及干预力度

各国政府从长远利益及整体利益出发，对自然资源的管理逐步加强。许多限制性的法律法规的出台，对企业造成了巨大的威胁及压力，同时也给许多企业创造了发展良机。

作为营销者的营销活动，既受自然环境的制约与影响，也要对自然环境的变化负起责任；既要保证企业可获利发展，又要保护环境与资源。企业必须实施可持续发展战略，达成与社会、自然的协调。

当前社会上流行的绿色产业，绿色消费乃至绿色营销以及生态营销的蓬勃发展，应当说就是顺应了时代要求而产生的。

案例 2-4

麦当劳的绿色营销

麦当劳通过使用可回收利用材料制成的包装物，使其产生的污染物每年减少 60%。

所有麦当劳快餐店中使用的餐巾及杯子、盘子的衬垫均是纸制品，甚至包括其总部使用的所有文具也都是纸制品。

据报道，通过与制造商合作研究，使其饮料管减少塑料用量，减轻了其重量的 20%，仅此一项，麦当劳每年便少制造几百万磅的塑料废弃物。

目前，除了在其产品上运用绿色营销外，麦当劳还开始利用可回收利用材料改造和新建餐厅，并敦促其供应商们使用可回收利用的成品及材料。

成功地运用绿色营销，使麦当劳公司关心人类共同环境的形象不仅得到了消费者的认同，也使其获得了额外的销售量。

四、科学技术环境

科学技术是第一生产力，是影响人类前途和命运的伟大力量。科学技术一旦与生产密切结合起来，就会对国民经济各部门产生重大的影响。伴随而来的是新兴产业的出现、传统产业的被改造和落后产业的被淘汰，从而使企业的市场营销面临新的机会和挑战。

1. 新技术引起经济结构的变化，为某些企业提供了新的机会

第三产业的兴起给企业带来许多营销机会。由于大量自动化设备和新技术的采用，使新技术培训、新工具维修、计算机教育、信息处理、自动化控制等新兴行业不断涌现；使微电子技术、机器人、光纤通信、激光、遗传工程等新兴工业部门得到迅速的发展，为这些行业和部门的企业提供了有利的市场营销机会。

2. 新技术革命使创新机会增多

由于新技术革命迅速发展，给企业的市场营销创造了许多机会，可以利用现成的新科技来发展新行业，可以在一些新兴领域抛弃某些传统工业技术，而直接采用比较新的技术。例如，采用光纤通信技术，就有可能用比传统技术少得多的资源、短得多的时间接近世界现代通信水平。与此同时，我们也可以利用发达国家争相发展新技术，建立新工业的机会以及我们自己的资源和劳动力优势，积极发展有利的传统产品，乘虚而入，打进国际市场。

3. 新技术引起企业市场营销策略的变化

（1）产品策略的变化。由于科学技术的迅速发展，新产品开发周期大大缩短，产品更新换代加速，企业的产品策略是不断寻找新科技来源和新技术专利，开发更多的新产品。

（2）定价策略的变化。随着信息技术的迅速发展，使某些地方的企业能够通过信息系统准确运用供求规律，来制定和修改价格策略。

（3）分销策略的变化。随着科学技术的进步，引起人们生活方式、兴趣、价值观等方面的差异性日益扩大，自我意识和个性日益增强，这就使大量的特色商店和自我服务的商店不断出现，使某些营销机构的经营方式从传统的人员推销演变为顾客自我服务式的销售和各种"直接营销"方式。同时，由于新技术的发展，引起了产品实体分配的变化。

（4）促销策略的变化。由于新技术的发展，使促销方式多样化，广告媒体多样化，如人造卫星成为全球范围内的信息沟通手段，传真电视电话成为企业与顾客直接联络的有效媒体。

4. 新技术有利于改善企业经营管理，提高工作效率

电子计算机的出现开始了用技术手段减轻和部分代替人脑的新纪元；自动扫描结算装置是一种更先进的商用电子设备，大大提高了收款效率；自动销售机的出现，为消费者带来了极大的方便。

五、政治与法律环境

在任何社会制度下，企业的市场营销活动都必然受到政治与法律环境的强制和约束，这种环境是由那些强制和影响社会上各种组织和个人行为的法律、政府机构、公众团体所组成的，企业时时刻刻都能感受到这些方面的影响。企业总是在一定的政治与法律环境下运行的。

1. 政治环境

政治环境包括政府的方针政策、社会制度、政治体制、政治形势、社会治安和战争等因素。就企业而言，最重要、最直接的因素则是政府的方针政策和有关规定。通常，国家的方针政策会随着经济改革而发生相应变化，从而对企业的活动产生广泛的影响。例如，1981年我国进行经济体制改革，在农村基本实施了"家庭联产承包责任制"的政策。由于分田到户，农民需要小型多功能的拖拉机，这样，就使生产大马力拖拉机的厂家曾一度陷入困境。然而，浙江某拖拉机厂却于改革开始后不久抓住这一时机，研制出的35马力的小型拖拉机，具有运输、抽水、脱粒等功能，深受农家青睐。

政治环境，特别是党和国家的方针政策，不仅规定了国民经济的发展方向和速度，也直接关系到社会购买力的提高和市场消费需求的增长，甚至也会使消费需求结构发生变化。

在重视国内政策环境同时，还应研究国际政治环境变化。各国的政治体制不同，因而有关政策方针的制定和实施的方法途径也各有特点，这些势必对进入不同政治体制国家市场的企业行为产生重要影响。除此之外，还要了解政治冲突对企业市场营销活动的影响。政治冲突主要指国际上的重大事件和突发事件，其内容包括直接冲突和间接冲突两类：直接冲突如战争、暴力事件、绑架、恐怖活动、罢工、动乱给企业市场营销带来的影响，这类因素比其他因素突发性强，预测难度较大；间接冲突主要是由政治冲突、国际上重大政治事件带来经济政策的变化，进而使企业获得市场营销机会或受到威胁。

2. 法律环境

企业在市场营销过程中，仅仅了解政治环境还是不够的，因为一个国家政府对产品和投资等的态度总是通过法律来体现的，法律具体规定了企业竞争和经营等行为的"游戏规则"。因此，企业市场营销人员还应了解有关的法律环境。

法律环境是指政府的法规条例及其他有关规定，特别是与企业市场营销活动有关的立法。立法旨在建立并维护社会经济秩序，其中有些是为了保障所有权，有些是为了正当竞争，有些是为了维护消费者的利益，有些是为了社会的长期发展利益。我国近年来陆续颁发的一些法规有《广告法》《经济合同法》《反不正当竞争法》《商标法》《产品质量法》《专利法》《企业法》《公司法》《价格法》《消费者权益保护法》等，这些法律都会从不同角度影响企业市场营销活动。

在国际市场营销中，企业还要研究相关国家的法规。例如，美国和欧盟一些国家制定的《反倾销法》规定，某种外国产品在本国市场的销售价格低于"公平价格"，并对本国工业带来"实质性损害"，就会被裁定为倾销成立，要课以高额的反倾销税。近几年，我国的很多产品在出口美国或欧盟时受挫，如彩电、钢铁等都被裁定为倾销，加收高额关税，从而失去这部分市场。企业的市场营销人员在研究国际法规时，不但要遵守，更要善于运用。

六、社会文化环境

社会文化是人类在创造物资财富过程中所积累的精神财富总和。它体现着一个国家或地区的社会文明程度。作为影响企业市场营销活动的社会和文化环境因素，是指在一定社会形态下的教育水平和道德规范、价值观念、宗教信仰以及世代相传的风俗习惯等被社会所公认的各种行为规范。

1. 教育状况

教育是培养人的一种社会现象，是传递生产经验和生活经验的必要手段。处于不同教育水平的国家和地区的消费者对商品有着不同的需求，而且对商品的整体认识存在很大的差异，如商标、包装、商品的附加利益等。企业的产品目录、产品说明书的设计要考虑目标市场的受教育状况，是采用文字说明，还是文字加图形来说明，这都要根据消费者的文化程度来做相应调整。教育水平对市场营销的促销方式也有很大影响，教育程度比较低的地区，产品的宣传工作应尽量少用报纸、杂志做广告，而采用电视、收音机、展销会等形式，要考虑不同文化层次的消费者接近媒体的习惯，利用适当媒体传播商品信息。

2. 价值观念

价值观念是指生活在某一社会环境下的多数人对事物的普遍态度或看法。生活在不同社会环境下，人们的价值观念会相差很大。消费者对商品的需求和购买行为深受价值观念的影响，对于不同价值观念的消费者，企业市场营销人员必须采取不同的策略。在中国，人们往往把坚固耐用与否视为质量好坏的重要标准；美国人则喜欢标新立异、与众不同；在产品设计方面，中国多采用标准化策略，而美国则多采用多样化策略。

价值观念涉及面较广，对企业市场营销的影响深刻，是社会文化环境最难准确认识的一个方面。阶层观念是普遍存在的价值观念，各阶层追求的商品不同，志趣爱好各异。不同年龄消费者的价值观念也有很大区别，年轻人往往追求时尚、欢迎创新，老年人则比较保守、不轻易改变原有的消费习惯。企业市场营销要注意价值观念方面的差异，分别对待。

3. 宗教信仰

宗教作为历史的产物，对人们的态度、价值观念及生活方式有重大影响。不同宗教有着不同的价值观念和行为准则，从而会导致不同的需求和消费模式，这样对企业的市场营销决策产生深远影响。企业要了解宗教的地理分布情况，还要了解各宗教要求与禁忌，以免触犯禁忌。例如，1984年，我国出口某阿拉伯国家一批塑料鞋，遭到当地政府出动大批军警查禁、销毁，原因就是鞋底花纹酷似当地文字"真主"一词。我们也可以利用宗教信仰所倡导的观念进行市场营销，会得到宗教组织的赞同与支持，甚至主动号召教徒购买、使用，从而起到一种特殊的推广作用。

4. 风俗习惯

风俗习惯是人们在长期经济与社会活动中传承下来的一种生活方式。它在饮食、服饰、居住、婚丧、信仰、节日、人际关系等方面，都表现出独特的心理特征。不同的风俗习惯，具有不同的商品需求，在我国每年的春节前夕形成生活用品购买的最高峰；此外，在清明节、端午节、中秋节、国庆节前夕，人们对商品的需求也显著增长。近几年随着经济改革开放，许多人受西方文化影响，风俗习惯正在改变，如我国传统结婚喜庆日子着红色服装以示吉祥，但西方文化传统婚礼时着白色礼服表示纯洁，我国许多人受西方文化影响，也逐渐改变了传统的风俗，结婚时也披上雪白的婚纱。圣诞节、复活节、情人节，这些西方的节日在我国也悄然兴起。企业市场营销人员在了解传统的风俗习惯的同时还要注意传统习俗的演变方向，抓住机遇，引导消费，开拓新的市场。

案例 2-5

指向麦加的地毯

比利时地毯商人范德维格，为了把自己的地毯打进阿拉伯市场，根据阿拉伯国家穆斯林教徒跪在地毯上做朝拜时，必须面向麦加城方向的特点，特意设计了一种地毯。这种地毯中间嵌有永远指向麦加城方向的指针，这样，教徒只要铺上了地毯，就能知道麦加城的方向所在。这种祈祷地毯虽然比普通祈祷地毯价钱高出许多，但它一上市，就受到穆斯林教徒的广泛欢迎，成为供不应求的热门货。

任务四　市场营销环境分析方法及应变对策

情景案例

有利的营销环境：本土手机超越洋品牌

1999年，国家对手机产业实行许可证管理制度，拿到许可证的10多个国内企业出身于五花八门的行业。这些企业当时都没有设备，没有经验，没有队伍，更要命的是没有技术。中国手机市场几乎被摩托罗拉、爱立信、诺基亚三大巨头所垄断，西门子、飞利浦、三星等世界消费电子领域的大鳄也在手机市场上分有一杯羹，这些外资品牌深深地烙在广大消费者的内心世界。

但在国产手机厂商硬是突破以摩托罗拉、诺基亚和爱立信为首的"八国联军"外资品牌重围，市场份额从2.9%到7.9%、13.93%，直冲到2002年的39.07%。2002年10月1

日，TCL仅在广州的销售量就达到1.5万部，TCL移动通信在广东省的销售业绩在整个TCL手机中已经占据了13%的比例。种种迹象表明，国产手机在手机保有量较高的沿海发达地区的占有率也达到了一定水平。同时，爱立信却从当时的30%市场份额直退到2002年的2%（已经与索尼联合），曾放出豪言要在两年内掠夺50%中国市场的飞利浦也处于岌岌可危的境地。

那么，中国本土手机的这些"平头百姓"是怎样乱拳出击，"把皇帝拉下马的"？答案的第一条就是抓住了有利的营销环境，当然也和它们的市场策略有着密切的关系。

一、市场需求拉动增长

国内手机市场份额持续增长，首先得益于中国巨大的手机需求量。信息产业部资料显示，截至2002年12月底，全国手机用户已达到21 297万户，较2001年同期增长约47%；与此同时，全国手机普及率较2001年同期相比提高近50%，由2001年8月的9.2部/百人跃升至13.86部/百人。虽然就绝对数量而言，中国早已成为全球第一大手机市场，但是2002年，中国手机普及率仅为13.86%，比全球平均普及率还低10个百分点，与美国超过50%、荷兰70%的普及率相比，更是相差甚远。同时，随着中国移动、中国联通新移动业务的开通，手机更新换代所占的份额在逐步增长，达到了23.4%，这也是手机市场增长的一个动力。手机在中国可谓是"沙漠中的水"，一生产出来就马上被增长需求所吸收。

二、政府对国内手机企业的扶持

到2003年4月底，信息产业部一共颁发了49张牌照。GSM手机牌照发给了13家合资企业和17家国内企业，而CDMA的牌照除了发给摩托罗拉一家外资企业外，其余全都颁给了国内企业。即使是三星、LG等CDMA手机巨头，也不得不通过和国内厂商合资以获得牌照，而诺基亚仍未获得CDMA的手机牌照。不难发现，中国政府在政策上对国产手机发展给予了充分阶段性保护。

2002年11月17日，国家计委召开的手机政策问题会议决定，"五号文件"在2003年继续执行。所谓"五号文件"，就是信息产业部和国家计委在1999年2月出台的保护国内手机生产商的文件，明确限制了外资企业甚至是更多国内企业挤进手机市场。文件内容之一是对手机实行生产许可证制度。显然这给为数众多打算进入中国市场的手机厂商设置了巨大障碍。2002年，联想为了实现进军手机市场的愿望，先后花费超过1个亿的资金，通过和拥有牌照的ST厦华成立合资企业，收购厦华拥有的股份等手段才成功获得了市场准入。

案例点评

环境的发展促生了庞大的市场需求，政府的"许可证"制度是这些企业得以迅速发展的重要因素之一。类似这样来自于政府政策性（政治法律环境）的机遇在这二十多年中并不少见，也壮大了许多及时把握机遇的企业。中国是个高度变迁的发展中国家，随着人民生活水平的提高还将产生越来越多的升级的或崭新的需求，其他环境因素的变化也随时会出现新的机会。

就本土手机企业而言，未来面临的挑战同样也是巨大的：不可避免的价格战使它们的未来祸福难料；核心技术的缺乏使本土手机现有政策性优势可能变得岌岌可危；本土手机的质量令人担忧；已经形成的渠道优势可能并不持久；未来将有更新的入局者如商务手机，核心的操作系统掌握在外人手里。这些都是市场变数，当然这其中又已蕴涵了今后发展的商机。微观和宏观环境无时无刻不在变化，任何的变化都意味着市场机会或威胁挑战。

知识体系

市场营销环境是千变万化的，机会和风险也迅速交替出现，如果不能较早地预见机会或风险，等机会来了也抓不住，风险来了也无法抵挡，企业就很难在激烈的市场竞争环境下生存。因此，企业要经常关注和预测其周围市场营销环境的变化，分析和识别由于环境发展变化而造成的主要机会和风险，及时采取适当的对策。

一、环境综合分析矩阵

营销环境的变化不仅会给企业带来风险，同时也给企业带来了市场机会。企业分析市场营销环境，意义在于使企业能了解所处的环境状况及预见环境的发展趋势，辨清所处环境给企业带来的各种风险或机会，从而采取有针对性的营销策略。

例如，环境保护是各国极为重视的世界性课题，无疑对工业企业是一种极大的威胁。然而日本松下公司为适应这一环境，建立起了消除浪费、废物利用的生产体系，结果做到了生产电子零件的原材料100%利用，并用废物制造其他产品，获得重大成果，给企业创造了丰厚的利益。

由此可见，对市场营销环境的分析至关重要。企业市场营销管理者或企业最高层管理者可以利用矩阵分析法对市场营销环境进行分析。

（1）环境威胁：指营销环境中出现的不利于企业营销的发展趋势及因素，如能源危机对汽车行业造成的威胁、限制性法律对烟酒业造成的威胁等。

企业若不能及时对此采取相应的策略，不利趋势将影响企业的市场地位。

（2）市场机会：指营销环境变化中出现的有利于企业发展的趋势或对企业经营赋予吸引力的领域，如全民健身运动创造的体育用品销售机会，我国法定长假的实施为商业、旅游业、汽车行业等创造的商机。有些机会犹如"昙花一现"，可谓机不可失，时不再来。企业营销人员对商机的把握极为重要。

在分析环境威胁与市场机会时，通常运用"环境威胁矩阵图"和"市场机会矩阵图"。

1. 环境威胁矩阵图

营销者对环境威胁的分析主要结合两方面来考虑：一是环境威胁对企业的影响程度；二是环境威胁出现的概率大小，如图2－2所示。

图2－2　环境威胁分析矩阵图

图 2-2 的 4 个象限中，象限 1 是企业必须高度重视的，因为其危害程度高，出现的概率大，企业必须密切关注和预测其变化发展趋势，并及时制定应对措施的环境因素；象限 2 和象限 3 也是企业应当密切关注其发展趋势的环境因素。因为象限 2 上的因素虽然出现概率低，一旦出现却会给企业营销带来极大的危害，象限 3 上的因素虽然对企业影响不大，但出现的概率却很大，因此也应当给予关注，随时准备应有的应对措施；象限 4 上的因素影响程度及出现概率均低，对其只需进行必要的追踪观察以监测其是否有向其他象限因素变化发展的可能。

2. 市场机会矩阵图

有效地捕捉和利用市场机会，是企业营销成功和发展的前提。只要企业能够密切关注营销环境变化带来的市场机会，适时地做出恰当的评价，并结合企业自身的资源和能力，及时将市场机会转化为企业机会，就能够开拓市场、扩大销售，提高企业的市场占有率。

分析评价市场机会主要考虑两个方面：一是市场机会的潜在吸引力大小；二是市场机会带来的成功可能性大小，如图 2-3 所示。

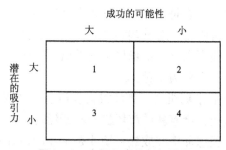

图 2-3 市场机会分析矩阵图

图 2-3 中的 4 个象限中，象限 1 是企业应当特别重视的市场条件，因为其潜在吸引力与成功可能性都较大，是企业应当把握并全力发展的机会。象限 2、象限 3 同样也是企业不可忽视的市场条件，象限 2 上的机会虽然成功可能性较低，一旦把握住却可以为企业带来巨大的潜在利益；象限 3 上的机会虽然潜在利益不大，但出现的概率却很大，因此需要企业充分关注，并制定相应的营销措施与对策。象限 4 上的市场条件，潜在吸引力与成功可能性都较低，对企业来说，主要是密切观察其发展变化，积极改善自身条件，审慎地开展营销活动。

3. 环境综合分析矩阵图

在企业实际面临的客观环境中，单纯的威胁环境与机会环境是极少见的。一般情况下，营销环境都是机会与威胁并存、利益与风险并存的在综合环境。

综合上述两个分析矩阵，即为机会威胁矩阵，横向表示威胁水平，纵向表示机会水平，不同水平的环境威胁、市场机会与企业共同作用，又可产生 4 种情况，形成如图 2-4 所示的环境综合分析矩阵图。

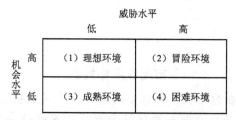

图 2-4 环境综合分析矩阵图

如图中所示，企业面临着4种综合环境：

（1）理想环境，即高机会、低威胁环境。这个环境是企业难得的好环境，企业应当及时抓住机遇，开拓市场。

（2）冒险环境，即高机会、高威胁环境。这种环境存在较大利益的同时也面临着较大的风险，企业必须加强调查研究，进行全面的环境分析，审慎决策，降低风险，争取利益。

（3）成熟环境，即低机会、低威胁环境。这是一种较为平稳的环境。企业一方面要按常规经营、规范管理、正常运营以取得平均利润；另一方面要积蓄力量，为进入理想环境或冒险环境做准备。

（4）困难环境，即低机会、高威胁环境。困难环境里风险大于机会，企业处境困难。必须设法扭转局面，果断决策，改变环境或转移目标市场，重新定位以求发展。

面临不同的威胁及机会环境，企业营销部门要制定恰当的营销对策，慎重行事。因为，有需要未必有市场，有市场未必有顾客，或者虽然有顾客时，但目前又未必是一个好市场，种种机会也许是个陷阱，而看上去是陷阱的也许是个好机会。

缺乏科学预测及经验的营销者，对某些领域表面上的机会可能会做出错误的判断，造成不可挽回的损失。所以，必须深入分析市场机会的性质，以便寻找对自身发展最有利的市场机会。市场机会从性质上看，可分为4种：

（1）环境市场机会与企业市场机会。市场机会实质上是"未满足的需求"。伴随着需求的变化与产品生命周期的演变，会有新的市场机会不断涌现。但市场机会对不同企业而言并非都是最佳机会。一般地，理想环境和成熟环境才是企业的最好机会。

（2）行业市场机会与边缘市场机会。企业通常都有其特定的经营领域，出现在企业经营领域内的市场机会，称为行业市场机会；出现于不同行业之间的交叉及结合部的市场机会，则称为边缘市场机会。一般而言，边缘市场机会环境的进入难度大于行业市场机会环境，但行业与行业间的边缘地带通常会存在市场空隙，企业可以在这些市场空隙里发挥自己的优势以求得发展。

（3）目前市场机会与未来市场机会。从环境变化的动态性分析，企业既要注意目前环境变化中的市场机会，也要关注未来、预测未来可能出现的需求及消费倾向，以及时把握未来的市场机会。

（4）全面市场机会与局部市场机会。市场从其范围来看，有全面的、大范围的市场和局部的、小范围的市场之分。全面的市场机会是在大范围市场上出现的机会（如：国际市场、全国性市场等）；局部的市场机会则是指在局部市场上出现的尚未满足的需求。全面市场机会对各个企业都有普遍意义，因其反映了环境变化的一种普遍趋势；局部市场机会则对有意进入某个特定市场的企业有意义，因为这意味着该市场的变化有区别于其他市场的趋势。

案例2-6

市场告诉你机会

许多创业者和企业都在为寻找市场机会而发愁，其实，机会就在你身边的顾客身上。有位经营者说过，消费者的需求就如同洋葱一样，从里到外一层又一层，避开其他公司已经选择的那一层，我们是能够找到最适合自己的那一层的。遗憾的是，不少厂商经营思路比较单一，视野不够开阔，看到什么生意火了，便一哄而上，结果导致僧多粥少，大家都吃不饱。

1998年夏天，青岛双星集团发了一笔"空调"财。原来，双星人发现，夏季人们穿鞋的时候需要很强的排汗功能。但是，市场上根本没有这种功能的优质鞋。公司经过反复研究和充分的市场调查，想出了一种妙法，生产"空调鞋"系列，解决鞋内的通风问题。企业的研究人员在鞋的底部设计了一条贯穿前后的通气道，人们穿着这样的鞋走路时，脚无形中对具有打气筒功能的鞋底做了功，实现了空气的吸进与排出功能，保持了鞋内的干燥。这种具有"呼吸"功能的"空调鞋"一经上市便引起了市场的轰动效应，在短短的3个月中就销售了将近15万双。双星集团从把握顾客的消费需求中找到了市场机会，创造了新的市场空间，为企业带来了竞争优势。

（资料来源：http：//www.ccmsky.com）

二、波特五力分析模型

波特五力分析模型是哈佛大学商学院的 Michael E. Porter 于1979年创立的用于行业分析和商业战略研究的理论模型，又称波特竞争力模型，如图2-5所示。该模型在产业组织经济学基础上推导出决定行业竞争强度和市场吸引力的5种力量。

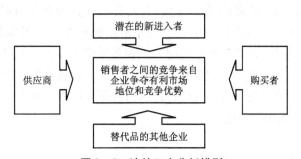

图2-5 波特五力分析模型

五力分析模型将大量不同的因素汇集在一个简便的模型中，以此分析一个行业的基本竞争态势。五力分析模型确定了竞争的5种主要来源，即供应商和购买者的讨价还价能力，潜在进入者的威胁，替代品的威胁，以及来自目前在同一行业的企业间的竞争。

1. 供应商的讨价还价能力

供应商主要通过提高投入要素价格与降低单位价值质量的能力，来影响行业中现有企业的盈利能力与产品竞争力。供方力量的强弱主要取决于他们所提供给买主的是什么投入要素，当供方所提供的投入要素其价值构成了买主产品总成本的较大比例、对买主产品生产过程非常重要，或者严重影响买主产品的质量时，供方对于买主的潜在讨价还价力量就大大增强。一般来说，满足如下条件的供方集团会具有比较强大的讨价还价力量：

（1）供方行业为一些具有比较稳固市场地位而不受市场激烈竞争困扰的企业所控制，其产品的买主很多，以至于每一单个买主都不可能成为供方的重要客户。

（2）供方各企业的产品各具有一定特色，以致于买主难以转换或转换成本过高，或者很难找到可与供方企业产品相竞争的替代品。

（3）供方能够方便地实行前向联合或一体化，而买主则难以实行后向联合或一体化。

2. 购买者的讨价还价能力

购买者主要通过其压价与要求提供较高的产品或服务质量的能力，来影响行业中现有企业的盈利能力。一般来说，满足如下条件的购买者可能具有较强的讨价还价能力：

（1）购买者的总数较少，而每个购买者的购买量较大，占了卖方销售量的很大比例。

（2）卖方行业由大量相对来说规模较小的企业所组成。

（3）购买者所购买的基本上是一种标准化产品，同时向多个卖主购买产品在经济上也完全可行。

（4）购买者有能力实现后向一体化，而卖主则不可能实行前向一体化。

3. 新进入者的威胁

新进入者在给行业带来新生产能力、新资源的同时，将希望在已被现有企业瓜分完毕的市场中赢得一席之地，这就有可能会与现有企业发生原材料与市场份额的竞争，最终导致行业中现有企业盈利水平降低，严重的话还有可能危及这些企业的生存。竞争性进入威胁的严重程度取决于两方面的因素，而进入新领域的障碍大小与预期现有企业对于新进入者的反应情况。

进入障碍主要包括规模经济、产品差异、资本需要、转换成本、销售渠道开拓、政府行为与政策（如国家综合平衡统一建设的石化企业）、不受规模支配的成本劣势（如商业秘密、产供销关系、学习与经验曲线效应等）、自然资源（如冶金业对矿产的拥有）、地理环境（如造船厂只能建在海滨城市）等方面，其中有些障碍是很难借助复制或仿造的方式来突破的。预期现有企业对进入者的反应情况，主要是采取报复行动的可能性大小，则取决于有关厂商的财力情况、报复记录、固定资产规模、行业增长速度等。总之，新企业进入一个行业的可能性大小，取决于进入者主观估计进入所能带来的潜在利益、所需花费的代价与所要承担的风险这三者的相对大小情况。

4. 替代品的威胁

两个处于同行业或不同行业中的企业，可能会由于所生产的产品是互为替代品，从而产生相互竞争行为，这种源自于替代品的竞争会以各种形式影响行业中现有企业的竞争战略。首先，现有企业产品售价以及获利潜力的提高，将由于存在着能被用户方便接受的替代品而受到限制；第二，由于替代品生产者的侵入，使得现有企业必须提高产品质量，或者通过降低成本来降低售价，或者使其产品具有特色，否则其销量与利润增长的目标就有可能受挫；第三，源自替代品生产者的竞争强度，受产品买主转换成本高低的影响。总之，替代品价格越低、质量越好、用户转换成本越低，其所能产生的竞争压力就强；而这种来自替代品生产者的竞争压力的强度，可以具体通过考察替代品销售增长率、替代品厂家生产能力与盈利扩张情况来加以描述。

5. 同业竞争者的竞争程度

大部分行业中的企业，相互之间的利益都是紧密联系在一起的，作为企业整体战略一部分的各企业竞争战略，其目标都在于使得自己的企业获得相对于竞争对手的优势，所以，在实施中就必然会产生冲突与对抗现象，这些冲突与对抗就构成了现有企业之间的竞争。现有企业之间的竞争常常表现在价格、广告、产品介绍、售后服务等方面，其竞争强度与许多因素有关。

一般来说，出现下述情况将意味着行业中现有企业之间竞争的加剧：行业进入障碍较低，势均力敌的竞争对手较多，竞争参与者范围广泛；市场趋于成熟，产品需求增长缓慢；竞争者企图采用降价等手段促销；竞争者提供几乎相同的产品或服务，用户转换成本很低；一个战略行动如果取得成功，其收入相当可观；行业外部实力强大的公司在接收了行业中实力薄弱企业后，发起进攻性行动，结果使得刚被接收的企业成为市场的主要竞争者；退出障碍较高，即退出竞争要比继续参与竞争代价更高。其中，退出障碍主要受经济、战略、感情以及社会政治关系等方面的影响，具体包括资产的专用性、退出的固定费用、战略上的相互牵制、情绪上的难以接受、政府和社会的各种限制等。

行业中的每一个企业或多或少都必须应付以上各种力量构成的威胁，而且客户必须面对行业中每一个竞争者的举动。除非认为正面交锋有必要而且有益处，例如要求得到很大的市场份额，否则客户可以通过设置进入壁垒，包括差异化和转换成本来保护自己。当一个客户确定了其优势和劣势时，客户必须进行定位，以便因势利导，而不是被预料到的环境因素变化所损害，如产品生命周期、行业增长速度等，然后保护自己并做好准备，以有效地对其他企业的举动做出反应。

根据上面对于 5 种竞争力量的讨论，企业可以采取尽可能地将自身的经营与竞争力量隔绝开来、努力从自身利益需要出发影响行业竞争规则、先占领有利的市场地位再发起进攻性竞争行动等手段来对付这 5 种竞争力量，以增强自己的市场地位与竞争实力。

三、SWOT 分析法

企业内外情况是相互联系的，将外部环境所提供的有利条件（机会）和不利条件（威胁）与企业内部条件形成的优势与劣势结合起来进行分析，有利于制定出正确的经营战略。在营销环境分析中较多运用一种简便易行的"SWOT"分析法。SWOT 分析是将宏观环境、市场需求、竞争状况、企业营销条件进行综合分析，分析出与企业营销活动相关的优势、劣势、机会和威胁。

1. SWOT 状态分析

SWOT 分析是把企业内外环境所形成的机会（Opportunities）、风险（Threats）、优势（Strengths）、劣势（Weaknesses）4 个方面的情况，结合起来进行分析，以寻找制定适合本企业实际情况的经营战略和策略的方法。

（1）优势：是企业较之竞争对手在哪些方面具有不可匹敌、不可模仿的独特能力。
（2）劣势：是企业较之竞争对手在哪些方面具有缺点与不足。
（3）机会：是外部环境变化趋势中对本企业营销有吸引力的、积极的、正面的影响。
（4）威胁：是外部环境变化趋势中对本企业营销不利的、负面的影响。

一般来说，运用 SWOT 分析法研究企业营销决策时，强调寻找 4 个方面中与企业营销决策密切相关的主要因素，而不是把所有关于企业能力、薄弱点、外部机会与威胁逐项列出和汇集；对企业的综合情况进行客观公正的评价，以识别各种优势、劣势、机会和威胁因素，有利于开拓思路，正确地制定企业战略。

具体方法是通过营销策划分析找出企业在所处环境中的优势、劣势、威胁、机会的相应内容，然后填入表 2-1 内，或者直接分别列出，达到信息序化的目的。通过信息序化，形成对营销策划背景的清晰认识和正确判断。

表 2-1 SWOT 分析表

外部环境	潜在外部威胁（T） 1. 2. 3.	潜在外部机会（O） 1. 2. 3.
内部条件	潜在内部优势（S） 1. 2. 3.	潜在内部劣势（W） 1. 2. 3.

SWOT 分析既可以作为一种分析工具使用，也可以作为一种分析思想，切不可以拘泥于形式而忽略其本质内涵。

2. 营销战略选择

SWOT 分析还可以作为选择和制定战略的一种方法，因为它提供了 4 种战略，即 SO 战略、WO 战略、ST 战略和 WT 战略，如表 2-2 所列。

表 2-2 SWOT 战略选择矩阵

企业内部因素 / 企业外部因素	内部优势 1. 2. 3.	内部劣势 1. 2. 3.
外部机会 1. 2. 3.	SO 战略 依靠内部优势 利用外部机会	WO 战略 利用外部机会 改进内部弱点
外部威胁 1. 2. 3.	ST 战略 利用企业的优势 避免或减轻外部威胁	WT 战略 减少内部劣势 避免外部威胁

SO 战略就是依靠内部优势去抓住外部机会的战略。如一个资源雄厚（内在优势）的企业发现某一国际市场未曾饱和（外在机会），那么它就应该采取 SO 战略去开拓这一国际市场。

WO 战略是利用外部机会来改进内部弱点的战略。如一个面对计算机服务需求增长的企业（外在机会），却十分缺乏技术专家（内在劣势），那么就应该采用 WO 战略培养或聘用技术专家，或购入一个高技术的计算机公司。

ST 战略就是利用企业的优势，去避免或减轻外部威胁的打击。如一个企业的销售渠道很多（内在优势），但是由于各种限制又不允许它经营其他商品（外在威胁），那么就应该采取 ST 战略，走集中型、多样化的道路。

WT 战略就是直接克服内部弱点和避免外部威胁的战略。如一个商品质量差（内在劣势）、供应渠道不可靠（外在威胁）的企业应该采取 WT 战略，强化企业管理，提高产品质量，稳定供应渠道，或走联合、合并之路以谋生存和发展。

SWOT方法的基本点就是策划方案的制定必须使其内部能力（强处和弱点）与外部环境（机遇和威胁）相适应，以获取经营的成功。

案例 2-7

某食品加工企业生产食用油脂，一直以生产散装油为主。随着市场竞争的加剧和消费需求的变化，其经营越来越困难。于是，就利用SWOT方格分析法进行分析。

企业外部因素 \ 企业内部因素	（S）优势 1. 本地市场有地理优势 2. 政府支持 3. 设备、经验有优势	（W）劣势 1. 富余人员多 2. 激励机制不完善 3. 缺乏市场竞争意识
（O）机会　小包装油将快速发展	SO 战略	WO 战略
（T）威胁　食用油将从计划走向市场	ST 战略	WT 战略

SO 战略：利用企业优势开发小包装油，并在价格策略上采取渗透价格，抢占市场。

WO 战略：为强化销售，把2/3的职工推向市场，其工资与销售业绩挂钩，大大激发了销售热情，也在一定程度上改变了"干多干少一个样"的陋习。

ST 战略：利用自己设备和经验的优势，向周边市场扩展。

WT 战略：深化企业体制改革，组建销售公司。

一年后，该公司的市场份额不断扩大。

四、市场营销环境中应变策略

企业对市场营销环境进行分析与研究的目的是抓住市场机会，避免威胁，因此在不同环境下，企业要采取不同的市场营销对策。

1. 威胁中的企业应变策略

（1）减轻策略。即企业采取各种手段改变市场营销策略，以减轻环境威胁程度的对策。例如，1990年年初，我国钢材市场出现供大于求局面，钢材价格下跌，但生产钢材的许多原料价格却上涨。许多企业束手无策，加入了亏损行列。但邯郸钢铁公司强化企业管理，积极采取措施，改进工艺和设备，降低消耗，生产成本降低到同类企业产品最低水平，在激烈的市场竞争中站稳脚跟，从而使企业在威胁中发展壮大。

（2）转移策略。即将产品转移到其他市场或转移到其他更能获利的产品行业，实行多元化经营。例如，1998年，四川长征机床厂在整个行业不景气时，及时调整企业生产结构，大举进军高科技领域，与四川托普电子有限公司联合，进军软件行业，短短两三年就成为我国软件行业负有盛名的企业，企业效益大幅提高。

（3）促变策略。即试图限制或扭转不利的市场营销局面而采取的逆势而上的对策。通常是通过取得政府的支持或政策上的扶持来改变环境的威胁。例如，有些企业通过联合的方式，促使政府推行贸易保护主义，以限制别国商品的进入，削弱他国商品的市场竞争力，从而保护本国企业的目标市场，这就是一种促变策略。

2. 机会中的企业应变策略

（1）抓住产品销售时机，占领目标市场。企业可以利用有利的市场机会扩大其产品销售量，并在占领目标市场的同时进一步开拓新市场。例如，20世纪70年代爆发了能源危机，汽油价格飞涨，日本汽车企业抓住这一时机，纷纷推出节能型小汽车，并很快进入欧洲和美国市场，同时开拓亚洲和其他一些地区的市场，很快成为汽车生产大国。

（2）抓住经营决策时机，选好投资方向。企业在进行市场调查和分析后，应选准投资方向，把握好投资的时机，这对于企业的发展将非常有利，否则后果难以想象。例如，20世纪60年代时，新加坡政府制订了扩大城市建设的"大新加坡计划"，当时还在玻璃厂学徒的陈家和获悉后，预测城市建设必然对建材产品需求量大增，便果断贷款，大力投资玻璃制造业，不久后便一跃成为世界"玻璃大王"，这就是抓住了经营决策时机的成功典范。

（3）抓住科学技术发展时机，把握市场营销机会。科学技术的发展，能极大促进生产力的提高。一项新技术的出现，往往会带来许多市场营销机会，创造出巨大的经济效益。例如，复印机刚刚在中国出现，受到所使用的纸张条件限制，使用率很低。江苏某纸厂及时抓住这一机遇，研制出适合复印机使用的纸张，使面临破产的局面一下扭转过来，并获得很大发展。所以企业要密切关注与企业有关的新产品、新材料、新设备、新技术的出现，抓住每一个有利时机，企业才能不断发展。

对一个企业来讲，机会与威胁随时都有可能出现，企业如何去把握，关键在于企业对市场营销环境的应变能力。对于处在市场机会和市场威胁概率较高的冒险企业，市场机会和市场威胁两方面的应变策略都要充分考虑；对于处在市场威胁概率较大的困难企业，则应更多地考虑威胁中的应变策略；对处于市场机会很大的理想企业，要充分把握机会中的应变策略，使之有更好的发展；而对处于市场机会和市场威胁都较低的平淡企业，则要努力去寻找市场机会，并防范潜在的市场威胁，使企业走出平淡，走向理想，走向成功。

案例 2-8

怎样寻找市场机会

××家用化工厂以生产化妆品为主业，在买方市场形成、厂商都喊"生意难做"时，该厂对国内市场进行了冷静的分析。经过调查，他们认为我国市场供求形势虽已发生了很大的变化，商品较"短缺经济"时代大大地丰富了，但就经营品种而言，一家大型百货商店，商品也不过三五万种，同发达国家消费品达20万种相比，存在明显的差距，消费者还有很多未满足的需求。何况在改革开放近20年后，人民收入大幅增加，仅居民储蓄存款就达5万多亿元，潜在的购买力相当大。这家家化厂学习了同行业上海家化厂成功的经验。上海家化厂在20世纪80年代曾根据消费者对化妆品需求多样化、高档化的趋势，不断缩短产品更新周期，每年平均产品更新率达到25％，不断推出新产品，抢先占领市场，"跟风者"难以与之竞争。以国内首创"美加净摩丝"为例，推向市场即引起轰动。尽管有数十家企业起而仿效，形成全国性的"摩丝大战"，而上海家化厂已形成规模经济优势，销售经久不衰，1990年销售1 000万管以上，产值超过5 000万元。××家化厂在技术装备、资金和管理方面，具备与上海家化厂相当的实力，因而力图借鉴上海家化厂的经验，在市场饱和、竞争激烈的条件下，寻找有利的市场机会。

任务实训

请选择一个你比较熟悉的企业，用SWOT分析法分析其发展战略。

复习思考

1. 什么是市场营销环境？市场营销环境可以分成哪些类型或层次？
2. 简述企业分析市场营销环境的意义及市场营销环境的特征。
3. 简述宏观市场营销环境与微观市场营销环境的内容。
4. 企业决策者在复杂多变的市场营销环境中应怎样捕捉机会与避免威胁？
5. 有人说，"市场营销机会有时恰恰是营销陷阱"，而"环境威胁有时却可以采取有力措施加以规避"，请你在实际营销活动中选取一两个例子说明之。
6. 结合中国市场的实际情况，选择一个方面对目前国内市场营销环境的特点进行分析，谈谈你的看法。

案例赏析

福特汽车公司1988年市场营销环境分析

一、企业内部环境

（1）财务状况良好，净利润达530多亿美元。

（2）产品市场占有率为23%，居美国市场第二位（通用公司为37%）。有两款汽车在市场销售排名第二和第三位。

（3）与供应商签订了无限期的长期协议。

二、外部环境

（1）经济环境：美国经济将缓慢上升；汽油价格持续上涨；在北美装配的日本轿车数量达到每年200万辆，将出现供大于求。

（2）政治环境：许多国家出台了对汽车尾气排放和油耗的标准；东欧巨变，俄罗斯及中国市场经济发展潜力巨大。

（3）社会环境：社会和经济的发展趋势表明，有更多人愿购买娱乐型汽车；妇女和老人社交活动增多，购车的比例加大。

（4）技术环境：未来汽车将变得更加容易操作；安全措施更完善；电动汽车将会出现；塑料将逐渐替代钢材地位。

三、评价与分析

（1）优势：福特是世界上第二大小汽车和卡车生产商；经济效益比同行平均水平高；公司实行纵向一体化战略，一些配套产品由本公司自己生产；与外国公司合作降低了成本并提高了质量；借助计算机辅助设计，提高了产品的研发能力。

（2）劣势：与日本竞争者相比，社会福利支出费用过高，加大了企业成本压力；在生产中没有全部采用高、精、尖技术；技术上没能达到燃油效率标准；必须提高国产化率以符合国家法律规定。

四、机会与威胁

（1）机会：在日本有一生产厂，在生产和销售方面有降低成本的可能；符合净化空气的提议而生产替代燃料的汽车；在质量评比方面获"质量第一"称号；欧洲经济统一使全球市场潜力增大。

（2）威胁：进口汽车占了很大市场份额；汽车行业销售缓慢；日元对美元汇率降低；日益增加的政府各种限制；美国经济的下滑或可能的衰退。

福特汽车公司全面分析企业所处的微观和宏观环境，综合评价企业所面临的威胁和机会。企业决定从环保这一社会影响力最大方面入手，积极研发环保、清洁型汽车，经过10年来不断努力，取得了世人瞩目的成绩，获得各种关于环保方面的奖项，如"绿色环保奖""氢能利用奖"等，并获得消费者认可，20世纪全球汽车的最高奖"世纪奖"被授予福特的T型汽车。公司的收益不断创出新高，继续保持高速发展势头。

问题

1. 福特汽车公司是怎样进行市场营销环境分析，找出企业发展机会的？
2. 作为一个汽车公司，为什么要重视环保问题？

模块三

目标市场选择

学习任务

1. 掌握市场细分的概念、原理、作用、标准和方法；
2. 掌握选择目标市场的程序、策略的特点及适用性；
3. 掌握市场定位的概念、作用、技术及策略。

任务一　市场细分

情景案例

美国天美时钟表公司在第二次世界大战前还是一个不大起眼的公司，公司极力想在美国市场上撕开一条口子，大干一番。当时，著名的钟表公司几乎都是以生产名贵手表为目标，而且主要通过大百货商店、珠宝商店推销。但是，天美时钟表公司通过市场营销研究发现，实际上市场可进行划分，把市场上的购买者分为三类：第一类消费者希望能以尽量低的价格购买能计时的手表，他们追求的是低价位的实用品，这类消费者占23%；第二类消费者希望能以较高的价格购买计时准确、更耐用或式样好的手表，他们既重实用，又重美观，这类消费者占46%；第三类消费者想买名贵的手表，主要是以它作为礼物，他们占整个市场的31%。

由此企业发现，以往提供的产品仅是以第三类消费者为对象的。天美时钟表公司高兴地意识到，一个潜在的充满生机的大市场即在眼前。于是根据第一、二类消费者的需要，制造了一种叫做"天美时"的物美价廉的手表，一年内保修，而且利用新的销售渠道，广泛通过超级市场、廉价商店、药房等各种类型的商店大力推销，结果很快提高了市场占有率，成为世界上最大的钟表公司之一。

案例点评

该公司将市场上的购买者分为三类，第一类是占市场23%的追求低价值的实用品的消费者，第二类是占市场46%的既重实用又重美观的消费者，第三类是占市场31%的想买名贵手表的消费者。实践证明这种细分是有效的，它准确地将市场化分为三类，又对产品进行了合理的定位，突出低价位的市场定位，从而奠定了成功的基石。

在企业之间竞争日益激烈的情况下，通过市场细分，企业可以找到市场上尚未被满足的市场需要，从而找到对企业有利的营销机会。美国天美时钟表公司在其他钟表公司都集中在名贵手表的时候，对市场进行有效细分，从而找到自己的目标市场，开发自己的营销渠道，集中于低价位的市场。天美时钟表公司选择了正确的营销策略，找准了自己的目标市场，从而获得了成功。

知识体系

在营销环境分析的基础上，企业通过市场调研进一步掌握了市场需求和消费者的购买心理，接着是进行市场细分和目标市场选择。在买方市场的情况下，除了极个别的产品外，大多数产品对消费者而言，都有很多种的选择。同时，任何企业也不可能满足一种产品的所有市场需求，而只能满足其中一部分消费者的需要。企业应把这一部分顾客筛选出来，确定为自己的主攻市场（目标市场），并充分利用企业的资源，发挥企业优势，树立企业的特色，制定出有针对性的市场营销策略。因此，企业必须对潜在的顾客进行分类，根据外部环境及内部条件，选择自己服务的对象，作为自己的目标市场，这时，市场细分、目标市场策略以及市场定位就开始发挥作用，这就是现代营销的 STP 策略。

目标市场营销（STP 营销）是现代战略营销的核心，包括市场细分（Segmentation）、选择目标市场（Targeting）和市场定位（Positioning）三个环节，如图 3-1 所示。

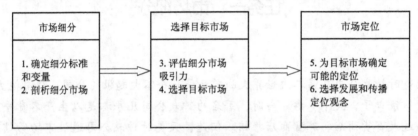

图 3-1 目标市场营销（SPT）模式

一、市场细分的概念

当商品经济发展到一定阶段时，往往会出现产品供过于求、需求千差万别、市场复杂多变的状况。如大米市场，十几年前人们的需求是：只要是"米"，能吃就行，而现在许多人要求米既要香而且要黏、要好吃，也有些人为生活所迫，仍然要求可以果腹就可以了。

任何一个规模巨大、资金雄厚的企业，都无法用大批量生产产品的方式有效地满足全部顾客的所有需求，企业参与整个市场竞争显得力不从心。因此企业只能根据自身资源、设备、技术等方面的优势条件，从事某一方面的生产与经营活动。

市场细分是指营销者利用一定需求差别因素（细分因素），把某一产品整体市场消费者划分为若干具有不同需求差别的群体的过程或行为。

需要指出的是，细分市场不是根据产品品种、产品系列来进行的，而是从消费者的角度进行划分的，是根据市场细分的理论基础，即消费者需求、购买动机、购买行为的多样性和差异性进行划分的，因此：

（1）市场细分不是对自己的产品进行分类；

（2）市场细分不是按企业的性质进行分类；

（3）市场细分是按照顾客的需要和欲望进行分类。在现实生活中，当顾客的某些因素比较接近时，顾客的需求与欲望也会有相似之处，营销管理人员会按照"求大同，存小异"的原则，进一步归纳这些不同需求。每一个细分市场是具有一个或多个相同特征并由此产生类似产品需求的人或组织组成的群体。

案例 3-1

少儿百科全书市场细分正流行

近十多年来，少儿百科全书因为契合了国人求全、实用的购买心理，一直具有相对平稳的市场空间，不管价格如何，盼子成材心切的家长们大都会给孩子买上一本从小学可以用到高中的百科全书，家长们这种"一次投资，终身受益"的购买心理一度造就了少儿百科图书市场的繁荣。

（一）原创与引进共创纷繁局面

在目前所有的原创少儿百科全书中，浙江教育出版社出版的《中国少年儿童百科全书》是最为成功的一套。该书出版于1991年4月，迄今印数已经突破了160万套，是一套名副其实的双效书。此外，上海少儿出版社《少年科学小百科》也取得过很好的市场业绩；吉林美术出版社的《新世纪少儿百科》特别考虑到了低幼读者的阅读能力和价格承受能力，文字十分通俗、口语化，配图活泼有趣，是原创类百科图书中销量较好的一套，曾获得过吉林省图书最高奖"长白山优秀图书奖"。

然而，并非所有的原创少儿百科全书都这么幸运，有的不仅没有给出版者带来效益，反而带来了损失，原因就在于这些图书多为仓促之作，在内容的设计和语言的表达方面显得有些粗糙，跟风和重复的味道较浓，互相模仿的痕迹很明显。

由于编制少儿百科的周期非常长，许多出版社便瞄准了版权引进这条捷径。在引进的少儿百科全书中，湖南少年儿童出版社出版的《儿童百科全书》（不列颠版）是早期引进中较为成功的一个范例。该书出版于1989年4月，到1996年8月印数已超过了11万套，其首版的定价才40元，到1996年提高到每套60元，每印张的定价不到0.9元。而辽宁教育出版社1998年从牛津大学出版社引进了最为有名的《牛津少年儿童百科全书》后，根据市场的不同定位出版了定价860元和280元的两种版本，两种版本内容一致，只不过前一种采用的是铜版纸4色印刷，而280元的经济型版本迎合了一般家庭的需求，目前已经售出了3万套，是引进版里销售势头良好的一套书。

引进国外版少儿百科全书的优势为：国外的开发已很成熟，版本繁多，选择余地大，而且引进版权的费用不高，比原创成本要低。但是，国外最新的少儿百科全书类读物也有其局限性，其一是大多制作精美，成本高，投入大；其二是有些内容不太适合中国的读者，对中国的孩子缺乏亲和力，而且版权来源多同为国外的那么几家出版社。

（二）市场细分寻求深度发展

随着竞争的进一步加剧和市场的细分，目前的少儿百科全书细分市场在出版动向上出现了"大而全""中而专""小而便"的趋势。市场细分本是一个富于层次感的范畴，同时也预示着少儿百科全书类读物的出版趋向层次性将更加明晰。

细分的第一个层次是"大而全"。像中国大百科全书出版社推出的《中国儿童百科全书》、辽宁教育出版社的《牛津少年儿童百科全书》、团结出版社的《大不列颠少儿百科》、四川辞书出版社的《新世纪少年儿童百科全书》就属此类情况。它们既强调知识的权威性和全面性，又重视图片对儿童阅读兴趣的调动，还突出其工具书的查考功能和实用特色。

细分的第二个层次是"中而专"。一些出版社将少儿百科全书转向某一单科门类知识的纵深方向发展，像明天出版社的《中国少年儿童军事百科全书》、湖北教育出版社的《少儿动物百科》、湖南少年儿童出版社的《恐龙百科》等"中而专"的百科全书都在读者中引起了一定的反响。

细分的第三个层次是"小而便"，即把知识点的散布从集中描述汇聚为百科全书式的知识架构。此类百科全书有中国纺织出版社的《袖珍趣味百科丛书》(48开)、湖南少年儿童出版社的《小口袋大世界丛书》(40开)等，其吸引读者的一个重要方面就在于它是拆散成可以装在口袋里的小开本百科全书，非常便于小读者的阅读和携带。这几套丛书每本只讲述一个知识点，在讲述知识时特别注意趣味性，讲究严肃的科学知识和有趣的人文知识的结合，并试图在少儿百科全书走近读者方面做些开创性的实验，辟出一条新路。

其实，内容细分只是少儿百科全书类读物走近读者的一个方面，这类读物走近读者还有很多方面：表达形式更具趣味性；装帧设计更加强调插图的作用，甚至变文配图为图配文，开本由16开一统天下向各类开本转变，小开本成了百科市场的新宠儿。一句话："拿得起，读得懂，喜欢读"将是未来百科全书的新面貌。

二、市场细分的意义

市场细分的作用在于把企业有限的资源集中到一小群的购买者身上，更好地为顾客服务，更有效地实现企业的利润目标。具体来说，市场细分的意义包括：

1. 市场细分有利于发现和捕捉市场机会

通过市场细分，企业可以有效地分析和了解整体市场中存在哪些需求相似的消费群，各部分消费群的消费需求是什么，发现哪些消费需求已经满足，哪些需求满足不够，哪些需求尚需适销对路的产品去满足；发现满足哪些需求的竞争激烈，哪些竞争较少，哪些目前还没有竞争，满足需求有待开发。尚未满足的需求便是企业的市场机会。只有通过细分，企业才能发现市场机会。例如，广东洗衣机市场有多个厂家，如广州洗衣机厂、航海洗衣机厂、中山洗衣机厂和江门洗衣机厂等。这些厂家都沿着单缸半自动→双缸半自动→全自动的方向进行产品更新换代，而且几乎都是同步发展。但随着产品产量的增加、市场的饱和，竞争非常激烈。为此，江门洗衣机厂通过市场调查，细分洗衣机市场的需求，发现原来购买单缸半自动洗衣机的家庭，有相当一部分家庭从节俭出发，不愿遗弃仍可用的单缸洗衣机，但他们又希望洗衣机有脱水的功能。该厂抓住了这一机会，开发了脱水机这一产品，独占了市场。

2. 市场细分有利于中小企业开拓市场

通过市场细分，缺少市场竞争力的中小企业可以更清楚地了解市场的结构，了解市场上消费者的需求特点，在营销过程中不断发现市场空隙，拾遗补缺。如A食店是以脖子上挂着钥匙的小学生为主要对象，制定"薄利多销，诚挚服务"的营销策略；B大酒店是以来华经商的富豪、商家为主要对象，树立"豪华排场，一流享受"的营销理念。

3. 市场细分有助于企业合理配置和利用资源，提高企业的竞争力

市场细分有助于企业深入了解顾客需求，结合企业的优势和市场竞争情况，选择有潜力且能为企业创造效益的目标市场，根据目标市场的特点，将有限的人力、物力、财力集中于少数几个细分市场,合理有效地配置利用资源,开发和利用本企业的资源优势,扬长避短,发挥竞争优势,提高企业的竞争力。

三、把握市场细分的原则

一般来说,企业在进行市场细分时,应把握住下面3个原则:

1. 可衡量性

可衡量性即以某种标准进行细分后的各个子市场范围清晰,市场容量可以估计,需求程度和购买力水平可以被衡量,并同其他子市场有明显的差异。

2. 可接近性

可接近性即以某种标准进行细分后的各个子市场是企业营销辐射能力能够达到的。在进行细分时,企业应考虑划分出来的细分市场,必须是企业有足够的能力去占领的子市场,在这个子市场上,能充分发挥企业的资源优势。

3. 可盈利性

在市场细分中,被企业选中的子市场还必须有一定的人口规模,足够的购买潜力,充足的需求量,能够使企业实现大规模的生产,形成规模经济。

细分市场一旦被企业选定为目标市场,它应给企业带来的利益不仅是目前的,还必须能够给企业带来较长远的利益。所以,企业在进行细分时必须考虑市场未来发展是否有潜力。如果细分市场的规模过大,企业"吃不了,无法消化",将在竞争中处于弱势;如果规模过小,企业又"吃不饱",现有的资源得不到最佳利用,利润将难以确保。因此,细分出的市场规模必须恰当,才能使企业得到合理的利润。

四、选择市场细分的标准

企业要进行市场细分,首先就是要确定按照什么样的标准来进行细分。一般来说,凡是影响消费者需求的一切因素,都可以作为市场细分的依据。市场细分的标准必须能区分不同的需求。企业可以根据行业和自己的情况选择适当的因素作为标准(或变数)来对市场进行细分。

(一) 消费者市场细分的标准

消费者市场细分可以按照地理环境因素、人口因素、心理因素、行为等进行。

1. 地理环境因素

不同地理环境下的消费者,由于气候、生活习惯、经济水平等不同,对同一类产品往往会有不同的需求和偏好,以至于对企业的产品、价格、销售渠道及广告等营销措施的反应也常常存在差别。

(1) 消费者居住的地区。如我国的茶叶市场,南方消费者喜欢红茶和绿茶,华北、华东地区消费者喜欢花茶,而少数民族地区的消费者喜欢砖茶;再如食品,不同地区有不同的口味,所谓"东甜南辣西酸北咸",南方以米饭为主食,北方以面粉为主食。

(2) 地形气候。地形可分为山区、平原、丘陵;气温可分为热带、温带、寒带;湿度可分为干旱地区、多雨地区。如风扇市场,热带地区一室多扇,而寒带地区则可以常年不需风扇;洗衣机市场,多雨地区湿度大,顾客喜欢洗衣机具备脱水、烘干的功能。

2. 人口因素

不同的年龄、性别、收入、职业、教育程度、宗教、种族或国籍的消费者,会有不同的价值观念、生活情趣、审美观念和消费方式，因而对同一类产品，必定会产生不同的消费需求。

（1）年龄。人们在不同的年龄阶段，由于生理、心理等因素的不同，对商品的需求和欲望有着很大的区别。如玩具市场，因年龄的不同，应有启蒙、智力、科技、消遣、装饰等功能不同的玩具。

（2）性别。男性和女性，在不少商品的使用上存在很大的区别。如服装市场、化妆品市场，一般可以按照性别的不同，分为女性市场和男性市场。

（3）收入。收入水平不同的消费者，在购买时对商品的要求也不同，高收入的消费者，对产品比较注重"质"的需求，购物场所习惯到百货公司和专卖店；低收入的消费者，则侧重"量"的需求，通常喜欢到廉价的货仓商场、超市及普通商店。但若以收入作为细分标准，不应忽视低收入群由于"补偿"心理或自身水平有限，也会购买高质量、高价格的产品。

（4）文化程度和职业。不同文化程度的人，他们的价值观、信念、习惯等存在较大的差异；不同职业的特点，也会使人们有很多购买上的差异。如工人、农民、教师、艺术家、干部、学生，对报纸、书刊的消费有明显的不同。

（5）民族。我国有56个民族，绝大多数民族都有自己特殊的消费习惯和爱好。

3. 心理因素

以上地理环境因素、人口因素相同或相近的消费者，对同一产品的爱好和态度也会截然不同，这主要是由于心理因素的影响。

（1）生活方式。生活方式是人们生活的格局和格调，表现在人们对活动、兴趣和思想的见解上，人们形成的生活方式不同，消费倾向也不一样。如深圳的高级白领就很少去东门一带购物，就和他们的生活格调相关；妇女服装可根据消费者的不同生活方式，分别设计出"朴素型""时髦型""新潮型""保守型""有男子气质型"。

（2）购买动机。是指消费者购买行为的直接原因。有些人为实用而购买，有些人为价格便宜而购买，有些人则为追赶时髦而购买。

（3）性格。如内向与外向；追求独特与愿意依赖；乐观与悲观。不同性格的消费者对产品的要求不同。如对产品的色彩，内向的人比较喜欢冷色调，外向的人却喜欢暖色调；对产品的款式，追求独特的人喜欢标新立异，依赖的人却爱跟随众人。

4. 行为因素

行为因素是按照消费者购买过程中对产品的认知、态度、使用来进行细分。

（1）购买时机。按消费者对产品的需要、购买、使用的时机的认知并作为市场细分的标准。如旅行社可为每年的几个公共长假提供专门的旅游线路和品种，为中小学生每年的寒暑假提供专门的旅游服务；公交公司根据上下班高峰期和非高峰期这一标准，把乘客市场一分为二，分别采取不同的营销策略，如在上下班高峰期加派客车，非高峰期减少客车，以降低成本，提高效益。

（2）追求利益。根据消费者对产品的购买所追求的不同利益来细分市场。如钟表市场，购买钟表的消费者追求的利益大致可以分为3类：一是追求价格低廉；二是侧重耐用性和产品的质量；三是注重产品品牌的声望。因此，生产钟表的企业，如果用追求的利益来细分市场，就必须了解消费者在购买某种产品时所寻求的主要利益是什么；了解寻求某种利益的消费者主要是哪些人；了解市场上满足这种利益的有哪些品牌；哪种利益还没有得到满足。然后确定自己的产品应突出哪种特性，最大限度吸引某一个消费者群。美国学者 Haley 曾运用利益对牙膏市场进行细分而获得成功。他把牙膏需求者寻求的利益分为经济实惠、防治牙病、洁齿美容、口味清爽 4 种（表 3-1）。

表 3-1 牙膏市场的利益细分

利益细分	人口统计特征	行为特征	心理特征	符合利益的品牌
经济实惠	男性	大量使用者	自主性强者	大减价的品牌
防治牙病	大家庭	大量使用者	忧虑保守者	品牌 A、E
洁齿美容	青年	吸烟者	社交活动多者	品牌 B
口味清爽	儿童	薄荷爱好者	喜好享乐者	品牌 C

(3) 使用情况。许多产品可以按照消费者对产品的使用情况进行分类。使用情况可以分为"从未使用过""曾经使用过""准备使用""初次使用""经常使用" 5 种类型。对于不同的使用者情况，企业所施用的策略是不相同的。一般而言，资力雄厚、市场占有率高的企业，特别注重吸引潜在购买者，通过营销策略把潜在使用者变为实际使用者。一些中、小型的企业，主要是吸引现有的使用者，提高他们对产品的使用率以及对品牌的信赖和忠诚度；或让使用者从竞争者的品牌转向本企业的品牌。

案例 3-2

美国虎飞自行车公司根据地理环境因素把欧洲市场细分为如下子市场：

(1) 俄罗斯和东欧市场。这些国家的自行车基本自给，仅进口高档自行车和赛车。

(2) 英国市场。英国是自行车的创始国之一，名牌产品畅销世界各地。进入 20 世纪 80 年代以后，英国自行车市场的不景气使英国改变了原来的自行车生产体系，开始从日本、中国台湾和发展中国家购买大量零部件组装成车，以降低成本，提高产品竞争力。

(3) 德国市场。德国是欧洲最大的自行车市场，其特点是：适销品种以 BMK 车和 10 速运动车为主；要求产品物美价廉；款式多变，从 10 速到 28 速，从低档到高档，从童车到赛车，品种齐全，重视安全；市场上出售的自行车必须符合国家安全标准，否则不准出售。

(4) 意大利市场。意大利自行车制造业已有百余年的历史。随着收入的增加，童车和少年车成为越来越多家庭的必需品，运动车、折叠轻便车和旅游车需求量大幅增加。

虎飞自行车公司在进军北美市场时根据收入水平把北美市场细分为 3 个子市场：

(1) 高档市场。该市场以高档赛车为主，占北美市场销售额的 5%~10%，售价在 300~1 200 美元。整个市场由英、美、日、德、意的几家大公司占领。

(2) 中档市场。该市场占北美市场销售额的 45%，售价在 200~300 美元。这个细分市场上品种广泛，集中了世界大多数信誉良好的企业的产品。

(3) 低档市场。该市场以 BMK 等低档童车为主，占北美市场销售额的 40%~45%。进入 20 世纪 80 年代以后，该市场逐渐被韩国、中国台湾的制造商所占领。市场内竞争激烈，价格不断下跌，致使一些厂家不得不撤出该区域而转向其他区域。市场售价一般在 50 美元以下，其中占该市场主要份额的 BMK 车价格在 70~80 美元。

（二）产业市场细分的标准

产业市场的细分标准，有些与消费者市场的细分标准相同。如追求利益、使用者情况、地理环境因素等，但还有一些不同的标准。美国的波罗玛（Bouoma）和夏皮罗（Shapiro）两位学者提出了一个产业市场细分变量表，较系统地列举了产业市场细分的主要变量，并提出了企业在选择目标市场时应考虑的主要问题（表3-2）。

表3-2　产业市场主要细分标准

人口变量
□行业：我们应把重点放在购买这种产品的哪些行业？
□公司规模：我们应把重点放在多大规模的公司？
□地理位置：我们应把重点放在哪些地区？
经营变量
□技术：我们应把重点放在顾客所重视的哪些技术上？
□使用者或非使用者情况：我们应把重点放在经常使用者、较少使用者、首次使用者还是从未使用者身上？
□顾客能力：我们应把重点放在需要很多服务的顾客上，还是只需少量服务的顾客上？
采购方法
□采购职能组织：我们应将重点放在那些采购组织高度集中的公司上，还是那些采购组织相对分散的公司上？
□权利结构：我们应选择那些工程技术人员占主导地位的公司，还是财务人员占主导地位的公司？
□与用户的关系：我们应选择那些现在与我们有牢固关系的公司，还是追求最理想的公司？
□总的采购政策：我们应把重点放在乐于采用租赁、服务合同、系统采购的公司，还是采用密封投标等贸易方式的公司上？
□购买标准：我们是选择追求质量的公司、重视服务的公司，还是注重价格的公司？
情况因素
□紧急：我们是否应把重点放在那些要求迅速和突击交货或提供服务的公司？
□特别用途：我们应将力量集中于本公司产品的某些用途上，还是将力量平均花在各种用途上？
□订货量：我们应侧重于大宗订货的用户，还是少量订货者？
个人特性
□购销双方的相似性：我们是否应把重点放在那些其人员及价值观念与本公司相似的公司上？
□对待风险的态度：我们应把重点放在敢于冒风险的用户还是不愿冒风险的用户上？
□忠诚度：我们是否应该选择那些对本公司产品非常忠诚的用户？

五、确定市场细分的方法

按照选择市场细分标准的多少，市场细分可以有3种方法：

1. 单一变数法

是指只选择一个细分标准进行细分市场的方法。

例如，玩具市场，不同年龄的消费者对玩具的需求不同，可按年龄标准把市场细分为：1~3岁玩具市场，4~5岁玩具市场，6~7岁玩具市场，8~12岁玩具市场，12岁以上玩具市场等几个细分市场。1~3岁的玩具应该具有启蒙功能，而12岁以上的玩具应具有智力或科技功能。

2. 综合变数法

是指只选择两个以上（少数几个）的细分标准进行细分市场的方法。

例如，某公司对家具市场的细分采用了3个标准（表3-3）。

表3-3 某公司对家具市场的细分

户主年龄	65岁以上、50~64岁、35~49岁、18~34岁
家庭人口	1~2人、3~4人、5人以上
月收入水平	1 000元以下、1 000~3 000元、3 000元以上

根据这样细分的结果，可分为36个细分市场。

3. 系列变数法（完全细分法）

是指根据企业经营的需要，选择多个细分标准，由大到小、由粗到细进行系列细分市场的方法。

例如，某服装公司选择多标准对服装市场进行细分（图3-2）。

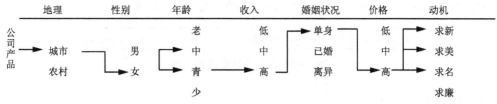

图3-2 某服装公司对服装的市场细分

任务二 目标市场选择

情景案例

20世纪70年代初，在美国慢跑热正逐渐兴起，数百万人开始穿运动鞋。但当时美国运动鞋市场上占统治地位的是阿迪达斯、彪马和Tiger（虎牌）组成的"铁三角"，他们并没有意识到运动鞋市场的这一趋势。而耐克则紧盯这一市场，并以此为目标市场，专门生产适应这一大众化运动趋势的运动鞋。耐克为打进"铁三角"，迅速开发新式跑鞋，并为此花费巨资，开发出风格各异、价格不同和多用途的产品。到1979年，耐克通过策划新产品的上市和强劲的推销，其市场占有率达到33%，终于打进了"铁三角"。

然而，到了后来，过去推动耐克成功的青少年消费者纷纷放弃了运动鞋，他们在寻找新颖的、少一点儿商业气息的产品。此时耐克似已陷入困境，销售额、利润在下降。耐克大刀阔斧进行改革的时候已经到了。于是，耐克更新了外观技术，推出了一系列新款跑鞋、运动鞋和多种训练用鞋，其户外运动部门则把销售的重点对准了雅皮士一代和新一代未知的顾客。耐克遵循的信条是：思路新颖。在美国，市场已经饱和，只有不断推陈出新的公司才能得到发展。耐克利用其敏锐的眼光去观察选择市场，放手去干，永远保持领先。

案例点评

耐克选择的目标市场在20世纪70年代是喜欢慢跑的大众，后来又将目标市场定在对品牌比较敏感、充满活力的青少年消费者身上。耐克在推出新产品前，首先对市场进行分析，找出需求旺盛的目标市场，然后利用自己的技术优势尽量做到产品的多样化以满足不同顾客的需求。其强劲的推销和品牌形象也是耐克的新产品不断获得成功的重要原因。

知识体系

市场经过细分之后，摆在企业面前的是若干个细分子市场，究竟哪个细分子市场对本企业来说存在着市场机会，即哪个市场可以作为本企业的目标市场，企业可以集中自己有限的资源并发挥自己的优势为目标市场的消费者服务，同时也取得相应的经济回报。我们必须对细分市场进行分析和评价，确定本企业的目标市场。

目标市场（Target Market）是指企业准备用产品或服务以及相应的一套营销组合为之服务或从事经营活动的特定市场。确定目标市场的步骤如图3-3所示。

图3-3 确定目标市场的步骤

一、评估细分市场

评价细分市场，必须确定一套具体的评价标准，评价标准主要可从细分市场本身的特性、市场结构的吸引力、本公司的目标及资源优势这些方面来考虑。

1. 细分市场的规模和潜力

（1）市场有没有"适当"的规模。"适当"的规模是个相对的概念，大企业一般重视销售量大的细分市场，小企业却经常会选择一些小的细分市场，但总的来说，根据企业自身的条件，衡量细分市场的规模是否值得去开发，即：开发这样的市场是否会由于规模过于小而不能给企业带来所期望的销售额和利润。

（2）市场有没有预期的发展前景。一个细分市场是否值得开发，除了应具备规模因素外，还要考察市场有没有相应的发展前景。发展前景通常是一种期望值，因为企业总是希望销售额和利润能不断上升。但要注意，竞争对手会迅速地抢占正在发展的细分市场，从而抑制本企业的盈利水平。

2. 细分市场结构的吸引力

有些细分市场虽然具备了企业所期望的规模和发展前景，但可能缺乏盈利能力。迈克尔·波特提出决定某一细分市场长期利润吸引力的5种因素：

（1）该市场同行竞争者的数量和实力；

（2）该市场进入的难易程度及潜在竞争者的实力；

（3）该市场有无现实或潜在的替代产品；

（4）该市场购买者的议价能力高低，如购买者有无组织支持；

（5）该市场供应商的议价能力的高低，如该市场的产品生产是否要严重依赖某种由供应商提供的零配件或原材料。

3. 企业的目标和资源

某细分市场具有适合企业的规模、良好的发展前景和富有吸引力的结构，但能否作为企业的目标市场，企业仍需结合自己的目标和资源进行考虑。

企业有时会放弃一些有吸引力的细分市场，因为它们不符合企业的长远目标。当细分市场符合企业的目标时，企业还必须考虑自己是否拥有足够的资源，能保证在细分市场上取得成功。即使具备了必要的能力，公司还需要发展自己的独特优势。只有当企业能够提供具有高价值的产品和服务时，才可以进入这个目标市场。

二、选择目标市场

市场经过细分、评价后，可能得出若干可供进军的细分市场，企业是向某一个市场进军或向多个市场进军呢？这就需要确定目标市场的范围。企业可以在5种目标市场类型中进行选择（图3-4）。

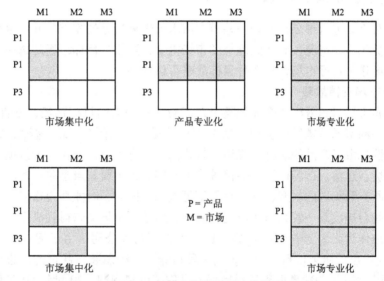

图3-4　目标市场选择的5种模式

1. 市场集中化

企业选择一个细分市场作为目标市场，只生产一种产品来满足这一市场消费者的需求。

这种策略的优点主要是能集中企业的有限资源，通过生产、销售和促销等专业化分工，提高经济效益。一般适应实力较弱的小企业，与其在大（多）市场里平庸无奇，倒不如在小（少）市场里占有一席之地。这种策略也存在较大的潜在风险，如消费者的爱好突然发生变化，或有强大的竞争对手进入这个细分市场，企业很容易受到损害。

2. 产品专业化

企业选择几个细分市场作为目标市场，只生产一种产品来分别满足不同目标市场消费者的需求。

这种策略可使企业在某个产品树立起很高的声誉，扩大产品的销售；但如果这种产品被全新技术产品所取代，其销量就会大幅下降。

3. 市场专业化

企业选择一个细分市场作为目标市场，并生产多种产品来满足这一市场消费者的需求。

企业提供一系列产品专门为这个目标市场服务，容易获得消费者的信赖，产生良好的声誉，打开产品的销路；但如果这个消费群体的购买力下降，就会减少购买产品的数量，企业就有滑坡的危险。

4. 选择专业化

企业选择若干个互不相关的细分市场作为目标市场，并根据每个目标市场消费者的需求，向其提供相应的产品。

这种策略的前提是每个目标市场必须是最有前景、最具经济效益的市场。

5. 市场全面化

企业把所有细分市场都作为目标市场，并生产不同的产品满足各种不同的目标市场消费者的需求。只有大企业才能选用这种策略。

三、制定目标市场营销战略

企业通过对市场进行细分，发现一些潜在需求或未被满足的需求，并结合企业自身的目标和资源，分析竞争的情况，寻找到理想的市场机会，这就是目标市场的选择。企业决定选择哪些细分市场作为目标市场，有3种目标战略可供选择。

1. 无差异市场营销战略

实行无差异市场营销战略的企业把整个市场看作一个大的目标市场，不进行市场细分，用一种产品统一的市场营销组合去满足所有用户的需求，见图3-5。这种战略最大的优点是成本的经济性。由于产品的品种、规格、款式简单，有利于标准化与大规模生产，有利于降低生产、存货、运输、市场调研、促销等成本费用。其主要缺点是单一产品要以同样的方式销售并受到所有购买者的欢迎，这几乎是不可能的。即使一时能赢得市场，如果竞争企业都如此仿照，就会造成某一较大市场上竞争激烈，而较小市场又未得到满足。例如，美国可口可乐公司常被作为无差异营销的典型。这家世界著名大公司，由于拥有世界性专利，在20世纪60年代推出的瓶装饮料，长期采用一种口味、一种瓶装，甚至连广告词都是统一的"请饮可口可乐"，以长期独霸世界饮料市场，赚取了巨额利润。20世纪60年代以后，随着饮料市场竞争的加剧，特别是"百事可乐"和"七喜"的异军突起，可口可乐公司不得不放弃长期实行的无差异营销战略。

一般来说，无差异营销战略除适用于同质产品外，主要适用于购买者广泛需要的，生产能够大规模进行，并大量销售的产品市场，而对于其他大多数产品并不适用，对于一些企业也不宜长期采用。

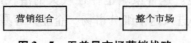

图3-5 无差异市场营销战略

2. 差异市场营销战略

采用差异市场营销战略的企业把整个市场划分为若干个需求与愿望大致相同的细分市场，针对每个细分市场的需求特点，设计、生产和销售不同的产品，制定相应的市场营销组合，见图3-6。例如，北京三露日用化工厂的"大宝系列化妆品"就是针对各种不同性质皮肤的需要和各种不同层次消费者的需求而专门设计生产的，由于营销战略得当，赢得了广大消费者的欢迎。差异营销的优点主要是企业通过提供差异性的产品，可以更好地满足各类消费者的不同需要，增强消费者对企业的信任感和认同感，扩大销售；同时，由于针对不同的细分市场组织实施不同的营销组合方案，有利于提高企业营销活动的效果。但由于产品种类、销售渠道、广告宣传的扩大化与多样化，市场营销费用大幅度增加，有时很难预测这种战略的效益如何。有些企业曾实行了"超细分战略"，即许多市场被过分地细分而导致产品价格不断上涨，影响产销数量和利润。于是，一种被称为"反市场细分"的战略应运而生。反细分战略并不是反对进行市场细分，而是将许多过于狭小的子市场组合起来，以便以较低的价格去满足这一市场的需求。例如，美国的强生公司生产了一种婴儿洗发液，除面向基本的婴儿细分市场推出外，还向老年人宣传介绍这种产品，千方百计地使老年人也使用这种洗发液，以扩大销售，降低成本。

图 3-6　差异市场营销战略

案例 3-3

爱迪生兄弟公司

爱迪生兄弟公司所经营的 900 家鞋店可分为 4 类不同的连锁商店，以此来迎合不同的细分市场。查达勒连锁店出售高价的鞋子，贝克连锁店出售中等价格的鞋子，伯特连锁店出售廉价的鞋子，威尔达·佩尔连锁店着重面向需要非常时髦式样鞋子的顾客。人们可以发现伯特、查达勒、贝克 3 家连锁商店分别设置在芝加哥民族大街的 3 个街段上。尽管商店位置设置得这样接近，却并不影响它们的业务，原因在于它们的目标市场是妇女鞋子市场中各个不同的细分市场。这一战略使爱迪生兄弟公司成为美国最大的妇女鞋子零售公司。

3. 集中市场营销战略

集中市场营销战略是指企业以一个或少数几个细分市场为目标市场，集中企业营销力量，实行专门化生产和销售，见图 3-7。前两个战略都是以整个市场为目标市场，为整个市场服务，而集中市场营销战略则是把目标市场确定为一个或少数几个细分市场。实行这种战略的企业集中力量追求在较少的市场上占有较多份额，甚至是取得支配地位的市场份额，在局部取得成功，赢得信誉、壮大实力后，再依据条件逐渐扩展市场范围。日本企业就是运用这种战略在汽车、电子等行业的全球市场上取得了惊人的成功。但是，实行集中市场营销战略有较大的风险，因为目标市场范围比较狭窄，一旦市场情况发生变化，企业可能陷入困境，甚至难以为继。

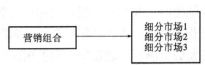

图 3-7　集中市场营销战略

案例 3-4

春兰（集团）的营销战略

春兰（集团）公司是集科研、制造、贸易、投资于一体的高科技、多元化国有大型综合企业集团，中国工业企业综合评价500优的五强之一。

春兰集团突出以市场和消费者为导向的营销运作，首先表现在产品策略上，在初创时的弱小时期，舍"全"保"专"，大刀阔斧砍去企业的42个产品，重点抓好市场需求旺盛的空调的生产。

为打入市场并适应市场的变化，1988年，春兰集团及时提出了"以优质窗式空调为基础，向大型柜式和小型家电两头发展"的道路。这一思想是"最好的竞争是不竞争"的市场竞争理论的精妙诠释，从而洞开了市场之门，解决了发展之初的生存问题。

在这一过程中，春兰集团实施的是单一市场集中化战略，集中企业的资源，有利于发挥竞争优势，从而实现资本的原始积累。

在单个产品突围市场之后，春兰集团的整体实力跃上了一个新的平台，步入了成长壮大期。这时，春兰及时实施了由"专"向"全"的产品策略，坚持把开发的方向放在有一定市场潜在需求的产品项目上，向市场推出春兰冰箱、洗衣机、视盘机、摩托车、空调压缩机、冰箱压缩机等产品，并且推出了春兰电脑，通过规模化经营、多元化发展增强了企业的抗风险能力。

20世纪90年代中后期，中国家电市场进入成熟期，春兰进入扩张期，为了让企业在市场竞争中占据主导地位，春兰的产品定位在高科技领域，迅速抢占高科技产品的市场空间，迎接新知识经济时代的全面到来。

资料来源：中国市场营销网 http://www.ecm.com.cn

4. 影响目标市场战略选择的因素

前面所述的3种目标市场战略各有其长处和不足，企业应根据具体的情况加以选择。企业在确定采用何种目标市场战略时应考虑如下因素：

（1）企业资源。企业的资源包括企业的人力、物力、财力、信息、技术等方面。当企业资源多、实力雄厚时，可运用无差异或差异市场营销策略；当企业资源少、实力不足时，最好采用集中市场营销战略。

（2）产品的同质性。生产同质性高的产品的企业，如大米、食盐等，由于其差异较少，企业可采用无差异市场营销战略；对于同质性低的产品，如衣服、照相机、化妆品、汽车等，消费者认为产品各个方面的差别较大，在购买时需要挑选比较，企业适宜采用差异市场营销战略去满足不同消费者的需求。

（3）产品所处的生命周期阶段。产品处于生命周期不同的阶段，由于市场环境发生变化，企业应采用不同的市场营销战略。在产品的投入期和成长期前期，由于没有或很少竞争对手，一般应采用无差异市场营销战略；在成长期后期、成熟期，由于竞争对手多，企业应采取差异市场营销战略，开拓新的市场；在衰退期，则可用集中市场营销战略，集中企业有限的资源。

（4）市场的同质性。如果各个细分市场的消费者对某种产品的需求和偏好基本一致，对市场营销刺激的反应也相似，则说明这些市场是同质或相似的，这一产品的目标市场战略最好采用无差异市场营销战略。如我国的电力，无论是北方市场或南方市场、城市市场或农村市场、沿海地区市场或是内陆地区市场，其需求是一致的，都需要 220V/50Hz 的照明电，因此电力应采用无差异市场营销战略。如果各个细分市场的消费者对同种产品需求的差异性大，则这种产品的市场同质性低，应采用差异市场营销战略。如洗衣机市场，城市消费者与农村消费者的需求不同，南方消费者与北方消费者的需求不同，高收入阶层与低收入阶层的需求也会不同，因此洗衣机应采用无差异市场营销战略。

（5）竞争状况。首先应考虑竞争对手的数量。如果竞争对手的数量多，应采用差异市场营销战略，发挥自己优势，提高竞争力；如果竞争对手少，则采用无差异市场营销战略，去占领整体市场，增加产品的销售量。其次应考虑竞争对手采取的策略。如果竞争对手已积极进行市场细分，并已选用差异市场营销战略时，企业应采用更有效的市场细分，并采用差异市场营销战略或集中市场营销战略，寻找新的市场机会。如果竞争对手采用无差异市场营销战略，企业可用差异市场营销战略或集中市场营销战略与之抗衡；如果竞争对手较弱，企业也可以实行无差异市场营销战略。

任务三　市场定位

情景案例

西南航空公司

　　1992 年，对美国航空业来说是黑暗的一年，整个航空业损失了 30 亿美元的营业收入。但是西南航空公司在 1992 年却赚了 9 100 万美元。西南航空公司是一家专营短程航线的平民化航空公司，它的航线平均飞行时间都少于一个小时，其航线的平均单程费用为 58 美元。而主要航空公司的短程航线则以票价高昂而出名。从路易斯维尔（Louisville）飞到芝加哥，西南航空公司的竞争者要收取 250 美元；而同样的航线，西南航空只收单程 49 美元费用。当西南航空公司开始飞这条航线时，空中旅客数目由原来的每周 8 000 人次，增加到每周 26 000 人次。西南航空公司的低费用，使搭乘飞机变成往来于路易斯维尔和芝加哥之间最便宜的方法。西南航空公司称自己是"爱的航空公司"（the "love" airline）。该公司在 1992 年和 1993 年连续两年被评为全美国顾客满意度最高的航空公司。美国交通部授予西南航空公司客运业的三冠王：最佳准时服务、最佳行李运送以及最佳顾客服务。通过往返于其他主要航空公司不能或不愿飞行的航段，以及提供顾客平安、零缺点的服务，25 年来，西南航空公司的营运无人能比。多年以来，短程旅行的顾客觉得大航空公司一向漠视他们的需要，而西南航空公司填补了这些顾客的需求。西南航空公司还经常在航行过程中推出一些富有创意的促销策略，使自己的航空业务蒸蒸日上。

案例点评

　　美国西南航空公司贯彻了以消费者为中心的现代场营销观念；运用市场细分与定位理论，选择了其他公司不愿或不能飞行的航段，把价格敏感顾客作为目标顾客；发挥优势，为顾客提供平安、省时、价格低廉、零缺点的服务，展示了对顾客的爱心，在顾客心目中树立了爱心公司——最低的价格、最好的服务的形象定位；运用富有创意的促销策略，吸引了大量的顾客，获得了良好的竞争力。

> **知识体系**

企业进行市场细分，确定目标市场之后，紧接着应考虑目标市场各个方位的竞争情况。因为在企业准备进入的目标市场中往往存在一些捷足先登的竞争者，有些竞争者在市场中已占有一席之地，并树立了独特的形象。新进入的企业如何使自己的产品与现存的竞争者产品在市场形象上相区别，这就是市场定位的问题。

一、市场定位的概念和作用

1. 市场定位的概念

市场定位（Market Positioning）是指企业为使自己生产或销售的产品获得稳定的销路，塑造出企业产品与众不同的鲜明个性、形象并传递给目标市场的消费者，从而使企业产品在消费者心目中形成特殊偏爱，在目标市场上占据强有力的竞争地位。

市场定位根据定位对象不同，一般分为企业（公司）定位、品牌定位、产品定位 3 个层面。产品定位就是将某个具体的产品定位于消费者心中，让消费者一产生类似需求就会联想起这种产品。产品定位是其他定位的基础，因为企业最终向消费者提供的是产品，没有产品这一载体，品牌及企业在消费者心目中的形象就难以维持。品牌原本是产品的一种特殊标志、标识。品牌定位不同于产品定位，当一种知名品牌代表某一特定产品时，产品定位与品牌定位无大区别。例如，当消费者一看到"飘柔"，就自然而然把它与洗发水联系起来。当一种知名品牌代表多个产品时，产品定位就区别于品牌定位。例如，当你提起"三星"时，别人很难分辨出你指的是三星微波炉、还是手表、或是寻呼机。尽管如此，但人们脑海中仍会产生一种概念，即"三星＝高品质"。所以，品牌定位比产品定位内涵更宽，活动空间更广，应用价值更大。企业定位是企业组织形象的整体或其代表性的局部在公众心目中的形象定位，企业定位是最高层的定位。

> **小 贴 士**
>
> 曾经有一张获奖的照片，整张照片上布满了挤得密密的牛，这上百头牛形体极其相似，唯有一头却异常引人注目，在其他的牛都低头觅食时，它却抬头回眸，瞪着大眼好奇地望着摄像机的镜头，神情趣怪可爱。每个看到这张照片的人无不一下被这头牛吸引住目光，并对其留下难于磨灭的印象，而对其他牛则难于留下记忆。这说明一个道理：有差异的、与众不同的事物才容易吸引人的注意力。

2. 市场定位的作用

（1）定位能创造差异，有利于塑造企业特有的形象，如图 3-8 所示。

通过定位向消费者传达定位的信息，使差异性清楚地凸现于消费者面前，从而引起消费者注意你的品牌，并使其产生联想。若定位与消费者的需求吻合，你的品牌就可以留驻消费者心中。如品牌多如星数的洗发水市场上，"海飞丝"洗发水定位为去头屑的洗发水，这在当时是独树一帜，因而"海飞丝"一经推出就立即引起消费者的注意，并认定它不是普通的洗发水，而是具有去头屑功能的洗发水，当消费者需要解决头屑烦恼时，便自然第一个想到它。

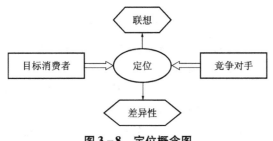

图 3-8 定位概念图

案例 3-5

力士是国际上风行的老品牌。它 70 多年来在世界 79 个国家用统一策略进行广告宣传，并始终维护其定位的一致性、持续性，因而确定了其国际知名品牌的形象。力士香皂的定位不是清洁、杀菌，而是美容。相较清洁和杀菌，美容是更高层次需求和心理满足，这一定位巧妙抓住人们的爱美之心。如何表现这一定位，与消费者进行沟通？力士打的是明星牌。通过国际影星推荐，力士很快获得全球的认知。同时，用影星来宣传"美容"，把握了人们偶像崇拜以及希望像心中偶像那样被人喜爱的微妙心理。

(2) 适应细分市场消费者的特定要求，以更好地满足消费者的需求。

每一产品不可能满足所有消费者的要求，企业只有以市场上的部分特定消费者为其服务对象，才能发挥优势，提供更有效的服务。因而明智的企业会根据消费者需求的差别将市场细分化，并从中选出有一定规模和发展前景并符合企业目标和能力的细分市场作为目标市场。但只是确定了目标消费者是远远不够的，因为这时企业还是处于"一厢情愿"的阶段，令目标消费者也同样以你的产品作为他们的购买目标才更为关键。为此，企业需要将产品定位在目标市场消费者所偏爱的位置上，并通过一系列的营销活动向目标消费者传达这一定位信息，让消费者注意到这一品牌并感觉到它就是他们所需的，这样才能真正占据消费者的心，使你所选定的目标市场真正成为你的市场。如果说市场细分和目标市场抉择是寻找"靶子"，那么市场定位就是将"箭"射向靶子。

(3) 定位能形成竞争优势。

当今信息爆炸的社会中，消费者大都被过量的产品或服务的信息所困惑，他们不可能在做每项购买决策时都对产品做重新的评价。为了简化购买决策，消费者往往会对产品进行归类，即将某个企业和产品与竞争对手和竞争产品相比较后得出的感觉、印象和感想，并使企业和产品在他们心目中"定个位置"。定位一旦得到消费者的认可，能使企业形成巨大的竞争优势，且这一优势往往非产品质量和价格所带来的优势可比。如"可口可乐才是真正的可乐"这一广告在消费者心目中确立了"可口可乐是唯一真正的可乐"这一独特的定位，于是，其他可乐在消费者心目中只是可口可乐的模仿品而已，尽管在品质或价格等方面几乎不存在差异。

案例 3-6

香港银行如何利用定位谋取市场

香港金融业非常发达，占其产业的 1/4。在这一弹丸之地，各类银行多达几千家，竞争异常激烈。如何在这个狭小的市场找到自身的生存空间？它们的做法是：利用定位策略，突出各自优势。

汇丰——定位于分行最多、全港最大的银行。这是以自我为中心实力展示式的诉求。20世纪90年代以来，为拉近与顾客之间的距离，汇丰改变了定位策略。新的定位立足于"患难与共，伴同成长"，旨在与顾客建立同舟共济、共谋发展的亲密朋友关系。

恒生——定位于充满人情味的、服务态度最佳的银行。通过走感性路线赢得顾客的心，突出服务这一卖点，也使它有别于其他银行。

渣打——定位于历史悠久、安全可靠的英资银行。这一定位树立了渣打可信赖的"老大哥"形象，传达了让顾客放心的信息。

中国银行——定位于强大后盾的中资银行。直接针对有民族情结、信赖中资的目标顾客群，同时暗示它提供更多更新的服务。

廖创兴——定位于助力创业兴家的银行。以中小工商业者为目标对象，为他们排忧解难，赢得事业的成功。香港中小工商业者有很大的潜在市场。廖创兴敏锐地洞察到这一点，并切准他们的心理：想出人头地，大展宏图。据此，廖创兴将自身定位在专为这一目标顾客群服务，给予他们在其他大银行和专业银行所不能得到的支持和帮助，从而牢牢占据了这一目标市场。

二、市场定位策略

（一）产品定位策略

市场营销中的产品是一个包含3个层次的整体产品，产品定位的目的，是让有形、无形的产品在消费者心目中留下深刻的印象，因此产品定位必须由产品3个层次的各种特征，如功能、价格、技术、质量、安装、应用、维护、包装、销售渠道、售后服务等方面入手，使其中的一个或几个特征能与其他同类产品区分开来，且区别越大越好，特色越明显越好，看上去就好像是市场上"唯一"的。归纳起来，产品定位策略有以下几种：

1. 根据属性定位

产品与属性、特色或消费者利益相联系。如酒按照含酒精浓度的高低，"XO"定位为男士之酒，广东的"客家娘酒"定位为女人自己的酒。又如汽车市场上，德国的大众汽车具有"货币的价值"的美誉，日本的丰田汽车侧重于"经济可靠"，瑞典的沃尔沃汽车则具有"耐用"的特点。

产品的外形（形状、颜色、大小等）是产品给消费者的第一印象，独特的外形，往往能吸引消费者第一眼的注意。如果在消费者对某些产品的形式已成为习惯、想当然的时候，对外形加以改造，往往会产生令人惊喜的效果。所谓"狗咬人不是新闻，人咬狗才是新闻"。如果在灰黑色调的电器中，突然看到一台红色的电冰箱，一定会格外引人注目。

案例 3-7

可乐的颜色

可口可乐与百事可乐在日本的遭遇大不相同，原因就在于二者的颜色。

日本人喜爱的是红色，如国旗上的红太阳。可口可乐的包装主色正是红色。而百事可乐包装的主色调是黄色，还有青色、白色和红色的搭配，不但与日本人的色彩喜好不一致，而且给人的印象也很杂乱。二者在日本的竞争被称为"红黄之战"。结果，只有可口可乐在日本感到"可乐",百事则"不可乐",而且销售欠佳。

2. 根据价格与质量定位

价格是产品最明显、最能反映其质量、档次特征的信息。如一家大酒楼,推出上万元一桌的"黄金宴",通过这种看似噱头的高价,除了造成了新闻的轰动效应外,关键是给消费者留下了深刻的印象,使消费者把这家酒楼与豪华高贵联系起来,酒楼在消费者心目中形成了独特的定位。于是,高收入人士都以进去消费一番为荣。

(1)高质高价定位。高价格是一种高贵质量的象征。只要企业或产品属于"高质"的类别,且高质量、高水平服务、高档次能使消费者实实在在地感受到,就可以采用这种定位。

案例 3-8

劳斯莱斯的高质高价定位

劳斯莱斯汽车是富豪生活的象征,其昂贵的车价近40万美元。该车的许多部件都是手工制作,精益求精,出厂前要经过上万千米无故障测试。拥有这种车的消费者都具有以下特征:2/3的人拥有自己的公司,或者是公司的合伙人;几乎每个人都有几处房产;每个人都拥有一辆以上的高级轿车;50%的人有艺术收藏,40%的人拥有游艇;平均年龄在50岁以上。可见,这些人买车并不是在买一种交通工具,而是在买一种豪华的标志。

(2)高质低价定位。一些企业将高质低价作为一种竞争手段,目的在于渗透市场,提高市场占有率。如格兰仕集团就是采用这种定位,通过重视优于价格水平的产品质量的宣传,向消费者传递"物超所值"的信息,使格兰仕微波炉迅速占领我国微波炉市场并一直保持超过65%的极高的市场占有率。

3. 根据产品的功能和利益定位

产品的功能主要在于它能帮助消费者解决问题,带来方便,获得心理上的满足。消费者一般都很注重产品的功能,企业可以通过对自己产品的各种功能的突破,强调给消费者带来比竞争对手更多的利益和满足,据此进行定位。

(1)多功能定位。提供多种功能,期望消费者买一件产品,可获得多种用途,达到多方面的满足,建立起"功能齐全"的市场形象。如长城电脑公司,将电视、电脑、电信结合起来,用一台电脑较好解决消费者收看电视节目、电脑操作、通信三方面的要求。

(2)重点功能定位。将产品关键的、重要的功能作为突破点,使消费者在产品主要功能方面获得最大的满足,形成产品独特的形象。

案例 3-9

深圳的太太药业集团

深圳的太太药业集团是保健品市场的后来者,该公司推出的"太太口服液"的功能定位,曾有过几次的调整。

起初该公司的产品以治黄褐斑为重点,诉求点为"三个女人,三个黄"。随着产品知名度的提高,这个定位对女性保健需要而言明显过窄了,使市场扩大受到限制。

20世纪90年代中期,公司决定用"祛斑、养颜、活血、滋阴"等功能定位,但又与众多的其他保健品没有多大区别,产品失去特色。

1996年以后，该公司主要强调产品含有FLA，能够调理内分泌、令肌肤重现真正天然美的纯中药制品等，诉求点为"发自内在的魅力……挡也挡不住！"，成功地实现了重点功能定位。

（3）单一功能定位。将产品的某一功能设计得特别突出，使一件产品能够完全满足一种功能需要从而突出产品差异。如柯达傻瓜相机的操作非常简单，比一般照相机更受欢迎。夏普公司曾经开发出一种彩电和录像机二合一产品，无论怎样努力，就是无法取代一般彩电、录像机，原因就在于单功能产品也有无法比拟的优势。

4. 根据使用者定位

使用者就是目标消费者。所以依靠使用者的定位，实际上就是选定一个独特的目标市场，并使产品在此目标市场上获得难于取代的优势地位。如婴儿助长奶粉、老年人高钙铁质奶粉。

（二）品牌定位策略

品牌是商业化的现实生活中最常见的东西。如今要用什么东西都得买，买的时候就认牌子，因为同类的产品太多了。据说在国际上，有一半的产品是靠品牌成交的。如瑞士的手表，法国的化妆品，日本的电子产品和小汽车，德国的照相机，美国的可口可乐及中国的丝绸等，这些产品几乎不需要任何介绍，成交率非常高。

1. 档次定位

依据品牌在消费者心目中的价值高低区分出不同的档次。如酒店、宾馆按星级划分为1～5个等级，就是档次定位的一个例子。广州五星级白天鹅宾馆其高档的品牌形象不仅涵盖了幽雅的环境，优质的服务，完善的设施，还包括进出其中的都是商界名流及有一定社会地位的人士。

因为档次定位反映品牌的价值，不同品质、价位的产品不适宜使用同一品牌。如果企业要推出不同价位、品质的系列产品，则应采取品牌多元化策略，以免使整体品牌形象受低质产品影响而遭到破坏。如中国台湾顶新集团在中档方便面市场成功推出"康师傅"，在进攻低档方便面市场时，不是简单地沿用影响力已经很大的"康师傅"品牌，而是推出了新的品牌"福满多"。

2. 类别定位

依据产品的类别建立起品牌联想。类别定位力图在消费者心目中造成该品牌等同于某类产品的印象，成为某类产品的代名词或领导品牌，在消费者有了某类特定需求时就会联想到该品牌。在饮料市场，"可口可乐"和"百事可乐"是市场的领导品牌，市场占有率极高，在消费者心目中的地位不可动摇。"七喜"汽水"非可乐"定位就是借助类别定位的一个经典范例。"非可乐"的定位使"七喜"处于与"可口"和"百事"对立的类别，成为可乐饮料之外的另一种选择，不仅避免了与两巨头的正面竞争，还巧妙地与两品牌挂钩，使自身处于和它们并列的地位。成功的类别定位使"七喜"在龙争虎斗的饮料市场中占据了老三的位置。

3. 比附定位

比附定位就是通过攀附名牌、比拟名牌来给自己的品牌定位，目的是借名牌之光来提升自己品牌的价值和知名度。

（1）甘居"第二"。明确承认同类产品中另有最负盛名的品牌，自己只不过是第二而已。这种策略会使人产生一种谦虚诚恳的印象。

（2）奉行高级俱乐部策略。强调自己是某个具有良好声誉的小团体的成员之一。如美国克莱斯勒公司就宣称自己是美国"三大汽车公司之一"，推出这个"俱乐部"的概念，一下子使自己和"巨头"们坐在一起了，很容易在消费者心目中留下不灭的印象。

4. 情景定位

将品牌与一定环境、场合下产品的使用情况联系起来，以唤起消费者在特定情景下对该品牌的联想。如"八点以后"巧克力薄饼定位于"适合八点以后吃的甜点"，"米开威"（Milky Way）则自称为"可在两餐之间吃的甜点"。它们在时段上建立了区分。八点钟以后，想吃甜点的顾客自然而然想到"八点以后"这个品牌；而在两餐之间，首先会想到"米开威"。

（三）企业定位策略

消费者在购买一种物品时，常常会面临品牌太多，而自己又对品牌弄不清楚的情形。这时消费者往往会倾向于先看生产经营的企业是哪一家，再做决定。企业作为一个整体，在消费者的心目中是有一定的位置的。所以一个企业，必须设法让自己作为一个整体，在消费者的心中占据一个明显而突出的位置。企业作为整体的定位，有4种可以选择的策略：

1. 市场领导者的策略

在同行中，往往有一家大企业，它的经济实力雄厚，产品拥有最大的市场占有率，被公认处于市场领导者的地位。这类企业为了维护其领导者的地位，通常把自己的整体形象定位在消费者偏爱范围的中心位置，这样定位最能适合广大消费者的需要，市场占有率最大。

2. 市场挑战者的策略

在同行业中，一些大企业处于第二、第三的市场地位，它们不甘心被领导，立意市场竞争，抢占市场领导者的位置，以提高市场占有率，增加盈利。这类企业的市场定位是把自己的整体形象定位在尽量靠近市场领导者的位置，缩小与领导者的差别，便于争夺市场领导者地位。

3. 市场追随者的策略

在同一行业中，一些处于市场第四、第五位的企业，或处于第二、第三位的企业，它们从利润出发，不愿意冒风险与市场领导者争夺市场领导地位，而宁居次要地位追随、模仿市场领导者。这类企业一般选择的定位策略有三：一是紧随其后，二是有距离追随，三是有选择追随。

4. 市场补缺者的策略

在同一行业中，一些小型企业因为资源有限，无法与大企业相争，只能经营一些被大企业忽视的小市场。这类企业把自己的整体形象定位在远离领导者的位置上，以避免市场竞争，发展自己的事业。

三、市场定位工具

市场定位不仅是一种思考，在实践中还需要专业性的工具使之操作具体化。定位图就是进行定位时最常使用的一种工具，如果科学地加以应用，将会达到事半功倍的效果。

定位图是一种直观的、简洁的定位分析工具，一般利用平面二维坐标图的品牌识别、品牌认知等状况做直观比较，以解决有关的定位问题。其实质上就是一般的双因素分析图，坐标轴代表消费者评价品牌的特征因子，图上各点则对应市场上的主要品牌，它们在图中的位置代表消费者对其在各关键因素上的表现的评价。如图 3-9 所示啤酒的定位图，横坐标表示啤酒口味苦甜程度，纵坐标表示口味的浓淡程度。而图上各点的位置反映了消费者对其口味和味道的评价。如 E 被认为味道较甜，口味较浓，而 A 则味道偏苦及口味较浓。

通过定位图，可以显示各品牌在消费者心目中的印象及之间的差异，在此基础上作为定位决策。

如何制作和运用定位图呢？

(1) 确定关键的因素。

这是编制定位图的关键。关键因素选择得正确与否决定定位图的有效性和结果，从而影响整项定位工作的成功。

定位图一般是二维的，这样是为追求其直观性。但影响消费者决策的因素是多种多样的，那么该如何在复杂的诸要素中找对作为坐标变量的关键的两点呢？方法只有一个——从消费者身上找。首先要通过市场调查了解影响消费者购买决策的诸因素及消费者对它们的重视程度，然后通过统计分析确定出重要性较高的几个因素，再从中进行挑选。在取舍时首先要剔除那些难以区分各品牌差异的因素，其次要剔除那些无法使竞争品牌形成的因素，最后一步就是在剩下的因素中选取两项对消费者决策影响最大的因素。有时对于相关程度甚高的若干个因素可将其合并为一个综合因素作为坐标变量，如可将运动鞋的舒适、耐用两个特征因素综合为品质因素。

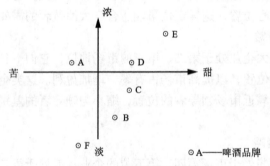

图 3-9　啤酒品牌定位图

在确定因素的整个过程中，注意要始终把研究人员的主观偏见排除在外，务求保证客观的结果。找出关键的因素，是打开定位之门的钥匙。

(2) 确定竞争品牌在定位图上的位置。

在选取关键因素后，接着就要根据消费者对各品牌在关键因素上的评价来确定各品牌在定位图上的坐标。在确定位置之前，首先要保证各个品牌的变量值已量化。特别对于一些主观变量（如啤酒口味的浓淡程度），必须要将消费者的评价转化为拟定量的数值，只有这样才便于在图上定位。

(3) 根据差异性来确定定位。

定位图直观地显示了消费者对各种品牌产品的性质及其差异的认知。在定位图中，只要两点不重叠，就说明它们之间存在着差异，而纵、横向距离的大小则表示它们在这两方面特征因子差异的大小。

明确了自己品牌的位置及与竞争对手的差异后，就可确定定位的方向，因为定位就是要突出产品与其他品牌的差异，定位的基础就是自己与众不同的地方。若自己的品牌与其他某些品牌的位置相当接近，则意味着在消费者的心目中，该品牌产品在关键因素上的表现缺乏出众之处。越是接近，就说明被替代的可能性越大，处境越为不妙，在这种情况下就应考虑通过重新定位来拉开与其他品牌的距离以扩大差异。

（4）寻找市场机会。

市场上即使品牌泛滥也不等于再没有插足的余地，利用定位图有助于找寻出尚被忽略的市场空白。

在图3-10中，A～G是根据消费者的需求状况而划分的7个区域，即7个细分市场。区域中的点表示符合该类型需求的品牌。这7个区域中点的密度并不相同，其中A、C、E、G的密度相当大，密度越大则竞争越激烈，因此不宜去硬碰；D、F两区中的点相对稀疏，表示竞争相对缓和；而B区还处于空白，这昭示着一个诱人的潜在市场。意识到机会所在，那么该如何定位便应心中有数了。

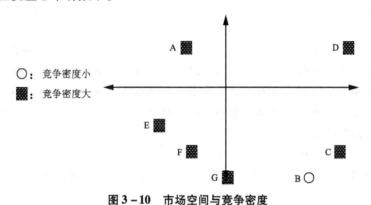

图3-10　市场空间与竞争密度

运用定位图寻找市场机会时要注意以下两点：

①定位图的空白部分不一定等于市场机会，只有存在潜在的需求才能说得上是潜在市场。对于消费者不感兴趣的定位，即使空间再大也毫无意义。

②有时可让你发挥的定位范围空间较大，但具体定位于哪一点却不易把握。这时可引用"理想品牌"这一概念。其做法是先确定目标消费者心目中的理想品牌是怎样的，然后将它在图上定位，以作为产品定位的参照。定位与理想品牌越接近，则其成功的可能性越大。

（5）跟踪品牌认知情况，以检测营销有效性。

定位图反映了消费者对产品定位的理解，但他们的理解不一定与企业所确立的定位相符。其间的偏差不可推责于消费者，因为这其实意味着企业的营销沟通有欠缺。确定出定位并非就大功告成，将定位信息成功地传递并保证消费者正确理解才是定位成功的保证。图3-11是某小汽车品牌的定位图。公司将一款新车型定位为成功人士超凡气度的象征，在定位图上它应处于A点，但经调查却发现消费者觉得它是一辆上班人士的普通座驾，在消费者心目中它处于定位上B点位置。这一差距足以引起公司的重视并着手认真研究营销沟通失败在什么地方，以及应如何改进。

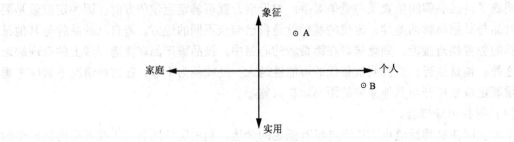

图 3-11 汽车品牌定位图

案例 3-10

百事可乐的四大战役

1902 年，可口可乐公司投下 12 万美元广告费，使可口可乐成为最知名的品牌。次年，可口可乐改变配方，除掉古柯碱成分。由于受到广告刺激与禁酒运动的影响，可口可乐迅速成长起来。自 1886 年问世以来，可口可乐公司发展到今天这样一个兼营多种行业的资产雄厚的大帝国。

百事可乐公司的创建比可口可乐晚了 12 年。虽然百事可乐比可口可乐甜，味道独特，价格低廉，但由于可口可乐已创名牌，人们对它的味道印象深刻，无法动摇消费者对它的信赖。在第二次世界大战以前，百事可乐销售量一直远远落后于可口可乐。

战后，百事可乐在敢于与可口可乐一争高下的董事长唐纳德·肯特的主持下，开始了与可口可乐激烈而持久的较量。

第一战役：同样 5 分钱

从 1929 年开始，当时可口可乐忙于开拓国外市场，百事可乐抓住时机，发动了一场战略进攻。

当时美国经济增长缓慢，进入了 20 世纪 30 年代经济大萧条时期。由于消费者对价格很敏感，所以在这次进攻中，百事可乐主要向公众灌输这样一个概念：同样 5 分钱，原来只可买到 6.5 盎司一瓶的可口可乐，现在却可买到 12 盎司一瓶的百事可乐。同时，百事可乐利用电台大做广告，宣传"同样价格，双倍享受"的利益点。这个策略成功地击中了目标，尤其是年轻人的市场，因为他们只重量不重质。

结果可口可乐陷入了进退维谷的境地。改变包装？市面上 6.5 盎司的瓶子多达 10 亿个，不容易放弃。降价？放在自动贩卖机里的销量数量太大，重新设计价格十分困难。可口可乐在犹豫中失去了反击的最佳时机。

第二战役：你是百事的一代

20 世纪 60 年代，战后的新一代已步入社会，成为社会的主要消费对象。许多迹象表明：谁赢得青年一代，谁就会取得成功。百事可乐敏锐地发现了这一变化，把广告战略的重点放在朝气蓬勃的战后成长起来的年轻一代身上。

由于新一代对品牌忠诚度较低，同时具有叛逆个性，他们不喜欢和父辈做同样的事、喝同样的饮料。老一辈的人比较倾向喝可口可乐，而年轻人则喜欢百事可乐。也由于百事可乐容量大，年轻人喝起来觉得更过瘾，成年人则喝不了那么多。从 1961 年开始百事可乐的广告代理商 BBDO 就策划在广告中强调"现在，百事可乐献给自认为年轻的朋友"。1964 年喊出"奋起吧！你是百事的一代"，大大影响了年轻人的传统意识。

BBDO 成功的广告设计，使电影和音乐的魅力再现于广告影片中。百事可乐先后以《大白鲨》《ET》《回到未来》等主题拍摄饶有趣味的 CF，特别是以流行音乐制作 CMCON—G，引起广大青年人的共鸣。他们还率先聘请当代知名的摇滚歌星如迈克尔·杰克逊、莱昂纳多·李奇、蒂拉·特娜等作为电视广告主角，百事可乐还与《迈阿密风云》男主角唐·约森签约演出新 CF，声势更大。

20 世纪 60 年代的青年人有谁能忘记 BBDO 精心制作的百事可乐的这样一个广告画面呢：数百名大学生在海上的皮筏里跳舞。一架直升机上的摄影机调整焦距放大镜头，发现每个人手上都拿着一瓶百事可乐。他们合着音乐的节拍对着太阳饮着可乐放声歌唱。阳光、蓝天、白云，旁白接着说："现在，百事可乐献给自认为年轻的朋友。"然后合唱声唱出节奏活泼、歌词反复的曲子："今天生龙活虎的人们一致同意，认为自己年轻的人就喝'百事可乐'；他们选择正确的、现代的、轻快的可乐，认为自己年轻的人现在就喝百事。"

这一系列广告片，风靡了全世界的新一代，使百事可乐的品牌形象不断上升。到 20 世纪 60 年代中期，美国年龄在 25 岁以下的人几乎都迷上了百事可乐。

第三战役：进军海外市场

可口可乐虽然借第二次世界大战之机开辟了牢固的海外市场，但尚有不少空白之地。百事可乐经过营销决策分析，决心乘 1959 年在莫斯科举办美国博览会之机，打开苏联市场的大门。经过一番精心策划，他们决心让百事可乐在博览会上充分亮相，抓住时机大肆宣传。在博览会上，百事可乐国际部经理拿出百事可乐，请赫鲁晓夫鉴定口味，并将此事在报上大肆渲染，掀起了一股品尝百事可乐热潮。事后百事可乐又在苏联建厂，始终垄断着苏联市场。

这场战役并没有到此结束，当可口可乐准备在以色列建厂而遭到阿拉伯各国联合抵制时，百事可乐却一举夺取了中东市场，接着又在日本与可口可乐展开角逐。

1980 年，在莫斯科奥运会上，百事可乐行动迅速，宣传有法，盈利超过可口可乐的 1/3 以上，使百事可乐在海外名声大振。

第四战役：百事可乐的挑战

百事可乐在 20 世纪 70 年代中期进一步对可口可乐采取正面攻坚行动，发动"百事的挑战"宣传活动。

百事可乐于 1972 年在美国发动了一次别出心裁的试饮百事可乐与可口可乐的产品比较攻势。在公共场所请行人蒙住眼睛免费饮用这两种饮料，然后赠送一瓶饮用者认为更好喝的饮料，结果多数人饮后都要百事可乐。从品尝的第一印象来看，百事可乐比较占优势，因为它的含糖量比可口可乐多出 9%。这一场面被百事可乐在电视上反复播放，产生了令人兴奋的攻击性效果，许多一直选用可口可乐的老主顾纷纷改饮百事可乐，许多零售商也改弦易张。百事可乐声誉猛增，销售量直线上升。

20 世纪 70 年代的百事可乐广告都是以"微笑的大多数"为特色的，这些广告感情色彩浓郁，充满了亲切温暖的朦胧美。在电视广告中经常能见到这样的场景：可爱的小女孩在院子里与小狗嬉戏；全家人欢乐地聚在一起为慈祥的老祖母过生日；一家人在渡口热情地欢迎远方的来客。其中获得相当成功的是《嫁给我，苏》这部广告片。它的创意表现是在阳光下，小镇的居民正挤在街上看飞行表演，一边喝着百事可乐，观众中一位牛仔和少女正含情脉脉地对视着，飞机飞过蓝天后的喷烟留下"嫁给我，苏"几个赫然醒目的大字，少女苏

双眸含泪顿首表示同意,牛仔激动地上前拥抱,这时一直洋溢着的主题音乐突然转入高潮,唱出:

"来,尝尝看,

百事可乐掌握了,

百事可乐掌握了你的生活品味,

这就是属于你我的百事可乐精神。"

最后订婚场景中一对情侣高举百事可乐的画面骤然定格在屏幕上,旁白再次唱出:"把握百事可乐精神,将这股精神喝下去!"

除了这些感情色彩浓郁、充满温馨的广告片外,百事可乐还拍摄颇富攻击讽刺意味的其他广告影片,如在"机器人篇"中,两台可乐自动贩卖机变成机器人大打出手,结果百事可乐的机器人打赢了可口可乐。荣获费城广告影片奖的"考古学家篇"中,一位考古学家在未来世界里带领一群学生挖掘废墟,当发现一瓶斑驳古老的可口可乐瓶子时,考古学家竟称他不知此为何物,象征可口可乐早已被历史淘汰。百事可乐的挑战,虽然没有导致预期的成效,但却导致了一次最富有戏剧性的竞争战的爆发。

1985年,当时可口可乐公司为迎接其诞生100周年之时,突然宣布改变沿用了99年之久的配方,而采取刚刚研制的新配方,这个新配方是耗资几百万美元试验得出的新产品。岂料该产品上市后引起了市场的轩然大波,激怒了老顾客,消费者纷纷抗议这一改变,可口可乐形象为之大挫。

此时百事可乐公司的老板乐不可支,特地让本公司员工们放假1天以示庆祝。同时,花费巨资制作了一个电视广告节目,在众多电视网络反复播放1个月。广告节目是这样的:一个眼神急切的姑娘盯着镜头说:"有谁能出来告诉我可口可乐为什么这么做吗?他们为什么要改变配方呢?"然后,镜头突然转变,这个姑娘说:"因为他们变了,因此我要开始饮百事可乐了。"紧接着,她喝了一大口百事可乐,满意地说:"嗯,嗯,现在我知道了。"经此一下一上,百事可乐一下子超过了可口可乐。

四、市场定位方法

1. 避强定位

企业力图避免与实力最强或较强的其他企业直接发生竞争,将自己的产品定位于与竞争对手不同的市场区域内,使自己的产品在某些特征或属性方面与最强或较强的对手有显著的差异。这种方式的优点是:能够迅速地在市场上站稳脚跟,并能在消费者心目中迅速树立起一种形象。由于这种定位方法市场风险较少,成功率较高,常常为多数企业所采用。

案例 3-11

七喜非可乐——避强定位

七喜的市场定位是:同领先者一样好,但又区别于领先者。"我不是可乐,我可能比可乐更好",突出宣传自己不含咖啡因的特点。它将自己抬到了同市场领先者一样的高度,又避免了同领先者进行正面竞争。由于其成功的产品定位,使这种最初在美国全新的不知名的饮料,在很短的时间内崛起,并位居美国饮料市场的老三。

2. 对抗性定位

企业根据自身的实力，为占据较佳的市场位置，不惜与市场上占支配地位的、实力最强或较强的竞争者发生正面竞争，从而使自己的产品进入与对手相同的市场位置。这种定位的方式有时会产生激烈的市场竞争，有较大的市场风险。但不少企业认为由于竞争者强大，能够激励自己奋发上进，一旦成功就会取得巨大的市场优势，且在竞争过程中往往能产生轰动效应，可以让消费者很快了解企业及其产品，企业易于树立市场形象。如可口可乐与百事可乐之间持续不断的争斗，肯德基与麦当劳对着干等。实行对抗性定位，必须知己知彼，应清醒估计自己的实力，但不一定要压垮对方，只要能够平分秋色就是巨大的成功。

案例 3-12

"洋"快餐为何能长驱直入广州城

广州素有"食在广州"之美誉，因而很多人并没料到洋快餐竟能在此大行其道。但只要分析洋快餐进攻广州之前餐饮市场定位图就可知洋快餐的成功并非偶然（图3-12）。

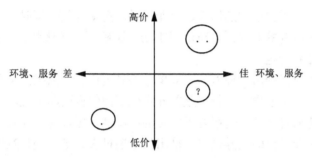

图 3-12 广州餐饮市场定位图

定位图上的点主要集结在两个区域：环境、服务俱佳但价格不菲的部分是星罗棋布的高档酒楼；另一部分低档价廉，这是遍布大街小巷的小食肆。由此反映出广州餐饮业的特点：①主要分为两个类型，即高档酒楼和低档的大排档；②这两类从业者之间的竞争相当激烈，市场空隙甚少。虽然市场上众多饮食业竞争得不可开交，但从图上可以看出，环境、服务优良但价格适中的区域却尚是一片空白。而若我们了解广州近年经济发展状况及市民对餐饮消费需求的变化，就很容易明白这片空白是大好机会所在。随着经济的发展，人们的收入有了很大的增长，对进餐的卫生条件、环境、服务、质量等方面的要求也提高了，因而低档小食肆已不能满足越来越多人的要求，特别是日益壮大的白领阶层，更是把在此类食肆进餐看作是有失身份的事，高档酒楼进餐只能偶然而为之，将其作为解决日常进餐问题的场所是不现实的。生活水准的提高，生活节奏的加快，都令中档快餐有着不可估量的市场潜力。洋快餐正是瞄准这一机会而进攻广州市场的。

3. 重新定位

企业实施某种定位方案一段时间以后，有可能发现原有定位效果并不理想，不能达到营销目标；或者没有足够的资源实施这一方案；或者为发展新市场的需要；或者竞争的需要。此时应该对产品进行重新定位。

案例 3-13

万宝路的重新定位

万宝路刚进入市场时，是以女性作为目标市场，它的口味也特意为女性消费者而设计：淡而柔和。它推出的口号是：像五月的天气一样温和。从产品的包装设计到广告宣传，万宝路都致力于的目标消费者——女性烟民。然而，尽管当时美国吸烟人数年年都在上升，万宝路的销路却始终平平。20世纪40年代初，莫里斯公司被迫停止生产万宝路香烟。后来，广告大师李奥贝纳为其进行广告策划时，做出一个重大的决定，万宝路的命运也发生了转折。李奥贝纳决定沿用万宝路品牌名对其进行重新定位。他将万宝路重新定位为男子汉香烟，并将它与最具男子汉气概的西部牛仔形象联系起来，吸引所有喜爱、欣赏和追求这种气概的消费者。通过这一重新定位，万宝路树立了自由、野性与冒险的形象，在众多的香烟品牌中脱颖而出。从20世纪80年代中期到现在，万宝路一直居世界各品牌香烟销量首位，成为全球香烟市场的领导品牌。

重新定位有时需要承担很大的风险，企业在做出重新定位决策时，一定要慎重。必须仔细分析原有定位需要改变的原因，重新认识市场，明确企业的优势，选择最具优势的定位，并通过传播不断强化新的定位。

定位时，企业可以只推出一种差异，即单一差异定位；可以推出两种差异，称为双重差异定位；还可以推出几种差异，实行多重差异定位。但值得引起重视的是，企业推出的差异不宜过多，否则会降低可信度，也影响了定位的明确性。定位时应注意以下问题：

①定位混乱。企业推出的差异过多、推出的主题过多、定位变化过于频繁，会使消费者对其产品或品牌只有一个混乱的印象，难于弄清主要的功能及好处是什么。

②定位过度。企业过度鼓吹产品的功效或提供的利益，会使消费者难于相信企业在产品特色、价格、功效和利益等方面的宣传，对定位的真实性产生怀疑。

③定位过宽。有些产品定位过宽，不能突出产品的差异性，使消费者难于真正了解产品，难以使该产品在消费者心目中树立鲜明的、独特的市场形象。

④定位过窄。有些产品或品牌本来可以适应更多消费者的需要，但由于定位过窄，使消费者对其形象的认识过于狭窄，因而不能成为企业产品的购买者。如中国的丝绸，在西方顾客心目中是一种上流社会消费的高价商品，但由于国内企业争相出口，不断压价，使其在国外市场上成为一种便宜货，许多人反而不买了。

任务实训

以某企业为例，进行目标市场策划分析。要求有企业背景分析、市场细分、目标市场和定位分析，研讨并形成分析报告。

复习思考

1. 谈谈为什么要进行市场细分。
2. 怎样进行市场细分？
3. 进行有效市场细分应具备哪些条件？
4. 细分市场能否成为目标市场应从哪几方面进行评价？

5. 企业进行定位时有哪几种策略可供选择？
6. 企业定位不理想时应做何种处理？
7. 在做出对抗性定位时，企业应把握的问题是什么？
8. 有人说："当企业为其产品推出较多的优越性（利益点）时，可能会变得令人难于相信，并失去一个明确的定位。"你是否同意这一说法，能否找出一些现实生活中观察到的实例来说明？

案例赏析

案例一、广东移动全线出击拼服务

一、全球通：业务与服务双领先

"全球通"作为中国移动电信历史最悠久也是最具含金量的业务品牌，目前广东移动的用户总共有2 600万人，其中中高端的"全球通"用户就有900多万人。这部分用户的人数虽然不占有绝对的优势，但熟悉市场营销的人都知道市场中一个知名的"20/80"原则。意为企业80%的利润是20%的顾客所创造的，如何留住这20%的高端客户，是任何一家企业在制定营销战略首先要考虑的。而移动的"全球通"用户显然就属于这个20%的群体。对于这部分用户来说，资费显然并不是最重要的考虑因素，相反，服务是否优质、是否到位、是否具有增值效应才是他们考虑的重点。广东移动2003年4月在广州、深圳等地针对不同的客户需求推出4种不同的资费套餐，以回馈"全球通"用户。不过和竞争对手纯粹打"资费牌"的做法有所不同的是，"全球通"对于不同的用户提供专门为其量身定做的方案，并以优越的网络质量和良好的品牌美誉度作为最大的卖点。这不仅是"全球通"针对目前移动通信市场个性化需求不断增强的发展状况做出的策略调整，也为用户带来实实在在的通信成本的降低，可谓一举两得。除了资费套餐外，广东移动今年还将在数据增值服务方面投入更多的力气。目前基于MMS技术的"彩信"业务推出不到一年就在用户中得到不错的反响，并于2003年在"彩信"的基础上推出一项基于K-Java技术的"百宝箱"业务，以为用户提供更多的移动通信乐趣。

二、动感地带：玩转年轻人

"动感地带"主要是出于目前客户市场不断细分的客观需求，专门针对年轻人的特殊需求而推出的品牌，这些喜欢追求时尚的年轻人群体不仅在语音服务方面有较强的消费力，而且对于各种新的数据业务也勇于尝试，尤其对短信类服务情有独钟。对于这个群体，广东移动不断推出一些特别的政策，如"五一"期间，就对"动感地带"现行的资费标准做出调整，其中网外通话由0.60元/分钟降为0.40元/分钟，网内通话也由0.40元/分钟降为0.20元/分钟，品牌内通话只需要0.15元/分钟，如此大幅度的优惠不仅有利于"动感地带"用户的增长，同时也为用户本身带来相当大的实惠。资费优惠的同时，个性化的应用是发展"动感地带"用户的主要策略之一。如2003年"5·17"期间就针对"动感地带"用户偏爱数据业务和强调个性的特点推出了一项个性化服务——"彩铃"业务，为用户提供了充满个性的回铃声定制服务。

三、神州行：围剿中低端

作为移动主攻低端市场的品牌，"神州行"在近来的市场竞争中的确受到一定的影响，尤其是电信"小灵通"的出台，完全单向收费的价格优势使其在中低端市场具有相当的吸引力。而联通随后出台的一些准单向收费或IP长途优惠政策也对"神州行"用户形成了一定的威胁。2003年"五一"前后，移动针对"神州行"的资费做出了一定的调整，推出了预先充值一定金额就赠送相应话费的优惠措施，并对此前颇受欢迎的亲情号码服务进行了升级（可以设定10个之多）。到2003年6月30日，用17951拨打长途电话都能够享受到IP费3折的优惠。除了在"神州行"本身做出优惠外，"神州行"大众卡进入城区也是针对中低端市场的重要策略。根据移动相关的政策，在限定区域内使用，可以享受到网内单向收费的优惠，而且网内的主叫以及网间通话的资费比一般的神州行"便宜"。

问题
1. "全球通""动感地带"和"神州行"这3个品牌是依据什么标准来细分市场的？
2. 广东移动在确定目标市场时，采用的是什么策略？
3. 结合本案例谈谈市场细分的作用。

案例二：市场细分永不停息——来自万豪酒店的启示

万豪酒店（Marriott）是与希尔顿、香格里拉等齐名的酒店巨子之一，总部位于美国。现在，其业务已经遍及世界各地。

八仙过海，各显神通，不同的企业有不同的成功之道。就酒店业而言，上述企业在品牌及市场细分上就各有特色：希尔顿、香格里拉等单一品牌公司通常将内部质量和服务标准延伸到许多细分市场上；而万豪则偏向于使用多品牌策略来满足不同细分市场的需求，人们（尤其是美国人）熟知的万豪旗下的品牌有"庭院旅馆"（Courtyard Inn）、"利兹·卡尔顿"（Ritz Carlton）等。

万豪酒店概况

在美国，许多市场营销专业的学生最熟悉的市场细分案例之一就是"万豪酒店"。这家著名的酒店针对不同的细分市场成功推出了一系列品牌，如Fairfield（公平）、Courtyard（庭院）、Marriott（万豪）以及Marriott Marquis（万豪伯爵）等。在早期，Fairfield是服务于销售人员的，Courtyard是服务于销售经理的，Marriott是为业务经理准备的，Marriott Marquis则是为公司高级经理人员提供的。后来，万豪酒店对市场进行了进一步的细分，推出了更多的旅馆品牌。

在"市场细分"这一营销行为上，万豪可以被称为超级细分专家。在原有的4个品牌都在各自的细分市场上成为主导品牌之后，万豪又开发了一些新的品牌。在高端市场上，Ritz-Carlton酒店为高档次的顾客提供服务方面赢得了很高的赞誉并倍受赞赏；Renaissance（新生）作为间接商务和休闲品牌与Marriott在价格上基本相同，但它面对的是不同消费心态的顾客群体——Marriott吸引的是已经成家立业的人士，而Renaissance的目标顾客则是那些职业年轻人；在低端酒店市场上，万豪酒店由Fairfield Inn衍生出Fairfield Suite（公平套房），从而丰富了自己的产品线；位于高端和低端之间的酒店品牌是Town Place Suite（城镇套房）、Courtyard（庭院）和Residence Inn（居民客栈）等，它们分别代表着不同的价格水准，并在各自的风格上有效进行了区分。

随着市场细分的持续进行，万豪又推出了Springfield Suite（弹性套房），比Fairfield Inn（公平客栈）的档次稍高一点，主要面对一晚75~95美元的顾客市场。为了获取较高的收益，酒店使Fairfield Suite品牌逐步向Springfield Suite品牌转化。经过多年的发展和演化，万豪酒店现在一共管理着8个品牌。

万豪酒店的品牌战略

通过市场细分来发现市场空白是万豪的一贯做法，正是这些市场空白成了万豪酒店成长的动力和源泉。万豪一旦发现有某个价格点的市场还没有被占领，或者现有价位的某些顾客还没有被很好地服务，它就会马上填补这个空白。位于亚特兰大市的 Ritz Carlton 经营得非常好而且发展得很快，现在，该酒店甚至根本不用提自己是 Marriott（万豪）麾下的品牌。

万豪的品牌战略基本介于"宝洁"和"米琪林"（轮胎）之间——"宝洁"这个字眼相对少见，而"米琪林"却随处可见。"米琪林"在提升其下属的 B. F. Goodrich（固锐）和 Uniroyal（尤尼鲁尔）两个品牌时曾经碰到过一些困难和挫折，万豪酒店在旅馆、公寓、饭店以及度假地等业务的次级品牌中使用主品牌的名字时也遇到了类似的困惑。与万豪相反，希尔顿酒店采用的是单一品牌战略，并且在其所有次级品牌中都能见到它的名字，如"希尔顿花园旅馆"等。万豪也曾经使用过这种策略，这两种不同的方式反映了它们各自不同的营销文化：一种是关注内部质量标准，另一种则是关注顾客需求。像希尔顿这样单一品牌企业的信心是建立在其"质量承诺"之上的，公司可以创造不同用途的次级品牌，但主品牌会受到影响。

一个多品牌的公司则有完全不同的理念——公司的信心建立在对目标顾客需求的了解之上，并有能力创造一种产品或服务来满足这种需求。顾客的信心并不是建立在"万豪"这个名字或者其服务质量上，其信心基础是"旅馆是为满足顾客的需求而设计的"。比如，顾客想找一个可以承受得起的旅馆住上三四个星期，"城镇套房"可能就是其最好的选择，顾客并不需要为"万豪"额外的品质付费，他可能并不需要这样的品质，而且这种品质对他而言可能也没有任何价值。

万豪酒店创新之道

万豪会在什么样的情况下推出新品牌或新产品线呢？答案是：当其通过调查发现在旅馆市场上有足够的、尚未填补的需求空白或没有被充分满足的顾客需求时，公司就会推出针对这些需求的新产品或服务——这意味着公司需要连续地进行顾客需求调研。通过分析可以发现，万豪的核心能力在于它的顾客调查和顾客知识，万豪将这一切都应用到了从 Fairfield Inn 到 Ritz Carlton 所有的旅馆品牌上。从某种意义上说，万豪的专长并不是旅馆管理，而是对顾客知识的获取、处理和管理。

万豪一直致力于寻找其不同品牌间的空白地带。如果调查显示某细分市场上有足够的目标顾客需要一些新的产品或服务特色，那么万豪就会将产品或服务进行提升以满足顾客新的需求；如果调查表明在某一细分目标顾客群中，许多人对一系列不同的特性有需求，万豪将会把这些人作为一个新的顾客群并开发出一个新的品牌。

万豪为品牌开发提供了有益的思路。对于一种现有的产品或服务来说，新的特性增加到什么程度时才需要进行提升？又到什么程度才可以创造一个新的品牌？答案是：当新增加的特性能创造一种新的东西并能吸引不同目标顾客时，就会有产品或服务的提升或新品牌的诞生。

万豪宣布开发"弹性套房"这一品牌的做法是一个很好的案例。当时，万豪将"弹性套房"的价格定在 75~95 美元，并计划到 1999 年 3 月 1 日时建成 14 家，在随后的两年内再增加 55 家。"弹性套房"（Springfield Suite）源自"公平套房"（Fairfield Suite），而"公平套房"原来是"公平旅馆"（Fairfield Inn）的一部分。"公平套房"始创于 1997 年，当时,《华尔街日报》是这样描绘"公平套房"的:宽敞但缺乏装饰,厕所没有门,客厅里铺的是油毡,它的定价是 75 美元。实际上,对于价格敏感的人来讲,这些套房是"公平旅馆"中比较宽敞的样本房。现在的问题是:"公平套房"的顾客可能不喜欢油毡,并愿意为"装饰得好一点"的房间多花一点钱。于是,万豪通过增加烫衣板和其他令人愉快的东西等来改变"公平套房"的形象,并通过铺设地毯、加装壁炉和早点房来改善客厅条件。通过这些方面的提升,万豪酒店吸引到了一批新的目标顾客——注重价值的购买者。但后来,万豪发现对"公平套房"所做的提升并不总是有效——价格敏感型顾客不想要,而注重价值的顾客又对其不屑一顾。于是,万豪考虑将"公平套房"转换成"弹性套房",并重新细分了其顾客市场。通过测算,万豪得到了这样的数据:相对于价格敏感型顾客为"公平套房"所带来的收入,那些注重价值的顾客可以为"弹性套房"至少增加 5 美元的收入。

在一个有竞争的细分市场中进行产品提升要特别注意获取并维系顾客。对于价格敏感型顾客,你必须进行产品或服务的提升以避免他们转向竞争对手。如果没有竞争或者没有可预见的竞争存在,那么就没有必要进行提升。其实,竞争通常总是存在的,关键是要通过必要的提升来确保竞争优势。面对价格敏感型顾客,过多的房间并不能为"公平旅馆"创造竞争优势。

结语

现在,酒店服务业也像消费品行业一样正发生着剧烈的变化。作为酒店经营者,你必须经常问自己:我是准备在竞争中提升产品或服务以保护自己的市场,还是准备为新的细分市场开发新的产品?如果选择前者,要注意使产品或服务的提升保持渐进性,从而降低成本,因为现有的顾客往往不想支付的更多。如果选择后者,新的产品或服务必须包含许多新的目标顾客所期待的东西,进一步讲,是需要有一个新的品牌——该品牌不会冲击原有品牌,而新的顾客能够接受这种新产品或服务并愿意为此支付更高的价格。万豪酒店通过创造出"弹性套房"成功地将一种"使价格敏感型顾客不满"的模式转换成为一种"注重价值的顾客"的模式,这是一个很典型的案例。

说到底,这其实就是营销上的 STP 战略,即市场细分(Segmentation)、选择(Targeting)和定位(Positioning)战略。品牌战略归根到底是围绕着细分市场来设计和开发的,清晰的品牌战略来自于清晰的 STP 战略。在产品和服务严重同质化的今天,在大家为同一块市场拼得头破血流的时候,我们是否应该从战略高度来考虑突破和创新呢?但愿万豪酒店的案例能给我们带来一定的启发。

(资料来源:中国营销传播网)

问题

1. 你认为市场细分应该注意哪些问题?
2. 在同质化的市场上,你认为我国酒店行业应如何应对激烈的竞争?

模块四

产品策划

学习任务

1. 全面理解产品以及整体产品的概念并把握产品 5 个层次的内涵；
2. 了解产品组合的相关概念以及产品组合策略；
3. 掌握产品生命周期的概念及其各阶段的营销对策；
4. 理解新产品的内涵并了解新产品开发的基本原则；
5. 掌握新产品开发的程序以及新产品开发的趋势；
6. 理解品牌的含义、作用和品牌策略的应用；
7. 了解包装的概念及作用；
8. 了解包装设计的基本原则并掌握包装策略。

任务一 产品与产品组合决策

情景案例

雪莲羊绒：整体产品

北京羊绒衫厂（以下简称"京绒"），树立并重视产品整体观念，对"雪莲"牌羊绒衫进行全面改进，主要抓住了以下 7 个方面。

1. 不断提高产品的内在质量

羊绒衫是服装中的高档商品，具有轻薄柔软、滑爽、高贵的特点，同时，外加做工精细，款式讲究，因而在质量上要求严格。国际羊毛局对羊绒衫制定了一套质量指标。与国际羊毛局质量指标相比，"京绒"厂还有一定差距。对此，"京绒"在以下方面进行了改进：

（1）改进生产工艺。为了解决容易变形的问题和增加产品的柔软、滑爽程度，"京绒"于 1980 年从意大利进口一批干洗机，用干洗缩毛代替传统的水洗缩毛工艺。不仅增强了羊绒衫柔软、滑爽、手感好等特点，还解决了容易变形的难题，同时也解决了羊绒衫容易起球的问题。

（2）解决防蛀问题。防虫蛀是顾客最关心的问题之一。为了解决防蛀问题，"京绒"进行了反复研究、多次试验，终于解决了防蛀问题，并已做到了大批量生产。

（3）提高工人技术本领。为了提高毛纱条干的均匀度，"京绒"着重对工人进行技术培训，对青年挡车工进行技术考核。即使在原料较差的条件下，也能纺出高档纱，使羊绒衫的外观大大改善。

（4）与科研单位合力攻关，提高分梳绒制成率。经过近两年的研究，"京绒"已取得重大突破，1983年突破分梳绒制成率50%大关，超过了英国，在世界上处于先进水平。

经过以上几个方面的改进，"京绒"羊绒衫的质量有了较大改进，按国际羊毛局质量指标检验，该厂一等品合格率已由1980年的94%提高到1983年的96.5%。

2. 不断增加新品种、新款式

服装产品的生命周期很短，要想使企业获得发展，就必须经常增加新品种，设计新款式。为此，该厂设立了专门的新产品设计试制组，有成员25人，由副总工程师亲自领导。仅1983年，他们就设计出400个新品种、新款式，绝大多数受到顾客的欢迎。如他们根据国外流行式样设计的蝙蝠衫，穿着舒适、大方，有特色，一位香港客户一次就订货20 000件。1982年世界流行细纱支羊绒衫，他们就抓紧试制，纺出了26支和32支纱线，做成旗袍、连衣裙、两件套、三件套等夏令服装，美国一个客户一次就订购26支V领马鞍肩男套衫80 000件。"京绒"首先开创了以羊绒原料做夏令服装的新领域，走在了同行业的前列。

"京绒"为了增加新品种，还试制成功了以羊仔毛、驼绒、牦牛毛、兔毛与羊绒混纺的产品，既保持了高档品的特色，又使价格降低30%以上，受到国内消费者的欢迎；其中兔毛与羊绒混纺毛衫1983年获全国"银牌奖"。

3. 改进染色工艺增加产品花色

羊绒衫讲究"流行色"。"京绒"的羊绒衫过去只有灰、米、驼、蓝等几种颜色，近年来增加了豆绿、米橙、米黄、紫等鲜艳而雅致的颜色。另外，"京绒"过去采用的工艺是纺成纱后染色，经常因操作不慎而出现"染花"现象，织出的羊绒衫经常出现"色花"，影响外观质量。后来改为散毛染色工艺，使羊绒衫的颜色既丰满又自然，同时大大降低了染花率，提高了产品的外观质量。

4. 改进包装

"京绒"羊绒衫的包装，原来是一件装一塑料袋，塑料袋上印有"雪莲"图案，每10件装在一大纸盒内。这种包装，显然与羊绒衫的高档特点很不相称。后来对包装进行了改进，用比较精致的长方形浅绿色纸盒包装，盒上有凸出的白色雪莲花图案，上半部开天窗，透过玻璃纸可以清楚地看到羊绒衫的颜色和商标。1980年"雪莲"牌羊绒衫获得全国"金牌奖"后，又在每件羊绒衫上挂一个金属品牌，上面标有"金牌"二字，更衬托出羊绒衫的高贵。

5. 扩大"雪莲"的知名度

雪莲象征纯洁、高雅，是一个好牌子。经过20多年的使用和宣传，"雪莲"品牌在国内外消费者心目中已有一定声望。为了扩大"雪莲"牌的知名度，"京绒"除在国内设立一些广告牌和进行电视广告宣传外，还利用外商在国外进行宣传。1983年日本富士电视台两次来北京，拍了《羊绒衫生产和产品》以及《驼绒产品》两部电视片，在日本电视台放映台，效果很好，当年订货即超过10万件。

目前，"雪莲"牌羊绒衫出口数量为全国之冠，已进入日本、德国、美国、加拿大、法国等20多个国家和地区，并进入这些国家的高级市场。

6. 及时交货

羊绒衫是季节性很强的商品，能否按时、按质、按量交货，对于商业信誉和商品价格都会产生很大影响。20多年来，"京绒"一直重视研究进口国家的气候、服装习惯等因素，及时交货，客户对此比较满意。

7. 提供售后服务

羊绒衫价格较高，提供适当的售后服务是必要的。"京绒"开展售后服务的内容包括：每件羊绒衫上附有一小支本色纱和一枚纽扣，以便修理或换用；由于个人保存、穿着不当造成的破损，工厂给予无偿修补、整理；出口产品如有问题，可按合同规定退货和提供索赔，但至今并未发生此类问题。

案例点评

"京绒"公司树立并重视产品整体观念，紧紧抓住了以上7个构成产品质量和产品形象的关键因素，使企业所提供的产品能够最大限度地满足顾客需要，不断进行改进和改革，使羊绒衫质量不断提高，产量稳步上升，市场进一步扩大，销量不断增加，利润大幅度上升。

知识体系

一、产品与产品整体概念

产品是能够满足消费者某一需求和欲望的任何有形物品或无形服务。对产品概念的解释大致分两种，即传统的和现代的。传统的解释经常局限在产品特定的物质形态和具体用途上；而在现代市场营销中，产品则被归结为人们通过交换而获得的需求的满足，归结为消费者期求的实际利益。西方市场学者西奥多·莱维特曾经形象地说："采购员购买的并非1/4英寸的钻头，而是1/4英寸的孔。"市场营销人员的任务就是要揭示隐藏在每一个产品内的各种需求，使企业所提供的产品能够最大限度地满足顾客需要。

因此，产品整体概念可以归纳为：企业向市场提供的能够满足消费者某种需要的任何有形产品和无形服务。有形产品主要包括产品实体及其品质、特色、式样、品牌和包装；无形服务包括可以给消费者带来附加利益和心理上的满足感及信任感的售后服务、保证、产品形象、销售者声誉等。

（一）产品整体概念

产品整体概念由5个基本层次组成，即核心产品、形式产品、期望产品、附加产品、潜在产品，如图4-1所示。

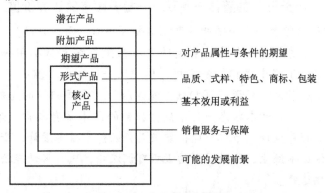

图4-1 产品整体概念图

1. 核心产品

每一种产品实质上是为解决问题而提供的服务。核心产品是产品整体概念最基本的层次，是满足消费者需求的核心内容。核心产品为消费者提供最基本的效用和利益。例如，电视机的核心功能是满足人们文化、娱乐的需求。营销人员的首要任务，就是要揭示隐藏在产品背后的真正需求，在产品中最完整、全面地体现消费者所需要的核心利益和服务。

2. 形式产品

核心产品只是一个抽象的概念，产品设计者必须把它转化为一定的具体形式，即目标市场对某一需求的特定满足形式，在这个层次上的产品就是形式产品。形式产品应具有以下5个方面的特征：质量、功能、款式、品牌、包装。可见，形式产品向人们展示的是核心产品的外部特征，它能够满足同类消费者的不同要求。

3. 期望产品

期望产品是指消费者在购买该产品时期望和默认的与产品密切相关的一整套属性和条件。例如，旅客期望干净的床、肥皂和毛巾、电话和安静的环境；小区居民在购买房子时期望得到安全的保障、优美的环境、便利的交通、完善的服务设施等。

4. 附加产品

附加产品即产品的各种附加利益的总和。通常指各种售后服务，例如提供产品使用说明书、保证、安装、维修、送货、技术培训等。国内外许多企业的成功，在一定程度上应归功于他们更好地认识到了服务在产品整体概念中所占的重要地位。他们除了提供特定的产品实体之外，还根据顾客需要提供了多种服务。在现代市场营销环境下，企业销售的绝不只是特定的使用价值，而必须是反映产品的整体概念的一个系统。在日益激烈的竞争环境中，延伸产品给消费者带来的附加利益，已成为竞争的重要手段。许多情况表明，新的竞争并非各公司在其工厂中所生产的部分，而在于附加在包装、服务、广告、顾客咨询、资金融通、运送、仓储及具有其他价值的形式。因此，能够正确开发附加产品的公司必将在竞争中获胜。

5. 潜在产品

潜在产品即产品最终可能会实现的全部附加部分和新转换部分。附加产品包含着产品的现实利益，潜在产品则包含着产品的可能的演变。许多成功的企业在其产品和服务中增加了额外的潜在利益，如电视机可发展为录放机、电脑终端等。

案例4-1

"小天鹅"的整体产品观——提升顾客的让渡价值

1. 产品开发贴近消费者——小宰相肚里能撑船（核心、形式产品）

对于两口之家、单身贵族及学生，普通洗衣机未免有些大材小用——占地、费水、费电。因此，小天鹅推出了"小宰相"洗衣机，体积比普通洗衣机缩小了17%，容量却一般大。这种洗衣机个小肚量大，可谓"宰相肚里能撑船"。"小宰相"的光彩和智慧处处可见，它独具匠心的大透明视窗，洗衣状态一目了然；独创的立体喷射水流，大大提高了洗净度；便捷随心的4种洗涤程序设计，节水节电；默默无声的静音排水设计，豪华大方的不锈钢内桶，衣物不磨损、细菌不滋生，细致周到的吸振可调滚轮，随时移动轻松省力，高科技全塑外壳，多种颜色可供选择。

"小天鹅"品牌是以一只洁白可爱、展翅奋飞的天鹅为商标，体现了"小天鹅"不懈努力，追求更高、更好、更完美的企业精神，同时给消费者以贴近生活、值得信赖的感觉。

2．"1、2、3、4、5"服务承诺（延伸产品）

小天鹅公司拥有2 000多个服务部，实行"1、2、3、4、5"服务承诺："1"即一双鞋，上门服务自带一双鞋；"2"即两句话，进门一句话，服务后一句话；"3"即三块布，一块垫机布，一块擦机布，一块擦手布；"4"即四不准，不准顶撞用户，不准吆喝用户，不准拿用户礼品，不乱设收费；"5"即五年保修。

小天鹅公司实施24小时全天候维修咨询服务，实现了由售后服务延伸到售中售前服务，由简单服务发展到全方位服务，由物质服务发展到情感服务，使服务水平不断提高。

（二）产品整体概念在企业中的运用

产品整体概念5个层次的理论，十分清晰地全面体现了以消费者需求为中心的现代营销观念。这一概念的内涵和外延都是以消费者需求为标准的，由消费者需求来决定的。对于企业设计和开发产品、制定市场营销组合策略，具有多方面的指导意义。

1. 产品设计和开发的出发点是找准核心利益

产品的核心利益是消费者购买的最本质内容，也是消费者制定购买决策时考虑的最重要因素。消费者购买产品的目的不是为了占有某种物品本身，而是为了获得产品的核心利益。因此，企业设计、开发产品一定要找准产品对其目标消费者而言的核心利益，否则，消费者的基本需求不可能真正得到满足，产品也就不可能受到市场的欢迎。

2. 重视产品的非功能性利益的开发

消费者对产品利益的追求包括功能性和非功能性两个方面，前者主要是满足他们在生理上和物质上的需求，后者则更多的是满足他们在心理上、精神上和情感上的需求。随着社会经济的发展、生活质量的提高和消费者自我意识的加强，人们对产品的非功能性利益愈来愈重视，在很多情况下甚至超过了功能性利益。因此，要求企业全面领悟产品核心利益的深刻内涵，高度重视非功能性利益的开发，更好地满足消费者多层次的需要。

3. 围绕整体产品的多个层次开展竞争

在我国市场经济的发展过程中，企业之间围绕争夺消费者展开的竞争非常激烈，大多数竞争的手段还是价格战，特别是当有形商品在功能、品质上极为接近，难以形成明显差异时更是如此。整体产品概念为企业竞争提供了一种新的分析思路，即围绕整体产品来开展竞争，要在整体产品的每一个层次及其每一个要素，如包装、品牌、商标、款式、花色、质量以及安装、调试、维修、融资等售后服务上不断求新，创造特色优势，增强产品的核心利益，来提高企业产品的竞争能力。

案例4-2

"农夫山泉"是海南养生堂公司于1997年推出的瓶装纯净水产品。当时，中国水市场已经经过了10多年的发展历程，生产企业有近千家之多，市场竞争相当激烈。"娃哈哈"和"乐百氏"自1995年开始，先后由儿童饮品延伸到纯净水，并在较短时间内逐步确立了领导者的地位。面对潜力巨大、竞争激烈、领导者品牌强势占领的瓶装水市场，"农夫山泉"为了尽快切入市场并占有一席之地，采取了整体产品的差异化战略，在产品的口感、类别、水源、包装、品牌、价格等方面都与"娃哈哈"和"乐百氏"形成明显的差异，一举获得成功，有效地达到了企业的营销目标。

在口感上,一句"农夫山泉有点甜"的广告词就明确地点出了水的甘甜清冽,一下子就区别于"乐百氏"的"27 层过滤"的品质定位和"娃哈哈"的"我的眼中只有你"所营造的浪漫气息,与当年"七喜"作为"非可乐"推出有异曲同工之妙,给消费者留下深刻的印象,占据了消费者的心理空间。

在水源上,"农夫山泉"强调"千岛湖的源头活水"水质的优良,同时利用千岛湖作为华东著名的山水旅游景区和国家一级水资源的保护区所拥有的极高的公众认同度,提高其产品质量的认同度和品牌知名度。

在品牌上,"农夫"二字给人们以淳朴、敦厚、实在的感觉,"农"相对于"工"远离了工业污染,"山泉"则给人以回归自然的感觉,迎合了人们返璞归真的心理需求。比起某些小儿用品痕迹十分明显的名称,其品牌适应性更强、覆盖面更广,品牌形象更为鲜明。

在包装上,"农夫山泉"选用运动瓶盖,并且以率先推出运动瓶盖的上海老牌饮料"正广和"更棋高一着地进行广告宣传,突出运动瓶盖的特点。在广告中,"农夫山泉"把运动瓶盖解释为一种独特的带有动作特点和声音特点的时尚情趣,选择中学生这一消费群体作为切入点;"课堂篇"广告中"哗扑"一声和那句"上课时不要发出这种声音"的幽默用语,让人心领神会,忍俊不禁,使得"农夫山泉"在时尚性方面远远超出了其他品牌,也使人们对"农夫山泉"刮目相看,产生了浓厚的兴趣。

正是由于"农夫山泉"在整体产品的多个要素上别出心裁,一进入市场就强有力地显示了其清新、自然的特性,赢得了消费者的青睐。从 1997 年 4 月生产第一瓶纯净水到 1998 年,其市场占有率就在全国占到第三位,仅次于"娃哈哈"和"乐百氏"。

资料来源:张似韵. 产品生命周期与市场营销组合
——养生堂公司的市场演进策略. 市场营销导刊, 2001 (2)

(三)产品的分类

在研究产品和服务营销战略时,营销人员建立了几种产品分类标准。首先,根据消费者类型把产品和服务分成两大类,即消费品和工业品,如图 4-2 所示。

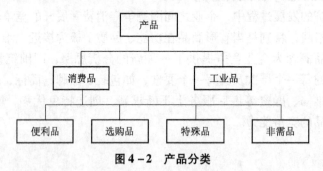

图 4-2 产品分类

1. 消费品

消费品是指那些由最终消费者购买并用于个人消费的产品。营销人员还应根据消费者如何去购买消费品,将消费品进一步细分为便利(日用)品、选购品、特殊品和非需品。消费者购买这些产品的方式不同,因此对它们进行营销的方法也应有所不同。

(1)便利品。是指消费者不需要费力就能买到的价格便宜的商品。也就是说,消费者不愿意也不必大范围搜寻去购买这些商品,如糖果、肥皂、报纸、软饮料、梳子及其他小商品。它们的价格通常很低,并且被置于许多营销点随时等候顾客的购买。

消费者经常购买便利品并没有详细的计划。尽管如此，消费者仍然了解一些受欢迎的便利品品牌名称，如"可口可乐""康师傅""正义卫士"除臭剂等。便利品通常需要广泛的分销以便有足够的销售量以实现预期的利润目标。

（2）选购品。是指消费者会仔细比较其适用性、质量、价格和式样，购买频率较低的消费品。在购买选购品时，消费者花大量的时间和精力收集信息进行比较。选购品包括家具、服装、电器等。

选购品分为两种：同质品和异质品。消费者认为同质选购品的质量基本相似，但价格却明显不同，所以有选购的必要，如洗衣机、甩干机、冰箱、电视。在购买同质选购品时，消费者希望买到价格最低而又具有所期望特征的品牌商品。

相反，消费者认为异类品质量是不同的，如家具、服装、住宅等。消费者在比较异质选购品时比较麻烦，因为其价格、质量、特征迥然不同。对异质品进行比较的好处是"为自己挑选到最好的商品或品牌"，因而做出的决定通常个性化极强。

（3）特殊品。是指一个重要的消费者群愿意花特殊的精力去购买的有特殊性质或品牌识别的消费品，如高档手表、特殊品牌和型号的汽车、高价器械、摄影器材、美食餐馆等。特殊品的经销商经常运用突出地位感的精选广告保持其商品的特有形象，分销也经常被限定在某一地区的一个或很少几个销售商店里。所以，品牌名称和服务质量非常重要。正常情况下，消费者并不比较特殊品，他们只是花必要的时间到出售所需产品的经销商那里购买。

（4）非需品。是指消费者要么不知道，要么知道但是通常并不想买的消费品。绝大多数新产品都是非需品，直到消费者通过广告认识了它们为止，典型的例子是保险、百科全书等。根据其性质，非需品需要做大量的广告、直销和其他营销努力，才能打开市场。

2. 服务

大多数人都认为"产品"一词只意味着有形产品，然而服务也同样是产品。服务是把人力或机械作用应用到人或物上而产生的结果，包括不能在实物上拥有的行为、表现或努力。换句话说，服务是一方能够向另一方提供的基本上是无形的任何行为或绩效，并且不导致任何所有权的产生。

前述的营销过程适用于所有的产品，无论是有形产品还是服务，也不管产品的特征是什么。然而，服务也有一些不同于有形产品的独特之处，所以营销战略需要根据这些特征加以调整。

服务与有形产品相比有 4 个独特之处，即无形性、不可分割性、异质性和易消失性。

（1）无形性。服务与有形产品最根本的区别在于服务的无形性。由于这种无形性，人们不能像感知有形产品那样触摸、看到、品尝或感觉到服务。服务不能储藏且通常容易复制。而且，服务很少以隐藏技术为基础，并且没有专利保护。

要评价服务的质量，在购买之前甚至之后都比有形产品困难得多，因为同有形产品相比，服务通常很少能显示出已查明质量。已查明质量是指商品的质量在购买之前就能够很容易地估计出来。例如，设备或汽车的颜色。同时，服务通常显示出更多的需体验质量和信任质量。需体验质量是指商品的质量必须在用过之后才能够评估，如在饭店里吃饭或旅游。信任质量是指消费者即使在购买了商品之后，由于对其缺乏必要的了解或体验，也很难评估的质量，医疗或咨询就体现出信任质量的特点。

因此，营销商通常依赖于有形的线索来宣传服务的性质和质量，也就是我们常说的

"化无形为有形"。例如，保险公司采用"能手"标志以使本公司提供保护的有利之处清晰可见。

消费者访问或向消费者提供服务的场所是整个服务提供最为关键的有形部分。例如，全美最大的书籍经销商巴恩诺贝尔公司就是基于这样一种观点建立起来的，即对许多消费者来说，购物是一种消遣。公司对商店的设计旨在提供一种绝无仅有的购物体验，藏书室里的木质装饰营造出色彩柔和的传统氛围，使读书爱好者感到舒适；做工考究的现代建筑和图表以及时髦的展览也使消费者获得满足。公司还在超级商场里设有咖啡店和宽大结实的桌椅，人们在浏览书籍时可尽情享用，管理人员会保持商店的休息室始终干干净净。

商店的装饰、服务区的洁净程度和员工的态度与着装等因素会向消费者传达一些与商店有关的信息。迪士尼乐园和沃尔特·迪士尼世界非常重视场景（设备）、演员（人事）和观众。男主人和女主人（不叫雇员）负责在景点和商店（不是车辆和设备）招待来宾（不叫顾客）。公司在聘用扮演角色的职员时会发放书面材料，告诉他们将接受什么样的培训、何时何地汇报以及需要穿戴什么。

（2）不可分割性。有形产品是先生产、再销售、最后再消费，而服务的生产、销售和消费却是同时进行的，换句话说，它们的生产和消费是不可分割的活动。不可分割性是指消费者已经确实地参与到他们所购买的服务的生产过程中来，因为在服务产生之时消费者就正在现场，如理发或外科手术。消费者这种形式的参与在有形产品的生产中是很少见的。

不可分割性还意味着服务通常不能像有形产品一样，在某一地点集中生产而在各地分散消费。从服务提供者的角度来讲，服务也是不可分割的。因此，企业提供的服务质量取决于其雇员的质量。

（3）异质性。麦当劳的竞争优势之一是它的一致性、统一性。消费者无论是在纽约、东京或莫斯科打算买"巨无霸"汉堡包或炸鸡，他们都很清楚将得到什么，而许多服务提供商并没有做到这一点。异质性是指服务往往不如有形产品那样标准化和统一化，因为它依赖于服务提供者以及何时何地提供服务。例如，同一医院里的医生或同一理发店的理发师在技术水平和人际交往上都有所不同，甚至同一个医生或理发师的表现也会因为时间、身体状况或其他因素而有所不同。由于服务总是劳动密集型的，并且生产和消费又不可分割，所以，很难实现一致、统一的质量管理。标准化和培训有助于提高服务的一致性和可靠性。必胜客和肯德基这样的限定菜单式饭店由于有了标准化的准备程序，从而能够使消费者每次光顾都能享受到高度一致的服务。另一种提高一致性的方法是使整个过程机械化，从而统一服务绩效。例如，银行通过提供自动柜员机降低了出纳服务的不一致性；机场的 X 射线检测仪已经取代了人工检查行李；缴费公路上的自动投币机取代了原来的收费员；自动洗车机取代了质量不稳定的手洗、打蜡和干燥程序。

（4）易消失性。易消失性是指服务不能被储存、仓储或盘点的特性。空闲的旅馆房间、飞机座位并不创造收入，因为收入已经损失掉了。然而，服务性企业在高峰季由于过度繁忙却被迫拒绝一些支付全价的旅客。因此，服务行业的最大挑战在于怎样使供给和需求同步。很多旅馆在周末及淡季给予顾客很大的折扣，航空公司在非高峰时间采取了相似的定价策略，出租车代理商、电影院和餐馆在淡季也利用打折刺激需求。

事实上很难清楚地把生产企业和服务企业区分开来。其实，许多生产企业也把服务看成是他们成功的一个主要因素，如汽车的保养和修理对于制造企业留住满意用户来说就十分重要。

有形产品的生产企业重视服务的原因之一是服务使他们具有很强的竞争优势，特别是对于那些产品看起来相近的行业。例如汽车制造业，消费者几乎看不出不同品牌的汽车之间有什么差别。在清楚地了解这一点后，通用汽车公司制定了有关销售技巧和消费者服务质量的新的指导方针，并且将对经销商的奖励机制与指导方针的执行情况挂钩；家电制造公司扩大了产品的提供范围，从原来只提供家用电器（有形商品）扩大到家用电器的运输和产品维修（服务）；许多计算机生产商也正在实行远程帮助计划，这项计划使技术服务人员能够拨号上网、进行检查及更换，计算机用户的数量因此而迅速增加。

3. 工业品

工业品是指那些为进一步用于工业生产而购买的产品。因此，消费品和工业品的不同之处在于购买产品的目的不同。按照产品参加生产过程的方式和产品价值，可分为完全进入产品的工业品、部分进入产品的工业品和不进入产品的工业品。

（1）完全进入产品的工业品。指经过加工制造其价值完全进入新产品的工业品，包括原材料和零部件等。

（2）部分进入产品的工业品。指在生产过程中逐渐磨损，其价值分期分批进入新产品的资产设备，包括设施和附属设备等。

（3）不进入产品的工业品。指不会在生产经营过程中变为实际产品，但其价值要计入新产品成本，维持企业经营管理所必需的工业品，包括供应品和企业服务等。

二、产品组合策划

产品组合（Product Mix or Product Assortment）是指企业生产或经营的全部产品线和产品项目的有机组合方式，又称产品结构。

产品线（Product Line）指一组密切相关的产品，又称产品系列或产品品类。所谓密切相关，是指这些产品或者能够满足同种需求；或者必须配套使用，销售给同类顾客；或者经由相同的渠道销售；或者在同一价格范围内出售。

产品项目（Product Item）指在同一产品线或产品系列下不同型号、规格、款式、质地、颜色或品牌的产品。例如，百货公司经营金银首饰、化妆品、服装鞋帽、家用电器、食品、文教用品等，各大类就是产品线，每一大类里包括的具体品牌、品种为产品项目。

企业产品组合可以从宽度、长度、深度和关联度4个维度进行分析。在此以表4-1所列的产品组合为例加以阐述。

（1）产品组合的广度。产品组合广度（Product Mix Width）又称产品组合的宽度，指企业生产经营的产品线的数量。大中型的多元化经营的企业集团产品组合的广度较宽，而专业化的企业以及专营性商店生产和经营的产品品类较少，产品组合的广度较窄。表4-1所显示的产品组合广度为4条产品线。

（2）产品组合的长度。产品组合长度（Product Mix Length）指企业生产经营的全部产品线中所包含的产品项目总数，即产品线的总长度。表4-1所列的产品项目总数是18，这就是产品线的总长度。每条产品线的平均长度，即企业全部产品项目数除以全部产品线所得的商，在此表中是4.5（18/4），说明平均每条产品线中有4.5个品牌的商品。企业产品的项目总数越多，即产品线越长，反之则越短。

表 4-1　某百货公司的产品组合

	产品组合的宽度			
	服装	皮鞋	帽子	针织品
产品线的长度	休闲装	男凉鞋	制服帽	卫生衣
	女西装	女凉鞋	鸭舌帽	卫生裤
	男休闲装	男皮鞋	礼帽	汗衫背心
	女休闲装	女皮鞋	女帽	
	风雨衣		童帽	
	儿童服装			

(3) 产品组合的深度。产品组合的深度（Product Mix Depth）指企业生产经营的每条产品线中，每种产品品牌所包含的产品项目的数量。一个企业每条产品线中所包含的产品品牌数往往各不相等，每一产品品牌下又有不同的品种、规格、型号、花色的产品项目。例如，百货公司的休闲装有9种规格，那么，它的深度就是9。专业商经营的产品品类较少，但同一产品种类中规格、品种、花色、款式较为齐全，产品组合的深度较深。

(4) 产品组合的关联度。产品组合的关联度（Product Mix Consistency）又称产品组合的密度或相关性，指企业生产和经营的各条产品线的产品在最终用途、生产条件、销售渠道及其他方面相互联系的密切程度。表4-1中该百货公司的4条产品线都是人们的穿着用品，产品的最终用途相同，可以通过相同的分销渠道销售，其关联度较为密切。

一般而言，实行多元化经营的企业，因同时涉及几个不相关联的行业，各产品之间相互关联的程度较为松散；而实行专业化经营的企业，各产品之间相互关联的程度则较为密切。

企业产品组合的广度、长度、深度和关联度不同，就构成不同的产品组合。分析企业产品组合，具体而言就是分析产品组合的广度、长度、深度及关联度的现状、相互结合运作及发展态势。在一般情况下，扩大产品组合的广度有利于拓展企业的生产和经营范围，实行多元化经营战略，可以更好地发挥企业潜在的技术、资源及信息等各方面优势，提高经济效益，还有利于分散企业的投资风险；延伸产品线的长度，使产品线充裕丰满，使企业拥有更完全的产品线，有助于扩大市场覆盖面；加强产品组合的深度，在同一产品线上增加更多花色、品种、规格、型号、款式的产品，可以使企业产品更加丰富，满足更广泛的市场需求，提升产品线的专业化程度，占领同类产品更多的细分市场，增强行业竞争力；加强产品组合的关联度，可以强化企业各条产品线之间的相互支持，协同满足消费者，有利于资源共享，降低成本，可以使企业在某一特定的市场领域内增强竞争力和市场地位，赢得良好的企业声誉。因此，产品组合策略也就是企业根据市场需求、营销环境及自身能力和资源条件，对自己生产和经营的产品从广度、长度、深度和关联度4个维度进行综合选择和调整的决策。

案例 4-3

海尔集团的产品组合

海尔集团现有家用电器、信息产品、家居集成、工业制造、生物制药和其他6条产品线，表明产品组合的宽度为6。产品组合的长度是企业所有产品线中产品项目的总和。根据标准不同，长度的计算方法也不同。海尔现有 15 100 种不同类别、型号的具体产品，表明产品组合的长度是 15 100。产品组合的深度是指产品线中每一产品有多少品种。海尔集团的彩电产品线下有"宝德龙"系列等 17 个系列的产品，而在"宝德龙"系列下，又有 29F8D－PY、29F9D－P 等 16 种不同型号的产品，这表明海尔彩电的深度是 17，而海尔"宝德龙"系列彩电的深度是 16。产品组合的关联度是各产品线在最终用途、生产条件、分销渠道和其他方面相互关联的程度。海尔集团所生产的产品都是消费品，而且都是通过相同的销售渠道，就产品的最终使用和分销渠道而言，这家公司产品组合的关联度较大；但是，海尔集团的产品对消费者来说有各自不同的功能，就这一点而言，其产品组合的关联度较小。

（资料来源：http://www.ecm.com.cn）

（二）产品组合类型

产品组合策略是制定其他各项决策的基础，产品组合确定之后，企业的投资组合、定价、分销渠道、促销以及各项资源的配置就基本确定。企业对产品组合进行选择既不是一味追求宽、深、长，也不是越专业化越好，而是立足于准确的市场调研，全面考虑市场需求、竞争态势、外部环境以及企业自身实力和营销目标，遵循有利于促进销售、提高总利润的原则，正确决策，慎重行动。常见的产品组合策略有以下 6 种：

1. 全线全面型组合

即企业生产经营多条产品线，每一条产品线中又有多个产品项目，产品项目的宽度和深度都较大，各条产品线之间的关联度可松可紧。该策略的特点是力争向尽可能多的消费者提供他们所需要的多种产品，满足他们尽可能多的需求，以占领较为广阔的市场，只有规模巨大、实力雄厚、资源丰富的企业才能做到。如美国宝洁公司就拥有洗涤剂、牙膏、洗发水、香皂、除臭剂、润肤液、婴儿尿布和饮料等多条产品线，并且都是日常生活用品，各条产品线之间的关联度较强。而中国的联想集团现在不仅生产计算机，还生产手机，并且进军房地产，各条产品线之间的关联度就较弱。

2. 市场专业型组合

即企业以某一特定市场为目标市场，为该市场的消费者群体提供多条产品线和多个产品项目，以满足他们多方面的需求。这种组合策略的特点是宽度和深度大，而关联度较小。这种组合策略仍是规模较大的企业才适合，如"金利来"主要是为成功的男士生产西服、领带、皮具、领带夹、香水等用品。

3. 产品系列专业型组合

即企业生产相互之间关联度较强的少数几条产品线中的几个产品项目，以满足不同消费者对这几类产品的差异需求。这种组合策略的特点是宽度和深度小而关联度密切，产品的技术要求接近，生产专业化程度高，有利于延伸技术优势、提高生产效率。如科龙公司一直致力于制冷产品的生产，只拥有空调、冰箱等少数几条产品线，每一条产品线的产品项目也较为有限，而生产量较大。

4. 产品系列集中型

即企业集中各种资源，生产单一产品线中的几个产品项目，以便更有效地满足某一部分消费者对这一类产品的需求。该组合策略的特点是宽度最小、深度略大而关联度密切，且产品和目标市场都比较集中，有利于企业较好地占领市场，这是中小企业经常采用的组合策略。如格兰仕公司在创业初期只生产微波炉这一大类产品，其花色、品种也较为有限。

5. 特殊产品专业型组合

即企业凭借自己所拥有的特殊技术和生产条件，生产能满足某些特殊需求的产品。这一组合策略的特点是宽度、深度、长度都小，目标消费者具有特殊需求，生产的针对性、目标性都很强，很多情况下是根据消费者特殊的个性化需求定制产品。如某企业专门生产残疾人使用的假肢、轮椅、康复器械等。

6. 单一产品组合

即企业只生产一种或为数有限的几个产品项目，以适应和满足单一的市场需求。这一组合策略的特点是产品线简化，生产过程单纯，能大批量生产，有利于提高劳动效率，降低成本；技术上也易于精益求精，有利于提高产品质量和档次。但是由于生产经营的产品单一，企业对产品的依赖性过强，因而对市场需求的适应性差，风险较大。

（三）产品组合调整

对企业现行产品组合进行分析和评估之后，找出存在的问题，就要采取相应措施，调整产品组合，以求达到最佳的组合。产品组合的调整策略有以下几种：

1. 扩大产品组合

扩大产品组合策略包括开拓产品组合的宽度和加强产品组合的深度。开拓产品组合的宽度是指增加一个或几个产品线，扩大产品经营范围。当某公司预测现有产品线的销售额和赢利率在未来几年将要下降时，就应考虑在产品组合中增加新的产品线或加强其他有发展潜力的产品线，弥补原有产品线的不足。加强产品组合的深度是指在原有的产品线内增加新的花色、品种、规格。如果发展与竞争者相近的品牌，企业营销组合应具有一定特色，如为用户提供更多的运输、信贷等便利条件，或者在价格上更具有竞争力等。当然，扩大产品组合策略还可以不受产品之间关联性的制约，发展与原有产品线毫无关联的产品线或产品项目。扩大产品组合，可以使企业充分地利用人、财、物资源。一个企业相对稳定的资源状况是同一定产品数量相适应的。随着企业技术水平的提高或原有市场的缩小，就形成了剩余的生产能力，开辟新的生产线可以充分利用剩余生产能力。扩大产品组合还有助于企业规避风险，增强企业的竞争能力。

对生产企业而言，扩大产品组合策略的方式主要有3种：

（1）平行式扩展。是指生产企业在生产设备、技术力量允许的情况下，充分发挥生产潜能，向专业化和综合性方向扩展，增加产品系列，在产品线层次上平行延伸。

（2）系列式扩展。是指生产企业向产品的多规格、多型号、多款式发展，增加产品项目，在产品项目层次上向纵深扩展。

（3）综合利用式扩展。是指生产企业生产与原有产品系列不相关的异类产品，通常与综合利用原材料、处理废料、防止环境污染等结合进行。

2. 缩减产品组合

当市场繁荣时，较长、较宽的产品组合会为企业带来较多的盈利机会，但当市场不景气或原料、能源供应紧张时，缩减产品组合反而可能使总利润上升。这是因为从产品组合中剔除了那些获利很少甚至不获利的产品线或产品项目，使企业可以集中力量发展获利多的产品线和产品项目。通常情况下，企业的产品线有不断延长的趋势，其主要原因有：

（1）生产能力过剩迫使企业开发新的产品项目；

（2）经销商和销售人员要求增加产品项目，以满足消费者的需要；

(3) 企业为了追求更高的销售额和利润而增加产品项目。

但是，随着产品线的延长，设计、工程、仓储、运输、促销等市场营销费用也随之增加，最终将会减少企业的利润。在这种情况下，需要对产品线的发展进行相应的遏制，剔除那些得不偿失的产品项目，使产品线缩短，提高经济效益。

3. 产品延伸

产品延伸策略指全部或部分地改变公司原有产品的市场定位，具体有向下延伸、向上延伸和双向延伸3种。

(1) 向下延伸。市场定位高的企业通常将其产品线向下延伸，发展低档产品。利用高档名牌产品声誉，吸引购买力较低的消费者购买此生产线的低价产品。主要原因是：公司高档产品受到冲击，于是决定以低档产品进行反击；高档市场发展缓慢，影响公司效益；公司所采取的是通过高档树立质量形象，然后再向下扩展的策略；低档产品为市场空缺，公司如不占领，就会被竞争对手乘虚而入，形成对公司的侧击。向下延伸经常会遇到竞争对手的反击和来自经销商的阻力。但如果该市场机会被竞争对手占有，对公司是非常不利的。日本汽车公司之所以今天能同美国抗衡，就在于美国汽车公司当初放弃了小型汽车市场而给日本汽车公司一个机会。但实行这种策略也会给企业带来一定的风险，如处理不慎，很可能影响企业原有产品的市场形象及名牌产品的市场声誉。同时，这种对策必须辅之以一套相应的营销策略，如对销售系统的重新设置等。所有这些都将大大增加企业的营销费用开支。

(2) 向上延伸。定位低的企业将其产品线向上延伸，发展高档产品。主要原因是：被高档产品的高增长率和高利润率所吸引，形成自己完整的产品线，提高企业产品的质量形象。向上延伸对公司来说风险很大，因为高档产品的竞争对手不仅会稳守自己的阵地，而且可能伺机向低档市场进犯；消费者对公司能否生产出优质产品缺乏信心；公司的销售代表和经销商可能因为缺乏能力和必要的训练，而不能很好地为高档市场服务。

(3) 双向延伸。即原定位于中档产品市场的企业掌握了市场优势以后，决定向产品线的上下两个方向延伸，一方面增加高档产品，另一方面增加低档产品，扩大市场阵地。双向延伸是企业寻求市场领导地位的重要途径。但企业会受到来自各方面的挑战，对企业的各方面能力都是极大的考验。

案例 4-4

双向延伸的成功案例

1. 得克萨斯仪器公司的延伸策略

在得克萨斯仪器公司的便携式计算机进入市场前，该市场主要由玻玛公司低价低质的计算机和惠普公司高质高价的计算机所控制。得克萨斯仪器公司以中等价格和中等质量向市场推出了第一批计算机。然后，它又逐步向市场的高低两端增加计算机品种。该公司推出了质量优于玻玛公司但价格与之持平，甚至更低的计算机品种，击败了玻玛公司；该公司还设计了高质量的但售价低于惠普公司的计算机，夺走了惠普公司高端产品的大部分市场。双向延伸策略使得克萨斯仪器公司占据了便携式计算机市场的领导地位。

2. 丰田公司的产品延伸

丰田公司对其产品线也采取了双向延伸的策略。在其中档产品"卡罗拉"牌的基础上，为高档市场增加了"佳美"牌，为低档市场增加了"小明星"牌。该公司还为豪华汽车市场推出了"凌志"牌。"凌志"的目标是吸引高层管理者;"佳美"的目标是吸引中层经理;"卡罗拉"的目标是吸引基层经理;而"小明星"的目标是手里钱不多的首次购买者。此种策略的主要风险是有些买主认为在两种型号之间(如"佳美"和"凌志"之间)差别不大因而会选择较低档的品种。但对于丰田公司来说,顾客选择了低档品种总比转向竞争者好。另外,为了减少与丰田的联系,减低自相残杀的风险,"凌志"并没有在丰田的名下推出,它也有与其他型号不同的分销方式。

4. 产品线现代化

在某些情况下,虽然产品组合的宽度、长度都很恰当,但产品线的生产形式却可能已经过时,这时就必须对产品线实施现代化改造。例如,某企业生产还主要停留在20世纪六七十年代的水平,技术性能及操作方式都较落后,这必然使产品缺乏竞争力。如果企业决定对现有产品线进行改造,产品线现代化战略首先面临以下问题:是逐步实现技术改造,还是以最快的速度用全新设备更换原有产品线。逐步现代化可以节省资金耗费,但缺点是竞争者很快就会察觉,并有充足的时间重新设计它们的产品线;而快速现代化战略虽然在短时期内耗费资金较多,却可以出其不意地击败竞争对手。

三、产品生命周期理论

(一)产品生命周期理论的内涵

产品生命周期,是指产品从准备进入市场到被淘汰退出市场的全部运动过程,是由需求与技术的生产周期所决定。企业开展市场营销活动的出发点是市场需求。而任何产品都只是作为满足特定需要或解决问题的特定方式而存在,不断会有领先产品出现,取代市场上的现有产品。一个产品的销售历史就像人的生命周期一样,要经历出生、成长、成熟、老化、死亡等阶段。具体可以分为引入期、成长期、成熟期、衰退期4个阶段。

产品生命周期和产品的使用寿命是两个完全不同的概念。前者指的是产品的经济寿命,即产品在市场上销售的时间,它以产品在市场上的销售额和企业利润额的变化为依据进行分析判断,反映的是产品的销售情况和获利能力随时间的演变规律。而后者指的是产品的自然寿命,即产品物质形态的变化、产品实体的消耗磨损。有的产品使用寿命很短,但生命周期却很长,如肥皂、爆竹等;而有的产品生命周期很短,使用寿命却很长,如时尚服装、呼啦圈等。

(二)产品生命周期的形态

在产品生命周期的各个阶段,销售额随产品推进市场的时间不同而发生变化,通常表现如图4-3所示曲线,即称为产品生命周期曲线。

产品生命周期曲线的特点是:在引入期,销售增长缓慢,初期通常利润偏低或为负数;在成长期,市场销售快速增长,利润也显著增加;在成熟期,市场销售量达到顶峰,但增长率较低,利润在达到顶点后逐渐走下坡路;在衰退期,产品销售量显著衰退,利润也大幅度滑落,产品即将退出市场。

S形产品市场生命周期曲线适用于一般产品的生命周期的描述,是最典型的表现形态。并非所有产品的市场生命周期曲线都是标准的S形,而是多种多样的。西方市场营销学者通过研究,确认有6~17种产品生命周期形态。以下简要介绍几种较为常见的不规则的产品生

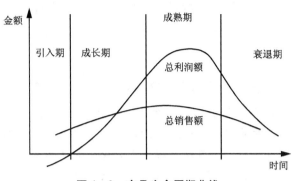

图4-3 产品生命周期曲线

命周期形态。

(1) 再循环形态。又称"风格型"曲线,是指产品到达成熟期后,并未顺次进入衰退期,而是又进入第二个成长期(图4-4)。这种再循环生命周期形态往往是厂商成功地进行了产品的多功能开发或投入更多促销费用的结果。

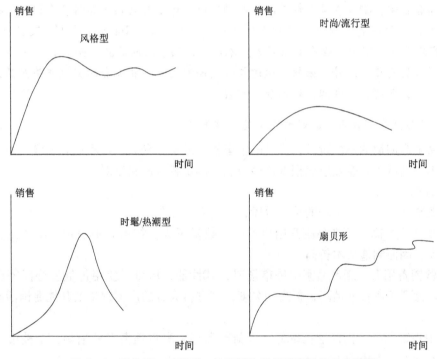

图4-4 风格型、时尚型、热潮型和扇贝形产品的生命周期

(2) 多循环形态。又称"扇贝形"曲线,或波浪形循环形态,是指产品在市场上的销售量由一个高峰又达到另一个高峰,不断向上攀升,其生命周期持续向前。这种生命周期形态的产品往往是发现了产品的新特征、用途或用户,如纸的销售就具有这种扇贝形特征。随着人们要求的多样化和科学技术的发展,纸的用途越来越广泛,更多地用于日常生活,相继有了纸杯、纸桌布、纸鞋垫、纸服装等。

(3) 流行形态。又有"时尚/流行型"和"时髦/热潮型"两种曲线,主要是指各种流行、热潮产品,一经投放市场便立刻掀起热销高潮,很快进入成熟期,并迅速退出市场,如流行歌曲、时尚服装、呼啦圈等产品的市场销售即是如此。不过,"时尚/流行型"产品比"时髦/热潮型"产品的生命周期稍长一些。

案例 4-5

微软的产品生命周期和产品组合策略

成立于 1975 年的微软公司经过 20 多年的发展,在全球 50 多个国家和地区设有分公司,共有员工 44 000 多人,其董事长比尔·盖茨在 2000 年前后荣登世界首富的宝座,并造就了 3 000 多个百万富翁。微软的成功,在很大程度上取决于其产品策略。

新产品策略软件产品的生命周期符合摩尔定律,软件的生命周期中,引入期、成长期较长,而其产品成熟期较短,产品一旦步入衰退期,现有产品在极短时间内就会被市场淘汰。面对激烈的市场竞争,微软应用了快速的新产品策略,每年投入约 50 亿美元用于基础研究和产品开发,平均 2~3 年就推出新的产品。就操作系统而言,从 Windows 3.2 到 Windows 95 花了 5 年的时间、从 Windows 95 到 Windows 98 花了不到 3 年的时间,从 Windows 98 到 Windows 2000 花了 2 年的时间,而从 Windows 2000 到 Windows XP 只花了 1 年的时间。

产品组合策略:微软在采取新产品策略的同时,还综合采用了各种产品组合策略,在中国的产品类型主要有商用软件、操作系统平台、开发工具、Internet 技术、硬件产品系列、Macitach 产品系列和家用游戏产品系列等。不但其产品涉及的面广,而且其同一类型的产品考虑了不同人的需要。此外,微软还通过与信息高科技产品相配套的其他相关产品系列,强化其市场地位,获得较高利润,增加资本积累。

(三) 产品生命周期各阶段的特点及其营销策略

在产品生命周期的不同阶段,产品的销售额、成本、利润、市场竞争态势及消费者行为等都具有不同的特点。企业应该根据这些特点,制定相应的营销对策。

1. 引入期

引入期是新产品进入市场的最初阶段,其主要特点是:

(1) 生产成本高。新产品刚开始生产时,数量不大,技术尚不稳定、不成熟,废品次品率也较高,因而制造成本较高。

(2) 营销费用大。新产品刚引进市场时,其性能、质量、使用价值、特征等还未被人们所了解。为了迅速打开销路,提高知名度,需进行大量的广告宣传及其他促销活动,促销费用很大。

(3) 销售数量少,销售增长率低。因新产品还未赢得消费者的信赖,未被市场广泛接受,购买者较少,销售量小。

(4) 竞争不激烈。因新产品刚引进市场,销路不畅,企业无利可图甚至亏损,生产者较少,竞争尚未真正开始。

在引入期,企业主要的经营目标是迅速将新产品打入市场,在尽可能短的时间内扩大产品的销售量。可采取的具体对策有:

(1) 积极开展卓有成效的广告宣传,采用特殊的促销方式,如示范表演、现场操作、实物展销、免费赠送、小包装试销等,广泛传播商品信息,帮助消费者了解商品,提高认知度,解除疑虑,培育市场。

(2) 积极攻克产品制造中尚未解决的问题,稳定质量,并根据市场反馈,及时对产品进行改进。

（3）采取行之有效的价格与促销组合策略（见表4-2）。可供选择的价格与促销的组合策略有以下4种：①快速掠取策略，即企业以高价格和高促销费用推出新产品。成功地采用这一策略可以使消费者更快地熟悉和了解新产品，迅速打开销路；还可以使企业赚取较大的利润，以尽快回收新产品开发的巨额投资。但企业采用这一策略，要注意必须具备一定的条件：产品有独特的功能或利益；目标顾客的求新心理强，并愿意付出高价；市场需求潜力较大；企业面临潜在竞争对手的威胁，须尽早建立产品的市场地位。②缓慢掠取策略，即企业以高价格和低促销费用将新产品推向市场。高价格和低促销费用的结合有利于企业减少流通费用，降低成本，获取较大的利润。该策略适用于市场规模有限、产品需求弹性较小、潜在竞争威胁不大、能赢得大多数消费者的信任、适当的高价能被人们所接受的产品。③快速渗透策略，即企业以低价格和高促销费用将新产品推向市场。其目的是抢占先机，以尽可能快的速度将产品打入市场，赢得最大的市场渗透和最高的市场占有率，薄利多销，从多销中获取利润。该策略适用于市场容量颇大、潜在竞争较为激烈、潜在消费者对价格十分敏感、单位制造成本可随生产规模的扩大而迅速下降的产品。④缓慢渗透策略，即企业以低价格和低促销费用将新产品推向市场。低价格有利于消费者接受新产品，使产品较易于渗透市场，打开并扩大销路。低促销费用有利于降低产品成本，树立"物美价廉"的形象。该策略适用面广，适用于市场容量大、促销效果不明显、需求的价格弹性较大、消费者对价格敏感度较高的产品。

表4-2 引入期价格—促销组合策略

促销策略		促销水平	
		高	低
价格水平	高	快速掠取策略	缓慢掠取策略
	低	快速渗透策略	缓慢渗透策略

2. 成长期

成长期是产品在市场上已经打开销路，销售量稳步上升的阶段。其主要特点是：

（1）消费者对商品已经比较熟悉，市场需求扩大，销售量迅速增加。早期采用者继续购买该产品，其他消费者也开始追随购买。

（2）生产和销售成本大幅度下降，大批量生产和大批量销售使单位产品成本减少。

（3）企业的利润增加。

（4）竞争者相继加入市场，分销网点数量增加，竞争趋向激烈。

在成长期，企业的主要营销目标是进一步扩大市场，提高市场占有率，以实现市场占有率的最大化。可采用的策略有：

（1）进一步提高产品质量，增加花色、品种、式样、规格，并改进产品包装。

（2）广告促销从介绍产品、提高知名度转为突出产品特色、建立良好形象、力创名牌、建立消费者对产品的偏好、提高忠诚度等。

（3）开辟新的分销渠道，扩大商业网点，进一步向市场渗透，拓展市场空间。

（4）在大量生产的基础上，适时适度降价或采用其他有效的定价策略，以吸引更多的购买者。

3. 成熟期

成熟期是产品在市场上普及销售量达到高峰的饱和阶段。其主要特点是：

（1）产品已为绝大多数的消费者所认识与购买，销售量增长缓慢，处于相对稳定状态，并逐渐出现下降的趋势。

（2）整个行业的生产能力过剩，企业利润逐步下降。

（3）竞争十分激烈。

（4）商品销售价格降低。

（5）分销渠道密集。

在成熟期，企业的主要营销目标是牢固地占领市场，保持市场占有率，防止与抵抗竞争对手的蚕食进攻，争取获得最大的利润。可采用的具体策略有：

（1）从广度和深度上拓展市场，争取新顾客，并刺激老顾客增加购买，以增加现有产品的使用频率和消费数量。如强生公司将婴儿爽身粉、婴儿润肤露等婴儿护肤用品扩展到母亲市场，成功地做大了市场"蛋糕"。

（2）进一步提高产品质量，进行产品多功能开发，创造新的产品特色，扩大产品的多功能性、安全性和便利性，增加产品的使用价值。

（3）改进营销组合策略，如调整价格、增加销售网点、开展多种广告宣传活动或采用以旧换新、有奖销售、竞猜、拍卖等进攻性的促销手段，以及强化各种服务等。

4. 衰退期

衰退期是产品销售量持续下降，即将退出市场的阶段。在实践中，有的产品的衰退速度较为缓慢，逐渐地退出市场，如BB机；而有的产品则衰退很迅速，如流行产品。有的产品的销售量很快就下降到零，也有的可能在一个低水平上持续多年。其主要特点是：

（1）消费者对产品已经没有兴趣，市场上出现了改进产品或换代产品，市场需求减少，销售量下降。

（2）行业生产能力过剩较多，同行企业为了减少存货损失，竞相降价销售，竞争异常激烈。

（3）企业利润不断降低。

在衰退期，企业的主要营销目标是尽快退出市场，转向研制开发新产品或进入新的市场。可采用的策略有：

（1）淘汰策略，即企业停止生产衰退期产品，上马新产品或转产其他产品。

（2）持续营销策略，即企业继续生产衰退期产品，利用其他竞争者退出市场的机会，通过提高服务质量、降低价格等方法来维持销售。

（3）收割策略，即企业尽量减少厂房设备、维修服务、研制开发和广告、销售队伍建设等方面的投入，同时继续维持产品销售。只要短期内销售量不出现急剧减少，企业就可以从该产品上获得更多的受益，增加现金流量。该策略会使产品的竞争力逐渐削弱而最终失去存在的价值，其适用条件是衰退产品在短期内销售量下降速度比较缓慢，然而从长期来看最终必须放弃。

（四）产品生命周期的应用

产品生命周期理论提供了一套适用的营销策划观点。它将产品在市场上的生命历程分成不同的策略时期，企业营销人员可以通过考虑销售和时间，正确分析把握产品所处的生命周期阶段，并针对各个阶段不同的特点采取行之有效的营销组合策略，尽可能延长产品的市场生命周期，以实现利润最大化。具体来说，企业在应用产品生命周期理论时应把握好以下几点：

1. 重视新产品的研制与开发

产品生命周期理论揭示出任何产品在市场上的生命运动和生物有机体一样，也有一个诞生—成长—成熟—衰亡的过程，世界上没有一个企业的产品可以在市场上长盛不衰，产品被市场所淘汰是社会经济发展、科学技术提进步和消费者需求变化的必然结果。"不创新，即死亡"，新产品的研制与开发对企业的生存竞争与发展的重要意义是至关重要的。因此，企业要做到居安思危，高度重视新产品的研制与开发，不断创新，做到"生产一代，研制一代，构思一代"，为企业可持续发展提供坚实的基础。

2. 正确把握产品生命周期的变化趋势

产品生命周期理论阐明，随着产品进入市场时间的推移，市场销售竞争态势、企业盈利状况等都会发生重大的变化，呈现出显著不同的特点。企业应该通过对市场的观察以及采用科学的方法，分析判断产品处于生命周期的哪一个阶段，推测预见产品在市场上的发展变化趋势，立足于不同阶段的特点，因势利导，实施相应的市场营销组合策略，以有效地增强产品的市场竞争力，提高企业的营销效益。更为重要的是，通过对企业现有产品生命周期不同阶段的正确推断，为新产品的开发和投放市场提供科学依据，强化新产品开发的针对性和时效性，从而提高新产品开发的成功率。

3. 尽量延长产品市场生命周期

研究产品生命周期的目的是为了尽可能地延长产品生命周期。尤其是在当今社会产品生命周期不断缩短的大趋势下，企业无法改变而只能积极地去适应。因此，企业需要通过各种营销努力，尽可能延长产品生命周期。但延长产品市场生命周期，并不是延长其生命的每一个阶段，而只是延长其中能给企业带来较大销售量和利润的两个阶段，即成长期和成熟期。开发期、引入期和衰退期不能给企业创造较多的利润，因而不仅不应延长，还应设法加以缩短。要延长产品市场生命周期，可以设法促使消费者提高使用频率，增加购买次数和购买量；对产品进行质量、特性形态改进以吸引新的购买者，使呆滞的销售量回升；开拓新市场，争取新顾客；拓展产品使用的新领域，以新用途来带动新需求。

应用产品生命周期理论时应注意以下几个问题：

（1）产品生命周期各阶段的起止点划分标准不易确认。

（2）并非所有的产品生命周期曲线都是标准的S形，还有很多特殊的产品生命周期曲线在实践中难以把握。

（3）无法确定产品生命周期曲线到底适合单一产品项目层次还是一个产品集合层次。

（4）该理论只考虑销售和时间的关系，未涉及成本及价格等其他影响销售的变数。

（5）易造成"营销近视症"，即认为产品已到衰退期而过早将仍有市场价值的好产品剔除出了产品线。

（6）产品衰退并不表示无法再生。通过采取合适的改进策略，企业可能再创产品新的生命周期。

任务二 新产品开发策划

情景案例

苹果笔记本

事件回眸：作为营销4P中的关键元素——产品，或许只有苹果能将产品营销做到"让世界震撼"。2008年的元月初，专门以"苹果"为主题的MacWorld大会召开了。继2007年在大会上推出iPhone之后，苹果再次让人们震惊——推出了世界上最薄的笔记本MacBook Air。伴着轻缓的音乐，当乔布斯从一个大大的信封里面缓缓拿出精心准备的MacBook Air时，恐怕营销界很难有人不嫉妒他的这个创意。当"超级产品"和"超级创意"结合的时候，该营销自然有了魔力般的效果。于是，像当年iPhone引领手机潮流一样，MacBook Air着实成了2008年笔记本的焦点。由于人们对产品的极度热爱，不仅用来推广此款MacBook Air笔记本的广告歌迅速流行，就连卖场上摆出来展示的装着小版、纸质MacBook Air的牛皮信封也都成了消费者的抢手货。

案例点评

任何另类的营销，如果没有产品做载体，即便是消费者叫得再好也只能说是"花拳绣腿"，关键在于企业能否研制和生产具有特点、与众不同而且价格更适当、质量更可靠的王牌产品。苹果着眼于新产品的开发，能够用创新产品掀起营销高潮，不仅是其实力的象征，更是对营销本质的一种深刻诠释。

知识体系

一、新产品的内涵

在现代市场中，企业之间的竞争不断加强，这种竞争不仅表现在价格、促销等方面，而且越来越多地从产品本身表现出来，企业要在激烈的市场竞争中站住脚，必须不断地更新产品。同时，由于生活水平的不断提高，消费者的购买需求也在日益迅速地发生变化，消费者也要求企业不断地推出新产品，以满足他们的需求。

（一）新产品的概念

概括地说，只要是产品整体概念中的任何一部分的变革或创新，并且给消费者带来新的利益、新的满足，都可被认为是一种新的产品。按照这一原则，新产品大致有以下几类：

（1）全新产品，即采用新原理、新结构、新技术、新材料制成的前所未有的新产品。譬如第一次出现的电话、飞机、盘尼西林、电子计算机等产品，都是全新产品。全新产品的发明，是同科学技术的重大突破分不开的。它们的产生一般需要经过很长时间，花费巨大的人力和物力，绝大多数企业都不易提供这样的全新产品。全新产品从进入市场到为广大消费者所接受，一般需要较长的时间。

（2）换代产品，指在原有产品的基础上，部分采用新技术、新材料制成的性能有显著提高的新产品。如普通热水瓶改成气压式热水瓶、黑白电视机改成彩色电视机等。换代产品的出现，也是伴随科学技术的进步而来的，但其发展的过程，较之全新的产品要短些，市场普及的速度和成功率也相对高些。

（3）改进新产品，指对原有产品在性能、结构、包装或款式等方面做出改进的新产品。如给纸烟加上过滤嘴，在普通牙膏中加入某种药物，在服装的尺寸比例方面做出某些调整以适应新的时尚等。这类产品与原有产品的差异不大，进入市场后亦比较容易为市场接受。但是，由于这种创新比较容易，企业之间的竞争也就更加激烈。

（4）企业新产品，指对市场已有产品仿制后加上企业自己的厂牌和商标后第一次生产的产品。这类产品对市场来说，并不是什么新产品，但是对企业来说却是以前从未曾生产和销售过的。因此，对企业来说仍然是新产品。从市场竞争和企业经营上看，在新产品的发展中，部分仿制和全面仿制是不可避免的。仿制产品，能缩短产品开发时间，降低设计成本，同时又能保证被市场接受。但由于仿制产品需要付出一定的代价购买专利，企业从中得到的收益不一定很大。

（二）新产品的特点

新产品本身所具备的特点，是它能否被消费者接受的重要条件。一般来说，一个成功的新产品，应具备以下几个特点：

（1）优越性。同老产品相比，新产品一定要为使用者带来新的利益，这种利益越多，产品就越易为消费者接受。产品只有具备了一系列的优点，才会为使用者带来新的利益。如加上过滤嘴的香烟能去除一定量的尼古丁，彩色电视机能给观看者更多色彩上的愉悦感。

（2）适应性。新产品如果同消费者的习惯及价值观念比较接近，就容易为市场所接受；反之，新产品如与消费者的习惯和观念相抵触，就难以在市场上取得成功。因为要改变人们久已形成的习惯和观念，不是短期内能办到的。如目前我国市场上中老年服装的开发就很难，这些服装之所以单调、缺少新的突破一个很重要的原因就是我国市场的中老年消费者一般比较保守持重，不习惯穿着色彩鲜艳的服装。

（3）易用性。新产品的使用方法要力求简便易学，如果与同类老产品相比，新产品的使用过于复杂，产生诸多的不便，就很难为消费者接受。目前我国市场上的一些多保险门锁就存在这个问题。另外，作为新产品，在外形和功能方面可以独具特色，但是其零部件却应力求标准化、通用化，以便消费者修理和更换，也有利于产品的普及。

（4）获利性。企业革新产品，一方面是为了满足消费需求；另一方面也是为了增加盈利，获得更大的经济效益。因此，当企业在研究创新产品时，必须注意其成本和价格既能为市场接受，又能使企业获利。当然，很多产品在开发初期，是很少盈利甚至亏损的，但在一段时间之后，这种局面就必须改变，如长期亏损，说明这是一种失败的产品，是无法在市场推广的。

（三）新产品开发的意义

开发新产品，无论对于社会还是对于企业本身，都有重要意义。

（1）开发新产品，有利于及时地适应和满足消费需求的新变化。

随着社会经济的发展，消费者的购买水平不断提高，消费需求的个性也越来越突出。消费倾向从过去的模仿消费发展成攀比消费，近年来又趋向于标新立异，新的需求在不断涌现。另外，消费需求的变化周期也越来越短。很多产品原来的几年、几十年一贯制，到现在一两年甚至几个月就发生变化。因此，企业只有不断地创新产品，才能不断地适应这种需求变动的趋势。

(2) 开发新产品，有利于企业在激烈的市场竞争中立于不败之地。

不管一个企业的市场地位多么牢固，如果不注意经常改进产品，肯定要被淘汰。在目前的市场上，企业之间的竞争，不仅表现在价格、促销手段方面，而且还大量地表现在产品设计、包装等方面。目前的消费者评价产品的标准，也不仅仅从价格方面着手，而是更注重产品本身的质量、功效及其外观。只有可以引起消费者新的兴趣的产品，才会受到他们的欢迎。

(3) 开发新产品，有利于减少企业的风险，稳定企业的利润。

一个企业可能经营许多产品，但主要盈利产品却是少数。这些产品数量不多，却为企业挣得了大部分利润。在现代市场上，产品寿命周期越来越短，一旦企业的主要获利产品进入衰退期后，企业的利润就会大受影响。因此，企业必须不断开发新产品，使自己拥有更多的拳头产品，从而降低原有产品一旦出现疲软而引起的风险。

二、新产品开发的程序

开发新产品是一项经济技术复杂、风险较大的工作。它必须在一定目标指导下有计划、有步骤地按一定程序进行，从而避免开发新产品的盲目性和风险性，提高新产品开发的实效性。

开发新产品的程序，大致经过8个阶段，即新产品创意与构思、构思方案筛选、新产品概念的形成与测试、制定营销战略、进行经济效益分析、新产品研制、市场试销、商业化投放等。

(一) 创意与构思

开发新产品首先需要有创造性构思（也称创意、设想，俗称"点子"），搜集的新产品构思越多，则从中选出最合适、最有发展希望的构思的可能性也越大。

企业能否搜集到丰富的新产品构思，不在于意外的发现和偶然的机会，关键在于企业必须有鼓励人们提建议、出点子的制度以及建立一种系统化的程序，使寻求来的任何新产品构思都能被产品开发部门所了解。

新产品构思的来源是多方面的，主要包括：

(1) 顾客。企业营销人员可以通过观察和倾听顾客的需求，分析顾客对现有产品提出的批评和建议，形成新产品构思。

(2) 竞争者。竞争产品、竞争者的成败可以为新产品构思提供借鉴，企业应博采众长，为我所用。

(3) 企业营销人员。他们密切接触市场，了解顾客需求，熟悉竞争情况，最有发言权，往往成为新产品构思的最好来源之一。

(4) 企业高级管理人员。他们所处的地位使他们最明确公司的发展方向及所需要的产品构思。

(5) 经销商。经销商掌握顾客要求和市场竞争等方面的第一手资料，也能提供市场上有关新技术、新工艺、新材料等信息，对帮助企业构思新产品往往会有很大启发。

(二) 构思方案筛选

筛选构思就是对大量的新产品构思进行评价，研究其可行性，挑出那些有创造性的、有价值的构思。一般要考虑以下因素：

（1）环境条件，即涉及市场的规模与构成、产品的竞争程度与前景、国家的政策等。

（2）企业的战略任务、发展目标和长远利益，这涉及企业的战略任务、利润目标、销售目标和形象目标等方面。

（3）企业的开发与实施能力，包括经营管理能力、人力资源、资金能力、技术能力和销售能力等方面。

筛选构思的目的是剔除那些与企业目标或资源不协调的新产品构思。

（三）新产品概念的形成与测试

新产品构思经过筛选后，需进一步发展形成更具体、明确的产品概念，这是开发新产品过程中最关键的阶段。产品概念是指已经成型的产品构思，即用文字、图像、模型等予以清晰阐述，具有确定特性的产品形象。一个产品构思可以转化为若干个产品概念。

如一家食品公司获得一个新产品构思，欲生产一种具有特殊口味的营养奶制品，该产品具有高营养价值、特殊美味、食用简单方便（只需开水冲饮）的特点。为把这个产品构思转化为鲜明的产品形象，公司从3个方面加以具体化：

（1）该产品的使用者是谁？即目标市场是婴儿、儿童、成年人还是老年人？

（2）使用者从产品中得到的主要利益是什么？（营养、美味、提神或健身等）

（3）该产品最适合在什么环境下饮用？（早餐、中餐、晚餐、饭后或临睡前等）

这样，就可以形成多个不同的产品概念，如：

概念一为"营养早餐饮品"，供想快速得到营养早餐而不必自行烹制的成年人饮用。

概念二为"美味佐餐饮品"，供儿童作为午餐点心饮用。

概念三为"健身滋补饮品"，供老年人夜间临睡前饮用。

企业要从众多新产品概念中选择出最具竞争力的最佳产品概念，就需要了解顾客的意见，进行产品概念测试。

概念测试一般采用概念说明书的方式，说明新产品的功能、特性、规格、包装、售价等，印发给部分可能的顾客，有时说明书还可附有图片或模型。要求顾客就类似如下的一些问题提出意见：

（1）你认为本饮品与一般奶制品相比有哪些特殊优点？

（2）与同类竞争产品比较，你是否偏好本产品？

（3）你认为价格多少比较合理？

（4）产品投入市场后，你是否会购买？（肯定买，可能买，可能不买，肯定不买）

（5）你是否有改良本产品的建议？

概念测试所获得的信息将使企业进一步充实产品概念，使之更适合顾客需要。概念测试视需要也可分项进行，以期获得更明确的信息。概念测试的结果一方面形成新产品的市场营销计划，包括产品的质量特性、特色款式、包装、商标、定价、销售渠道、促销措施等；另一方面可作为下一步新产品设计、研制的根据。

案例 4—6

千金养阴清肺糖浆的概念提炼

千金养阴清肺糖浆是一种用于治疗咽喉干燥疼痛、干咳少痰、无痰的药品。在功能上，并没有什么特别的地方，非常空泛，因为上述的功能表述在疾病学上并非一个病种，而行业管理规定也不容许企业在功能上面做超出范围的表述；在独特性上，全国生产该品种的企业有20多家；在竞争上，市场上的非感冒类咳嗽产品数不胜数，如蛇胆川贝液、念慈庵枇杷膏、急支糖浆、神奇止咳、克咳等品种。

我们首先从产品的自然属性上寻求产品的诉求，将产品所有的亮点罗列出来：①是源自我国清代的养肺名方；②其药材全部来自甘肃陇西的野生药材林；③产品价格适中；④国家医疗保险目录收录的品种，OTC甲类，疗效方面专家认可；⑤该组方的产品一直是我国传统的出口药品之一；⑥"千金"企业品牌在消费者心目中有一定地位。

上述这些可以成为产品的诉求吗？药品和别的产品还有一定区别的，消费者购买的目的是治疗疾病，消除病患，因此，对该产品的直接功能进行分析，是一个不可回避的诉求寻求途径。对产品针对的咳嗽市场进行深入分析发现：在医学上，可将咳嗽分为干咳和痰咳两种，并且从治疗原理上来说，对于两种咳嗽的治疗原则也不同。然而几乎所有的咳嗽药物都在向消费者传播一点：咳嗽了，就请用我的什么产品，这实际上是违背医学原则的。结合产品的功能特点，"干咳专用药物"是一个独特并且符合医学常识的诉求。

对消费心理和习惯的分析表明，患者在咳嗽实际用药过程中并没有遵循对症下药的原则，在购买咳嗽药物时并不会主动地区分自己是干咳还是痰咳，这是一种错误的消费习惯。如果消费者不意识到这是个错误的选择，那么"干咳专用药物"诉求显然不会产生销售。

为此，大家总结出：①"干咳专用药物"是一个非常独特的诉求，它直接对当前的咳嗽市场进行细分，是对整个市场游戏规则的科学挑战，在避开竞争对手强势竞争的同时又抨击了对手对消费者的错误引导；②如果患者不改变咳嗽用药的消费习惯，则该诉求没有销售力，改变的方法就是让消费者认同"不同的咳嗽用不同的药"。于是产品概念提炼为："咳嗽不同药不同，干咳就选千金养阴清肺"。

（四）制定新产品营销战略

新产品主管部门在新产品概念形成和通过测试之后，必须拟定一个把这种产品引入市场的初步市场营销规划，并在未来的发展阶段中不断完善。初拟的营销规划包括3个部分：

第一部分描述目标市场的规模、结构、消费者的购买行为；产品的市场定位以及短期的销售量、市场占有率、利润率预期等。

第二部分概述产品预期价格、分配渠道及第一年的营销预算。

第三部分阐述较长期（如5年）的销售额和投资收益率，以及不同时期的市场营销组合策略。

（五）经济效益分析

经济效益分析的其任务是在初步拟定营销规划的基础上，对新产品概念从财务上进一步判断它是否符合企业目标。这包括两个具体步骤：预测销售额和推算成本与利润。

预测新产品销售额可参照市场上类似产品的销售发展历史，并考虑各种竞争因素，分析新产品的市场地位、市场占有率，以此来推测可能的销售额。在推算销售额时，应将几种风险系数都考虑进去，可采用新产品系数法。

预测销售额除了产品系数分析法，还应考虑不同产品的再购率，即新产品是一定时期内顾客只购买一次的耐用品，还是购买频率不高的产品，或是购买频率很高的产品。不同的购买率，会使产品销售在时间上呈不同的销售曲线。

在完成一定时期内新产品销售额预测后，就可推算出该时期的产品成本和利润收益。成本预算主要指通过市场营销部门和财务部门综合预测各个时期的营销费用及各项开支，如新产品研制开发费用、销售推广费用、市场调研费用等。根据成本预测和销售额预测，企业即可以预测出各年度的销售额和净利润。审核分析该项产品的财务收益，可以采用盈亏平衡分析法、投资回收率分析法、资金利润率分析法等。

（六）新产品的研制

这一步主要是将通过效益分析即商业分析后的新产品概念交送研究开发部门或技术工艺部门研制成为产品模型或样品，同时进行包装的研制和品牌的设计。这是新产品开发的一个重要步骤。只有通过产品研制，投入资金、设备和劳动力，才能使产品概念实体化，才能发现产品概念的不足与问题，继续改进设计，也才能证明这种产品概念在技术、商业上的可行性如何。如果因技术上不过关或成本过高等而被否定，这项产品的开发过程即会终止。

应当强调，新产品研制必须使模型或样品具有产品概念所规定的特征，应进行严格的测试与检查，包括专业人员进行的功能测试和消费者测试。功能测试主要在实验室进行，测试新产品是否安全可靠、性能质量是否达到规定的标准、制造工艺是否先进合理等。消费者测试是请消费者加以试用，征集他们对产品的意见。这两种测试的目的都在于对样品做进一步的改进。

（七）市场试销

经过测试合格的样品即为正式产品，应投放到有代表性的小范围市场上进行试销，以检验新产品的市场效率，作为是否大批量生产的依据。当产品的成本很低、对新产品非常有信心、由比较简单的产品线扩展或模仿竞争者的产品时，企业可以不进行或进行很少量的试销。但是，投资很大的产品或企业对产品或营销方案信心并非很足时，就必须进行为时较长的试销。如美国利华（Lever USA）公司把它的产品"利华2000"条形肥皂向全世界推广之前，在亚特兰大试销了2年。

新产品试销前，必须对以下问题做出决策：

（1）试销地点的选择。选择试销的范围宽度，一般来说，应选择收入居于中等水平、具有代表性的地区。如果选择城市，则选择三四个比较合适。

（2）试销时间的长短。从产品特征、竞争者情况和试销费用来考虑，如果是重复购买的产品，至少要试销一两个购买周期。

（3）试销所需要的费用开支。

（4）试销的营销策略及试销成功后进一步采取的行动等。

在试销过程中，企业要注意收集有关资料：①在有竞争的情况下，新产品试销情况及销售趋势如何，同时与原定目标相比较，调整决策；②哪一类消费者购买新产品，重购反应如何；③对产品质量、品牌、包装还有哪些不满意；④新产品的试用率和重购率为多少，这两项指标是试销成功与否以及新产品正式上市的依据；⑤如果采用几种试销方案，选择比较适合的方案。

（八）商业化投放

新产品试销成功后，就可以正式批量生产，全面推向市场。这时，企业就要动用大量资

金,支付大量费用。而新产品投放市场初期往往利润微小,甚至亏损,因此,企业在此阶段应在以下诸方面慎重决策:

(1) 投放时机。企业必须分析何时是新产品推出的最佳时机,如节假日。如果新产品是用来替代本企业其他产品,那么应在原有产品库存较少的情况下投放市场;如果新产品具有较强的季节性,则应在消费旺季到来之前投放市场;如果新产品尚需改进,则应等到产品进一步完善之后再投放,切忌仓促上市。

(2) 投放地区。企业需要决定在何地投放新产品。一般情况下,应集中在某一地区市场开展广告和促销活动,拥有一定市场份额后,再向各地市场扩展。例如,江西南昌日用化工厂推出新品牌牙膏——草珊瑚高效药物牙膏,就是把上海作为首选市场,在上海打响之后,再迅速进入各大城市并成为我国20世纪80年代牙膏市场的名牌之一。而资金雄厚并拥有畅通的国内、国际销售网络的大企业则会选择迅速把新产品推向更大的市场。

(3) 目标市场。目标市场的选择可以依据试销或产品开发以来所收集的资料。最理想的目标市场应是最有潜力的消费者(用户)群,通常具备以下特征:最早采用新产品的市场;大量购买新产品的市场;该市场的购买者具有一定的传播影响力;该市场的购买者对价格比较敏感。

(4) 营销组合策略。企业要在新产品投放前制定尽可能完备的营销组合方案,新产品营销预算要合理分配到各营销组合因素中,要根据主次轻重有计划地安排各种营销活动。

我们来看看日本索尼公司在20世纪70年代末成功推出"Walkman"(随身听)的营销措施:"随身听"是索尼公司在20世纪70年代开发的新产品。该公司把新产品的推出与当时正在流行的散步和滑旱冰锻炼等健身、室外活动需要音乐结合起来,成功地进入市场。公司召开新产品发布的新闻记者招待会的场地选东京的代代木公园里,以强调"随身听"满足室外需要的功能;公司还雇用了许多青年模特,让他们佩戴"随身听",在公园里一边愉快地听音乐,一边散步或穿梭滑旱冰,既渲染了气氛,又给游人、到会记者们留下了深刻的印象;同时,把产品说明书录制成磁带,连同"随身听"一起赠送给记者和文艺、体育界知名人士,请他们当评论员和宣传员;在闹市区举办产品展览会。"Walkman"就这样顺利地进入了市场。

三、新产品开发的趋势

在现代市场竞争中,新产品开发已经成为企业的生命线。能否成功地研制开发出适销对路的新产品,直接关系到企业的生死存亡和发展壮大。综观当今世界,新产品开发的方向如下:

(1) 多能化。即要求新产品具有多种功能,做到一物多用,既可以节省消费者开支,又可以节省使用空间。例如,带有字典、信息存储、翻译、太阳能电池等功能的手表;既可洗手、洗澡、洗碗,还可供房间取暖之用的多功能热水器。

(2) 微型化、轻型化。即要求新产品体积小、重量轻、方便携带。例如,日本在20世纪70年代以后开始的"全员质量运动"中,成功地实施"轻、薄、短、小"的形象设计战略,把欧美"重、厚、长、大"之类的商品打得"只有招架之功,而无还手之力",从而使日本的汽车、家用电器、手表等产品成为国际市场的畅销品。

(3) 方便化。即要求新产品结构简单、方便使用、方便维修。这是为了适应现代忙碌的生活节奏,节省时间就是节约金钱。例如,方便食品、方便鞋;电器尽量采用插件板,一旦烧坏,更换插件板即可,维修方便。

(4)多样化、系列化。即要求新产品有多个品种规格、多个档次、多种款式,以适应不同场合、不同爱好、不同层次消费者的需要,扩大产品的覆盖面。

(5)健美化、舒适化。即要求新产品有利于身体健康,增强美感,追求舒适。例如,各种保健食品、健身器材、护肤品、防冻防晒品的出现,就是适应这一要求的。

(6)节能化。即要求新产品的使用能耗低,这对消费者、企业、社会都有益。消费者可以减少能耗开支,利于更好地安排生活;企业可以降低产品成本和售价,增强产品的市场竞争力;整个人类社会可以缓解能源紧缺状况,利于可持续发展。

(7)绿色化、环保化。即要求新产品是绿色产品,也就是无公害、低污染、符合环保要求的产品。保护环境,控制、减低甚至消除环境污染,是企业应该担负的社会责任。世界各国的企业都在积极地开发绿色产品,抢占绿色市场,如绿色食品、绿色纸尿片、环保汽车、环保电池等,绿色营销方兴未艾。

(8)休闲化。在当今工作紧张、压力倍增的情况下,空余时间追求休闲生活成为人们的选择。例如,旅游市场随着人们的收入增加,旅游者的观念发生了巨大变化,逐步从观光型向休闲度假型转变。旅游者享受大自然风光的同时,追求逍遥自在,讲究随心惬意。于是,近年来"自助游""自驾车游"成为热点。

四、新产品的市场扩散

新产品决定进入市场,企业的任务就是抓住时机进行推广,把新产品引进市场并使消费者普遍接受。新产品的市场扩散过程是指新产品在市场上取代老产品的过程,或者是指新产品逐步被广大消费者接受的过程。很明显,新产品的市场扩散强调的是企业在产品生命周期中的引入期和快速成长期的对策,其要点是根据新产品的特点和不同消费者的心理因素,以及消费者接受新产品的一般规律,有效地运用市场营销组合策略,加速新产品的市场扩散。

(一) 新产品的特征

新产品能否为市场迅速接受,取决于众多因素,但新产品所具有的特征显然是影响市场扩散程度的一个重要因素,某些产品如飞碟、呼啦圈等几乎在一夜之间就流行起来,而某些产品如柴油发动机汽车则经历了很长的时间才被消费者接受。具体来说,新产品对其本身的市场扩散具有重大影响的特征主要表现在以下几个方面:

(1)新产品的相对优点。新产品相对优点越多,即在功能性、可靠性、便利性、新颖性等方面比原有产品的优越性越大,市场接受得就越快。为此,新产品应力求具有独创性,具有新特性、新用途,尽可能多地采用新技术、新材料。

(2)新产品的适应性。新产品必须与目标市场的消费习惯以及人们的价值观相吻合。例如,个人计算机与中等阶层家庭的生活方式及价值观念高度一致,它就容易被该阶层的人群所接受。

(3)新产品的简易性。这是要求新产品设计、整体结构、使用维修、保养方法必须与目标市场的认知程度相适应。一般而言,新产品的结构和使用方法简单易懂,才有利于新产品的推广。对于消费品尤其如此。

(4)新产品的可传播性。这是指新产品的性能或优点是否容易被人们观察和描述,是否容易被说明和示范。凡信息传播较便捷、易于认知的产品，其采用速度一般比较快。例如，流行服装不用说明，即可知晓，因而流行较快；反之，某些除草药剂，因不能即时看到效果如何，市场扩散就会比较慢。

新产品的上述特征往往并不能一目了然地为消费者所察觉。为此，企业应当认真做好各种促销工作。

（二）消费者接受新产品的过程

人们对新产品的接受过程，客观上存在着一定的规律性。早在20世纪30年代，美国市场营销学者罗吉斯就对人们接受新产品的程序做过大量调查，总结归纳出消费者接受新产品的过程一般分为以下5个重要阶段：

（1）知晓。这是个人获得新产品信息的初始阶段。新产品信息情报的主要来源是广告，或者通过其他间接的渠道获得，如商品说明书、技术资料、别人的议论等。很明显，人们在此阶段所获得的信息还不够系统，只是一般性的了解。

（2）兴趣。是指消费者不仅认识了新产品，并且产生了兴趣。这时，他会积极地寻找有关资料，并进行对比分析，研究新产品的具体功能、用途、使用等问题。如果对这些方面均较满意，将会产生初步的购买动机。

（3）评价。这一阶段消费者主要权衡采用新产品的边际价值。比如，采用新产品可获得利益和可能承担风险的比较，经过比较分析形成明确认识，从而对新产品的价值做出判断。

（4）试用。是指消费者开始小规模地试用创新产品。通过试用，消费者开始正式评价自己对新产品的认识及购买决策的正确性如何。满意者，将会重复购买；不满意者，将会放弃此产品。

（5）接受。消费者通过试用，收到了理想的使用效果，就会放弃原有的产品形式，完全接受新产品，并开始正式购买和重复购买。对于新产品的营销者，就应考虑如何让消费者顺利地通过知晓、兴趣、评价、试用阶段，最后接受新产品。有时，消费者接受过程中产生障碍时，企业就应及时地采取必要的措施。例如，某电子洗碗机生产商发现许多消费者滞留在兴趣阶段，主要因购置洗碗机需大量投资而犹豫不决，不愿意进入试用阶段。若采用每月支付少量费用的办法，这些消费者就会愿意试用电子洗碗机。所以生产商应当提出一项适宜的试用计划，让消费者做出接受的决定。

（三）新产品的扩散规律

在实际生活中，不同消费者对新产品的反映有很大的差异。由于社会地位、消费心理、收入水平、个人性格等多种因素的影响和制约，消费者按上述模式接受新产品的过程，并不是同时进行的，而是有先有后，即不同消费者的知晓、兴趣、评价、试用到接受都是有先有后的，这就是新产品的市场扩散过程。

新产品在同一目标市场的扩散规律是：开始仅被极少数消费者接受，然后逐步再被多数消费者接受。在时间坐标上，不同类型的消费者接受的时间顺序是：逐新者—早期采用者—中期消费群—晚期消费群—落伍者消费群。

（1）逐新者。任何新产品都是极少数逐新者率先采用，这是一些敢于冒险的少数人，他们对新鲜事物有浓厚的兴趣，所以新产品一上市，他们就会积极购买和使用。这部分人只占全部采用者的2.5%。当逐新者感到新产品效果好时，他们的宣传就会使新产品被一批早期采用者接受。

（2）早期采用者。早期采用者往往是某些领域中的舆论领袖，他们总是在很多事情上有领先的想法。他们很容易接受逐新者的影响，往往在新产品的引入期和成长期内采用新产品。这批人约占全部采用者的 13.5%。

（3）中期消费群。新产品经过早期采用者的使用，被他们认可后，他们的宣传会影响到一大批能顺应社会潮流但又比较慎重的"追求时尚者"，即中期消费群。这部分人约占全部采用者的 34%。

（4）晚期消费群。新产品被中期消费群采用后，新产品的目标市场接受率已达到 50% 左右，这时新产品已开始影响一批多疑型消费者，即晚期消费群。这批人的特点是：他们从不主动采用或接受新产品，一定要到多数人都使用并且反映良好时才行动。这部分人约占全部采用者的 34%。

（5）落伍者消费群。新产品已被绝大多数人采用，逐步变为市场上的老产品。这时部分落伍者消费群才顺应社会潮流而采用这种产品。这部分人约占全部采用者的 16%。

上述新产品被消费者采用的过程和新产品的市场扩散过程表明，要使新产品尽快地被消费者接受、采用而达到市场扩散，并有较高的接受率；或者要使新产品的引入期缩短，尽快进入增长期；或者要使新产品消除进入市场后的种种障碍，就必须在新产品的研究开发中采取一系列措施，既包括有关产品本身的措施，还包括有关包装、商标、说明书、广告、销售渠道、服务等方面的措施，以有利于加速消费者接受新产品。

任务三　品牌与包装策划

情景案例

闪闪的红星：红星酿酒集团改换商标

1996 年 4 月底，北京市场上突然出现一批改头换面的二锅头酒，其商标上赫然出现"红星"两字，这一迹象让二锅头的老主顾们不禁一愣：这酒是不是仿冒的？

一周之后，人们从报纸广告中获悉，北京红星酿酒集团生产的二锅头酒改换商标，在二锅头前加注"红星"两字。

为什么几代人创下的著名商标一夜之间改了模样？据红星集团酒业公司经理张金刚称，此举出于无奈，由于二锅头不能注册商标，不受商标法保护，因此谁都能够使用。而近年来，全国涌现出 20 多家二锅头酒厂，致使正宗鼻祖的红星牌二锅头受到严重威胁。

事实正是如此，尽管红星二锅头如今不仅雄踞街头小店，而且跳上豪华酒店的餐桌。然而，在许多消费者心目中，只知二锅头好喝不上头，而不管是否"红星"牌。

红星二锅头何以混迹俗流，此中有一个过程。红星酿酒集团的前身是北京酿酒总厂，它诞生于新中国成立的前夜。因为红星是红色政权的一个象征，所以其品牌标志选择了"红星"。二锅头酒是中国酿酒史上第一个以酿酒工艺命名的白酒，因其生产的酒在蒸酒时掐头去尾留中段，因此俗称"二锅头"。

1983 年以前，"红星"牌二锅头是全部商标注册，不仅"红星"牌，包括二锅头均为独家使用，甚至商标上的红、白、蓝 3 种颜色也受法律保护。但此后国家商标局规定，除国家一类名酒中的"五粮液"可以用工艺命名而注册商标，红星二锅头则不能全标注册，只有"红星"牌受到保护。

在"二锅头"可以通用后，红星人并没有抓紧时机突出"红星"的品牌，而是采取了另外一种战略，集中力量抓产品质量和市场覆盖率，他们抱定"酒香还怕巷子深"的古老哲理。"红星"二锅头一直是价廉利薄的产品，而且是我国统计物价指数的指定商品之一，价格受到严格管制。20世纪60—80年代，20多年价格只涨了0.2元。因此到20世纪80年代中期，"红星"二锅头几近亏损。但即使在濒临亏损的艰难岁月，他们也没想用偷工减料渡过难关，而是以一贯品质扎根于百姓心中。

在赢得"便宜有好货"声誉的同时，红星集团以每年18%的年递增速度，迅速扩大生产规模，到1995年，销量达6万吨。在国家统计局白酒市场占有率的调查中，"红星"二锅头名列前茅，在北京市场的覆盖率已达7成。

追求价廉物美和市场覆盖率，为"红星"二锅头的品牌打下坚实的基础。但有谁能知，红星酿酒集团所做的第一个广告竟是在1993年。由此上溯，从1949年式创牌算起，44年间"红星"二锅头没花过一笔广告费。不仅如此，在产品出口时所用的品牌也不是"红星"牌，而是外贸公司的"丰收"牌、"鹿头"牌。

忽略"红星"品牌的宣传留下一串后患，正如现任集团总经理张庆水所说："综观前几十年，'红星'二锅头不是靠广告打出的知名度，而是老百姓用舌头品出来的，又经老百姓的嘴传出去的。但在开创了一个市场后，未注意突出本厂品牌，客观上造成二锅头比'红星'牌的名气还大。尤其是冒出众多二锅头酒厂后，致使鱼龙混杂，'红星'二锅头险被淹没。"

据了解，在"文革"后期，当时的红星酿酒总厂派生出若干子系统。后来这些二锅头酒厂各自独立，成为今天的竞争对手。从20世纪80年代中期开始，全国各地又涌现出一批旁门左道的二锅头酒厂，使二锅头家族空前兴旺，仅北京地区就有17个生产厂家。

时至20世纪80年代末，在外地人或外国人的眼里，登长城、吃烤鸭、喝二锅头是北京文化的三大特征。同时，伴随南北人口的大流动，二锅头凭借人们的口碑，走遍全国。正因如此，不仅有血缘关系的几个酒厂之间的竞争加剧，那些非亲非故的二锅头也直逼红星集团。更要命的是，由于"红星"二锅头不能全部注册，所以大家的商标基本相似，甚至有的厂家在品牌上机关算尽，取名"江星"以乱"红星"。

在逼人的形势下，为了正本清源，红星集团从20世纪90年代初开始调整品牌战略。酒业公司经理张金刚说，我们的核心是将产品、企业、商标三位一体化。

到1995年，这一战略已完成4个步骤：1991年将北京酿酒总厂更名为红星酿酒集团；在每个地区确立一两个定点经销商，以集中统销解决多头对外，确保"红星"二锅头的正宗渠道；1994年推出38度新品种时取名"红星御酒"，使之成为主打品牌的第一种酒；1995年为宣传"红星"品牌投入广告费800万元。

在1997年的春季糖酒交易会上，红星集团耗资50万元租用的55平方米展台上面布满闪闪的红星。更绝的是，在整个春交会上不订货。张金刚说，我们就是制造一个悬念，以突出"红星"这个品牌。

紧接着，1996年4月，红星集团又冒着巨大的市场风险，将其商标改头换面，使"红星"两字尤为醒目。据悉，因改标所花的广告费已逾百万。

红星集团不惜财力主打"红星"品牌,既是为昨天付出的必然代价,也是为了明天一个更长远的目标:让"红星"照耀"二锅头",让"红星"闪耀在全中国。

案例点评

好的企业不能没有自己的品牌,好的产品也不能没有自己的商标。品牌战略在企业市场营销中占有十分重要的地位,发挥着巨大的作用。商家应高度重视企业的品牌战略,千方百计地让顾客认识自己的品牌,认同自己的品牌,认准自己的品牌。红星集团为何不惜财力、物力改注商标呢?因为注册了真正属于自己企业的商标,其一可提供竞争中的保护,其二可吸引忠实于品牌的消费者,其三有助于企业细分市场。小小一举,利莫大焉,何乐而不为呢?拥有一个成功的品牌对企业来说,是迅速占领市场、获得市场,得到消费者认可的重要手段。但是,如何为企业、为企业的产品起一个恰当的名称,并能够以此带动企业、推动企业的发展,则需市场营销人员根据营销环境和消费者的购买行为,制定相应的品牌策略。

知识体系

一、品牌策划

(一) 品牌的概念

品牌是指产品的一种名称、标记、符号、设计图案或是它们的组合运用,以据此辨认某个企业的产品或服务,使之同竞争对手的产品或服务区别开来的营销手段。品牌由品牌名称和品牌标记组成。品牌名称是品牌中能用语言称呼的部分,如"金星"(钢笔)、"长虹"(彩电)、"永久"(自行车)等,它主要产生听觉效果。品牌标记则是品牌中用以识别但不可念出声来的另一部分,可以是符号、图案、色彩或字母,如"奥迪"小轿车的4个圆环,"苹果"牛仔裤的双重叠苹果,"花花公子"的兔子图形。品牌在政府有关部门注册登记后即受法律保护并享有专用权,称为商标。品牌是一般的商业用语,商标则是法律性用语。中国商标制度实行"自愿注册原则"和"申请在先原则",未注册的品牌不受法律保护。

根据营销学者菲力普·卡特勒所下的定义,品牌就是一个名字、称谓、符号或设计,或者是上述的总和,其目的是要使自己的产品或服务有别于竞争者。一般而言,这种说法并没有错,但随着生产技术及营销渠道的演进,消费者有了更多的产品可供选择,在这种情况下,如何突出自己的产品便成为供应商最大的挑战,而如何设计出一套具有现代感的商标,已远比强化产品的异质性更重要。当今成功品牌讲求的是个性,就像电影明星、运动偶像或虚构出来的英雄一样,可口可乐、柯达、IBM和唐老鸭都一样的出名。换言之,品牌是用以辨别不同企业、不同产品的文学、图形或文字的有机结合,它包括品牌名称、品牌标志和商标。所有的品牌名称、品牌标志和商标,都是品牌或品牌的一部分。

商标与品牌既有密切联系又有所区别。严格地讲,商标是品牌中的标志和名称部分,品牌只有经过注册以后才能成为商标;商标是一个法律名词,而品牌是一种商业称谓;品牌是企业或者产品的综合象征,它的含义远远要比商标丰富和深远。

(二) 品牌的内涵

品牌的要点,是销售者向购买者长期提供的一组特定的特点、利益和服务。最好的品牌传达了质量的保证。然而,品牌还是一个更为复杂的符号标志。一个品牌能表达出以下6层意思：

(1) 属性。一个品牌首先给人带来特定的属性。例如，梅塞德斯汽车品牌表现出昂贵、制造优良、工艺精良、耐用、高声誉。

(2) 利益。属性需要转换成功能和情感利益。属性"耐用"可以转化为功能利益："我可以几年不买车了"。属性"昂贵"可以转换成情感利益："这辆车帮助我体现了重要性和令人羡慕"。

(3) 价值。品牌还体现了制造商的某些价值感。梅塞德斯体现了高性能、安全和威信。

(4) 文化。品牌可能象征了一定的文化。梅塞德斯意味着德国文化，即有组织、有效率、高品质。

(5) 个性。品牌代表了一定的个性。梅塞德斯可以使人想起一位无聊的老板（人），一头有权势的狮子（动物），或一座质朴的宫殿（标的物）。

(6) 使用者。品牌还体现了购买或使用这种产品的是哪一种消费者。我们期望看到的是一位55岁的高级经理坐在梅塞德斯车的后座上，而非一位20岁的女秘书。

如果一家公司把品牌仅看作是一个名字，它就忽视了品牌内容的关键点。品牌的挑战是要深入开发一组正面联系品牌的内涵。营销者必须决定对品牌的认知如何锁定。错误之一是只促销品牌的属性。首先，消费者感兴趣的是品牌利益而不是属性。其次，竞争者会很容易地复制这些属性。最后，当前的品牌属性在将来可能毫无价值。

仅宣传这个品牌的一个优势具有很大风险。假定梅塞德斯吹捧它的主优势是"高性能"，再假定几个竞争品牌体现了同样高或更高的性能，或假定汽车购买者开始认为高性能不如其他优势重要。因此，梅塞德斯需要有更大自由度来调整新的优势定位。

一个品牌最持久的含义应是它的价值、文化和个性，它们确定了品牌的基础。梅塞德斯表示了高技术、绩效、成功，这就是梅塞德斯必须采用的品牌战略。如果梅塞德斯的名字在市场廉价销售，这就是错误，因为这冲淡了梅塞德斯多年来所建立的价值观和个性。

（三）品牌的作用

品牌的设计、使用、维护会给品牌使用者带来一定的成本，消费者要购买有品牌的产品，往往也会付出较多的成本，可是仍然有很多企业着力塑造与维护品牌，有一定经济实力的消费者也愿意选择品牌产品，这说明品牌对企业和消费者都会产生一定的影响。

(1) 有利于消费者指认产品。一个产品会有很多属性，但消费者一般都是通过品牌来归纳这些属性的。当消费者需要这些属性时，他就会直接指认要购买××品牌的产品。

(2) 有利于保护企业的利益。品牌经注册变成商标后，产品的独特性就会受到法律的保护，不受竞争对手的仿制侵犯。

(3) 有利于保持老客户。消费者一旦对某种产品的属性产生偏好以后，就会形成"品牌忠诚"现象，即在相当长的时间内保持对这一品牌的购买选择。

(4) 有利于企业实行市场细分化战略。企业可以通过多品牌策略，对不同目标市场的产品实行不同的品牌，从而有利于实行市场细分化的运作。

(5) 有利于树立企业形象。品牌总是与企业形象联系在一起的，良好的品牌有利于使消费者对企业产生好感，当品牌与公司名称一起出现在包装上时，宣传品牌的同时也宣传了企业本身。

(四) 品牌策略

品牌决策是产品策划的一个重要组成部分，做大、做强一个品牌绝不是一项简单的活动，而是一个完整的品牌运营过程。

企业在运用品牌策略时，有3种可供选择的决策，即是否使用品牌；使用企业自己的品牌，还是使用中间商的品牌？采用统一的品牌，还是区别不同产品采用不同品牌？

1. 品牌化决策

品牌化是有关品牌的第一个决策，即决定该产品是否需要品牌。

（1）使用品牌。大多数企业采用品牌是为了实施名牌战略，其在市场营销中有以下作用：

①就产品而言，品牌是"整体产品"的一部分，它有助于在市场上树立产品形象，并成为新产品上市和推广的主要媒介。

②就价格而言，通过品牌建立较高的知名度、美誉度，有利于制定较高价格。品牌是产品差别化的重要手段，著名品牌不仅比无品牌产品价高利大，而且价格弹性小（如牛仔裤的价格）。

③就分销而言，由于品牌具有辨认作用，一方面，著名品牌更容易渗透和进入各种销售渠道；另一方面，企业也便于处理订货、办理运输和仓储业务。

④就促销而言，品牌是制作各种促销信息的基础，无品牌的产品，就像一个无名无姓的人，别人难以称呼，有关它的一切也不便流传。

（2）不使用品牌。并不是所有的产品都必须使用品牌，一般在以下情况下，企业多考虑不用品牌：

①同性质的产品，如电力、煤炭、钢材、水泥等，只要品种、规格相同，产品不会因为生产者不同而出现差别。

②人们不习惯认牌购买的产品，如食盐、食糖、食用油、大多数农副产品、原材料和零部件等；生产简单，无一定技术标准的产品，如小农具等。

临时性或一次性生产的产品，可以使用品牌或不使用品牌。目前，市场上的大部分产品都采用品牌，有的产品，国家法律规定，若未使用品牌就不能上市。但是，也有一些产品由于生产过程的普遍性，在制造加工过程中不可能形成一定的特性，不易同其他企业生产的同类产品相区别，例如电力，任何方式发出的电总是相同的，这就不需要采用品牌。另外，有的产品在生产过程中，企业无法保证其生产的所有产品都具有相同的质量，例如蔬菜、矿石等，因而国内一般也不使用品牌。

但是，对于大多数企业，只要有可能，总是希望为自己的产品设计品牌。目前在国外，即便是水果、食盐、食糖、煤油等产品也普遍地开始使用品牌。使用品牌，可以为企业带来很多利益：①使产品容易辨认；②经注册的商标可以防止别人仿制，受到法律保护；③可以暗示产品质量的优良，使消费者经常重复购买。

2. 品牌归属决策

当企业决定自己的产品需要品牌后，还要进一步决定这一品牌由谁负责、归谁所有的问题，即品牌归属决策。对此，生产者有3种选择：

（1）使用生产者品牌。即使用自己的牌号来推销产品。生产者使用自己的品牌，虽然要花费一定的费用，但可以获得品牌带来的全部利益，享有盛誉的生产者将自己的品牌借给他人使用，可以获得一定的特许使用费，其销量迅速上升。如美国清教徒时装公司在 20 世纪 70 年代初，生产 40 多种低价服装销路不畅。后来这家公司的牛仔裤类使用了卡尔·温克雷因设计师的品牌，并按销售额支付 15% 的特许使用费，其销量迅速上升，牛仔裤的税前利润达 13%。

（2）使用中间商品牌。在市场上，一方面，资金能力薄弱、市场经验不足的企业，为集中力量更有效运用其生产资源与设备能力，宁可采用中间商品牌；另一方面，由于消费者对所需的产品都不是内行，不一定有充分的选购知识，所以消费者除了以生产者品牌作为选购的依据，还常依据中间商品牌。例如，著名的零售企业西尔斯公司已创立了若干品牌，90% 以上的产品都用自己的品牌。但中间商设立自己的品牌会带来以下问题：

①必须花费较多的费用，以推广其品牌；

②中间商本身不从事生产，必须向厂家大量订货，这就使大量资金积压。

③中间商还要承担各种风险，消费者对某一种中间品牌的产品不满，往往影响其他品牌的销售。

但使用中间商品牌也有有利方面：

①中间商有了自己的品牌不仅可控制定价，而且在某种程度上可控制生产者；

②中间商可以找一些无力创立品牌或不愿自设品牌的厂家，以及一些生产能力过剩的厂家，使其使用中间商的品牌制造产品。由于减少了一些不必要的费用，中间商不仅可以降低售价，提高竞争能力，还能保证得到较高利润。

（3）混合品牌。采用这种做法有 3 种方式：

①生产者在部分产品上使用自己的品牌，部分产品使用中间商品牌。这样，既能保持企业的特色，又能扩大销路。

②为了进入新市场，生产者使用中间商的品牌，取得一定市场地位后再使用自己的品牌。

③两种品牌并用。

3. 品牌数量决策

（1）使用同一品牌。这种做法是企业的各种产品，使用相同的品牌推向市场。同一品牌使推广新产品的成本降低，不必为创造品牌的接受性与偏爱性而支付昂贵的广告费用，可以降低营销费用。但是，使用统一品牌，必须保证各种产品在质量、产品形象上一致。差别过大，容易混淆品牌形象。如一家食品企业，在同一品牌下既生产糕点，又生产宠物食品，就不利于品牌形象的统一。使用统一品牌营销风险大，在同一品牌下，某一个或某几个产品项目出现问题，会波及其他产品项目。

（2）使用个别的同一品牌。在产品组合中，对产品项目依据不同的标准分类，分别使用不同的品牌。通常有两种做法：按产品系列分类，如健力宝集团，饮料类用"健力宝"，服装类用"李宁"；按产品质量等级分类，如美国 A&P 茶叶公司，一等品用"Annpage"，二等品用"Sultan"，三等品用"Iana"。

（3）使用统一的个别品牌。这种方法通常将个别品牌与企业的名称标记联用。这样，在产品的个别品牌前冠以企业统一品牌，可以使新产品正统化，享受企业已有的声誉；在企业统一品牌后面跟上产品的个别品牌，又能使新产品个性化。例如，美国通用汽车（GM）公司生产的各种小轿车，既有各自的个别品牌，如"卡迪拉克（Cadillac）""别克（Buick）"

"雪佛莱（Chevrolet）"，前面又加 GM 两个字，以示系通用公司产品。

4. 使用统一的品牌或不同产品使用不同的品牌

（1）不同产品使用不同的品牌，即同一个企业的不同产品，分别采用不同的品牌。这种方法便于企业扩充不同档次的产品，适应不同层次的消费需求。同时又避免把企业的声誉维系于一种品牌上，从而分散了市场的风险。各种产品分别采取不同品牌，还可以刺激企业内部的竞争；此外，这种方法还可以扩大企业的产品阵容，提高企业的声誉。

（2）使用统一的品牌，即企业对其所经营的全部产品都采用同一种品牌。这种策略可节省企业的促销费用，同时又有利于集中广告效果。另外，这种策略有利于企业利用原有产品的声誉，扩充本企业的产品系列，为新产品顺利地进入市场创造有利的条件。

（3）同一产品采用不同品牌，即企业对其所经营的同一种产品，在不同的市场采用不同的品牌。这种策略可以针对不同国家、不同民族、不同宗教信仰的地区，采用不同的色彩、图案、文字的商标，从而适应不同市场的消费习惯，避免由于品牌不当而引起的市场抵触。

案例 4-7

娃哈哈的品牌延伸

（一）蹒跚起步

1987 年，宗庆后带领两位年老体弱的退休教师靠借款 14 万元在杭州办起了一家只有十几平方米，以经营纸张铅笔等文具为主要业务的校办企业经销部，这就是今日享誉大江南北的娃哈哈集团公司的前身。

20 世纪 80 年代后期，正值改革开放大潮席卷整个中国，人民生活水平普遍提高，人们对物质生活的要求也不断提高。人们要吃饱，更要吃好。于是，各种营养滋补品应运而生。然而市面上五花八门、名目繁多的营养品中唯独缺少一种专门供儿童用的营养液。而这些老少皆宜全能型产品普遍含有较高的性激素的报道不断见诸报端，使家长们避之不及。

通过调查发现，在被调查的 3 000 多名小学生中，有 1 336 名患有不同程度的营养不良症，缺铁、缺锌、缺钙等营养成分的有 44.4%，主要原因是由于独生子女受溺爱，挑食、偏食、营养不全以致身体素质下降。中国有 4 亿多儿童，由于历史原因，20 世纪 60 年代的生育高峰必将导致 20 世纪 90 年代又一次生育高峰，儿童人数有增无减，目标市场广阔，潜力极大。

打棒球要对准没人的地方打，企业也可以对准被竞争者忽视的市场部分，把产品之球打出去。娃哈哈的创办人宗庆后瞅准了这个市场空档，着手开发儿童营养液。他请来了当时唯一设有营养系的浙江医科大学的教授，运用中国传统食疗理论，结合现代营养学合理营养原则，同时邀请有名望的营养学家进行反复论证，进行大量动物和人体试验，取得一系列宝贵数据，推出了中国第一支儿童营养液——娃哈哈儿童营养液。

娃哈哈儿童营养液营养成分齐全，不含性激素，味道可口，更突出的是它切中了独生子女们挑食厌食以致营养不良的要害，解决了令家长们头疼不已的问题。为了广泛宣传这一诉求点，从 1988 年起，娃哈哈每晚必在新闻联播前的黄金时间推出广告：活泼健康的孩子蹦蹦跳跳地摇着营养液："喝了娃哈哈，吃饭就是香。"数年如一日的地毯式轰炸把娃哈哈送入了千家万户，当年就获利 38 万元。

娃哈哈凭借成功的产品，附以有效的广告宣传，提出了打动人心的独特销售主张，将特别的爱奉献给特别的目标市场，取得了巨大的成功，并为日后的进一步发展奠定了坚实的基础。

娃哈哈儿童营养液在巩固儿童市场的同时，向其他市场发起了进攻。娃哈哈集团将银耳燕窝营养八宝粥推向中老年市场，广告诉求也从"妈妈我要喝"转变为"送给你的丈母娘"，暗示着娃哈哈推出的产品不仅针对儿童，而且适合成年人。

娃哈哈公司 1992 年开发出果奶系列产品，此前，乐百氏的乳酸奶早已上市，并成为乳酸奶市场第一品牌。娃哈哈运用"给消费者以实惠"的方式，在杭州市首先推出跟进性产品——"甜甜的，酸酸的"果奶，加入乳酸奶市场竞争队伍。以后随产品结构的调整，经营重心逐渐转移到果奶上以至完全取代儿童营养液，成为企业当家产品，在果奶市场上升为全国第二位，与乐百氏形成势均力敌的竞争态势。

1995 年，在全国乳酸奶市场趋于饱和的情况下，娃哈哈推出了市场前景看好的新产品——纯净水。1996 年，偶像歌星景岗山一曲"我的眼里只有你"，使人们从他的眼中看见了钟情的娃哈哈纯净水。1998 年，毛宁在全国巡回演唱"心中只有你"，以其健康的新形象感染了消费者。1999 年，"健康，纯净，爱你，爱他"的王力宏，微笑着展示娃哈哈纯净水，吟唱着"爱你就等于爱自己"。几乎无人可以抵挡他们的魅力，几乎无人可以抗拒娃哈哈的吸引力。至此，娃哈哈在瓶装水市场技压群芳，与乐百氏、养生堂三分天下。

1997 年娃哈哈推出由国际营养学院推荐，为维护健康和营养平衡，更有利于钙质吸收的新产品——AD 钙奶。后又推出 200mL 大容量、低价格的 AD 钙奶，由于消费者得到了经济上的实惠而十分畅销。

而后，娃哈哈又推出了非常可乐。

所有这些新产品都举着"娃哈哈"这一知名品牌打入市场。

（二）阔步前行

1997 年，娃哈哈总销售额超过 20 亿元，纯净水超过 5 亿元，八宝粥超过 1 亿元。1998 年，娃哈哈矿泉水市场占有率 20.8%，乳酸饮料 18%。其无形资产估价达 22.48 亿元。

1998 年，娃哈哈的产量、利润利税、资产均居饮料业第一位，成为中国最大的食品饮料工业企业。1999 年被国家商标局认定为"中国驰名商标"，1999 年 11 月经国务院批准成为国家重点企业。

2002 年 4 月，娃哈哈迈出了跨行业发展的第一步，进军童装市场，开始了新的征程。

二、包装策划

正如俗语所说："佛要金装，人要衣装。"商品也需要包装，再好的商品，也可能因为包装不适而卖不出好价钱。据有关统计，产品竞争力的 30% 来自包装。而随着人们生活水平的提高，对精神享受的要求也日益增长，在激烈的市场竞争中，包装对于顾客选择商品的影响越来越明显。包装是商品的"无声推销员"，其作用除了保护商品之外，还有助于商品的美化和宣传，激发消费者的购买欲望，增强商品在市场上的竞争力。

（一）产品包装及其作用

产品包装是指产品的盛器或外部包扎物。包装的材料有纸、木、金属、草编制品、塑料、玻璃等。近年来，随着包装材料工业的技术进步，包装材料的种类越来越多。包装不仅指与产品直接接触的各种销售包装,而且还有外部包装,即运输包装。包装按其在流通过程中作用的不同,可分为运输包装和销售包装。运输包装又称外包装或大包装,是指为了适应储存、搬运过程的需要所进行的包装,主要有箱、袋、包、桶、坛、罐等包装方式。销售包装又称内包装或小包装,是指为了消费者携带、使用、美化和宣传产品的包装。这类包装不仅能保护产品,而且能更好地美化和宣传产品,吸引消费者,方便消费者。

包装在企业营销过程中,具有重要的作用:

(1) 保护产品的使用价值。绝大多数产品在进入消费过程之前,都有防碰、防湿、防火、防虫蛀霉烂的要求。这就需要对产品进行一定的包装,从而防止它们残损变质。良好的产品包装,不仅有利于向消费者提供优质的产品,同时又能减少企业的经济损失。

(2) 便利产品的运输和储存。很多产品的外形呈液态、气态或粉状,没有固定的形状,即使是某些固态产品,由于形态比较特殊,如不加以包装就无法运输。此外,很多产品易碎、易燃、有毒,如不严加包装,势必引起意外事故或污染环境。良好的包装也有助于便利运输和加快交货时间,能防盗防窃。

(3) 有利于促进销售。良好的包装在产品销售过程中有积极的促销作用。它能改进产品的外观,提高消费者的视觉兴趣,同时又能方便消费者的购买。良好的产品包装,还能起到广告的作用,而且这种包装广告能随消费者一起进入家庭,向更多的人宣传。

(4) 增加企业的盈利。良好的包装,能增加产品的身价,满足消费者的某种心理要求,使消费者乐于按较高的价格购买产品,从而增加企业的利润。此外,包装材料本身也包含着一部分利润,为企业增加收入。

(二) 产品包装策略

产品包装在市场营销中是一个强有力的竞争武器,良好的包装只有同科学的包装决策结合起来才能发挥其应有的作用,因此企业必须选择适当的包装策略。可供企业选择的包装策略有以下几种:

1. 类似包装策略

是指企业所生产经营的各种产品在包装上采用相同的图案、色彩或其他共有特征,从而使整个包装外形相类似,使公众容易认识到这是同一家企业生产的产品。

这种策略的主要优点是:①便于宣传和塑造企业产品形象,节省包装设计成本和促销费用。②能增强企业声势,提高企业声誉。一系列格调统一的产品包装势必会使消费者受到反复的视觉冲击而形成深刻的印象。③有利于推出新产品,通过类似包装可以利用企业已有声誉,使新产品能够迅速在市场上占有一席之地,即借助已成功的产品带动其他产品。

类似包装策略适用于质量水平档次类同的商品,不适于质量等级相差悬殊的商品,否则,会对高档优质产品产生不利影响,并危及企业声誉。其弊端还在于,如果某一个或几个商品出了问题,会对其他商品带来不利的影响。

2. 分类包装策略

是指企业依据产品的不同档次、用途、营销对象等采用不同的包装。比如把高档、中档、低档产品区别开来,对高档商品配以名贵精致的包装,使包装与其商品的品质相适应;对儿童使用的商品可配以色彩和卡通形象等来增强吸引力。

3. 配套包装策略

配套包装又称多种包装、综合包装,是指企业把相互关联的多种商品,置入同一个包装容器之内一起出售,比如工具配套箱、家庭用各式药箱、百宝箱、化妆盒等。但要注意,在同一个包装物内必须是关联商品,如牙膏和牙刷组合包装、一组化妆品组合包装等。

这种策略为消费者购买、携带、使用和保管提供了方便,又利于企业带动多种产品的销售,尤其有利于新产品的推销。

4. 再利用包装策略

再利用包装又称多用途包装,是指在包装容器内的商品使用完毕后,其包装并未作废,还可继续利用,可用于购买原来的产品,也可用作其他用途。比如啤酒瓶可再利用,饼干盒、糖果盒可用来装文具杂物,药瓶可作水杯用,塑料袋可作手提包用等。

这种策略增加了包装物的用途,刺激了消费者的消费欲望,扩大了商品销售,同时带有企业标志的包装物在被使用过程中可起到广告载体的作用。

这种商品的包装不仅与商品的身价相适应,有的还是可作为艺术品收藏。

5. 附赠品包装策略

附赠品包装策略是目前国际市场上比较流行的包装策略,在我国市场上现在运用也很广泛。这种策略是指企业在某商品的包装容器中附加一些赠品,以吸引购买的兴趣,诱发重复购买。比如儿童食品的包装中附赠玩具、连环画、卡通图片等,化妆品包装中附有美容赠券等。有些商品包装内附有奖券,中奖后可获得奖品;如果是用累积获奖的方式效果更明显。

6. 更新包装策略

是指企业为克服现有包装的缺点,适应市场需求,而采用新的包装材料、包装技术、包装形式的策略。

在现代市场营销中,商品的改进也包括商品包装的改进,这对商品的销售起着重要作用。有的商品与同类商品的内在质量近似,但销路却不畅,可能就是因为包装设计不受欢迎,此时应考虑变换包装。

推出富有新意的包装,可能会创造出优良的销售业绩。如把饮料的瓶装改为易拉罐装,把普通纸的包装改为锡纸包装、采用真空包装等。

7. 容量不同的包装策略

是指根据商品的性质、消费者的使用习惯,设计不同形式、不同重量、不同体积的包装,使商品的包装能够适应消费者的习惯,给消费者带来方便,刺激消费者的购买。比如以前四川人在销售其"拳头"产品——榨菜时,一开始是用大坛子、大篓子将其卖给上海人;精明的上海人将榨菜倒装在小坛子后,出口日本;在销路不好的情况下,日本商人又将从上海进口的榨菜原封不动地卖给了香港商人;而爱动脑子、富于创新精神的香港商人,以块、片、丝的形式分成真空小袋包装后,再返销日本。从榨菜的"旅行"过程中,各方商人都赚了钱,但是靠包装赚"大钱"的还是香港商人。而今四川榨菜的包装已今非昔比,大有改观,极大地刺激了市场需求,企业的利润也大幅增长。

(三)产品包装说明

产品的包装说明是包装的重要组成部分,它在宣传产品功效、争取消费者了解、指导正确消费方面有重大作用。

1. 包装标签

包装标签是指附着或系挂在产品销售包装上的文字、图形、雕刻及印制的说明。标签可以是附着在产品上的简易签条,也可以是精心设计的作为包装的一部分的图案。标签可能仅标有品名，也可能载有许多信息，能用来识别、检验内装产品，同时也可以起到促销作用。

通常，产品标签内容主要包括：制造者或销售者的名称和地址、产品名称、商标、成分、品质特点、包装内产品数量、使用方法及用量、编号、储存应注意的事项、质检号、生产日期和有效期等内容。值得提及的是，印有彩色图案或实物照片的标签有明显的促销功效。

2. 包装标志

是在运输包装的外部印制的图形、文字和数字以及它们的组合。包装标志主要有运输标志、指示性标志、警告性标志3种。运输标志又称为唛头（Mark），是指在产品外包装上印制的反映收货人和发货人、目的地或中转地、件号、批号、产地等内容的几何图形、特定字母、数字和简短的文字等。指示性标志是根据产品的特性，对一些容易破碎、残损、变质的产品，用醒目的图形和简单的文字做出的标志，指示有关人员在装卸、搬运、储存、作业中引起注意，常见的有"此端向上""易碎""小心轻放""由此吊起"等。警告性标志是指在易燃品、易爆品、腐蚀性物品和放射性物品等危险品的运输包装上印制特殊的文字，以示警告。常见的有"爆炸品""易燃品""有毒品"等。

（四）包装的设计原则

1. 执行国家的法律、法规

申请专利的包装设计，是作为知识产权受法律保护的。企业好的包装应尽早申请专利，避免被侵权。

包装作为"无声的推销员"，有介绍商品的义务。我国保护消费者权益的法律法规规定一些商品的包装上必须注明商品名称、成分、用法、用量以及生产企业的名称、地址等；对食品、化妆品等与群众身体健康密切相关的产品，必须注明生产日期和保质期等。

2. 美观大方，突出特色

商品包装在保证安全功能以及适于储运、便于携带和使用外，还应该具有美感。美观大方的包装能够给人以美的感受，有艺术感染力，从而成为激发消费者购买欲望的主要诱因。因此，商品包装设计要体现艺术性和产品个性，有助于实现产品差异化，满足消费者的某种心理要求。20世纪初鲁德先生以其女友的裙子造型为依据设计出的可口可乐玻璃瓶，就是神来之笔的成功之作。

3. 保护生态环境

随着消费者环保意识的增强，在包装的材料运用以及包装设计上要注意保护生态环境，努力减轻消费者的负担，节约社会资源，禁止使用有害包装材料，实施绿色包装战略。

4. 心理、文化适应原则

销往不同地区的商品，要注意使包装与当地的文化相适应。尤其在国际市场营销中要特别注意，切忌出现有损消费者宗教情感、容易引起消费者反感的颜色、图案和文字。消费者对商品包装的不同偏好，直接影响其购买行为，久而久之还会形成习惯性的购买心理。因此在商品包装的造型、体积、重量、色彩、图案等方面，应力求与消费者的个性心理相吻合，以取得包装与商品在情调上的协调，并使消费者在某种意象上去认识商品的特质。

例如，女性用品包装要柔和雅洁、精巧别致，突出艺术性和流行性；男性用品包装则要刚劲粗犷、豪放潇洒，突出实用性和科学性；儿童用品包装要形象生动、色彩艳丽，突出趣味性和知识性，以诱发儿童的好奇心和求知欲；青年用品包装要美观大方、新颖别致，突出流行性和新颖性，以满足青年人求新求异心理；老年用品包装则要朴实庄重、安全方便，突出实用性和传统性，尽量满足老年人的求实心理和习惯心理。

在商品的包装设计中，色彩的运用也十分重要，这是因为不同的色彩能引起人们不同的视觉反应，从而引起不同的心理活动。例如，黑色、红色、橙色给人以重的感觉，绿色、蓝色给人以轻的感觉，所以笨重的物品采取浅色包装，会使人觉得轻巧大方；分量轻的物品采用浓重颜色的包装，给人以庄重结实的感觉。美国色彩研究中心曾经做过一个试验，研究人员将煮好的咖啡分别装在红、黄、绿三种颜色的咖啡杯内，让十几个人品尝比较。结果品尝者们一致认为咖啡的味道不同——绿色杯内的咖啡味酸，红色杯内的咖啡味美，黄色杯内的咖啡味淡。在系列试验的基础上专家们得出结论，包装的颜色能左右人们对商品的看法。药品适于用以白色为主的文字图案包装，表示干净、卫生、疗效可靠；化妆品宜用中间色（如米黄、乳白、粉红等）包装，表示高雅富丽、质量上乘；食品适于用红色、黄色和橙色包装，表示色香味美、加工精细。另外，包装的色彩图案要考虑各民族不同的偏好和禁忌，特别是进入国际市场的商品更应如此。

5. 包装与产品本身相适宜

包装要力求经济适用，不同档次的商品配以不同的包装。要做到表里如一，既要防止"金玉其中，败絮其外"，更应防止"金玉其外，败絮其中"，避免过度包装。

任务实训

1. 通过产品策划，企业如何才能提高市场竞争力？举一市场上正在营销的产品，评价其产品定位、产品包装、产品品牌及其市场营销策略。

2. 根据自己设定的企业状况和实际的市场分析，按照规范的思路、程序进行产品策划并报告之。

3. 请对某品牌化妆品的新产品策划进行分析。调查对象——某品牌化妆品的新产品，这一品牌化妆品的名称、品牌、规格、知名度、满意度、价格、包装、造型、色彩、销售以及服务等内容。在市场调查的基础上，探讨新产品策划的主要策略和方法；在评析的基础上，理解和掌握产品策划的相关理论，撰写调查报告。

复习思考

1. 如何理解市场营销学中产品的内涵？如何对消费品进行分类？
2. 什么是整体产品？它包括哪几个层次？
3. 什么是产品组合？它可以从哪几个方面进行分析？
4. 产品组合的策略有哪几种？如何选择？
5. 怎样理解产品生命周期？其各阶段应采取什么样的营销策略？
6. 怎么理解市场营销学中新产品的定义和类别？
7. 新产品开发程序包括哪几个阶段？
8. 什么是品牌？品牌策略有哪几种？
9. 什么是产品的包装？包装策略应如何运用？

案例赏析

"中国魔水"健力宝问世记

在中国的民族饮料工业中，健力宝是一面光辉的旗帜。无论其今后的发展如何，都曾经在历史上书写了辉煌的一页。对于当初健力宝饮品的成功研制开发,以及如何巧妙抓住时机扬名海内外,至今仍然被世人所津津乐道。

广东健力宝集团有限公司的前身是年产值不足百万元、设备落后、市场范围狭窄的三水县(今为三水区)酒厂,1983年他们与广东体育科学研究所、广东体育医学院、广州市食品工业研究所等单位合作,以欧阳孝教授的论文《吸氧配合口服碱性电解质饮料"健力宝",消除运动性疲劳》为依据,坚持"理论上不断突破,实践上继续创新",经过20多批次、100多个不同香型和风味的试验,终于研制成功了我国首创的电解质运动饮品——健力宝。这种饮品含有钾、钠、钙、镁、氯、磷等多种矿物质,具有补充能量,维持人体电解质、体液和酸碱平衡,消除运动性疲劳,提高运动能力的功效,而且具有色泽佳、口感好的优点。

健力宝饮品之所以营养丰富、清爽可口、风味独特,关键是采用科学配方:选用果汁、蔗糖、蜂蜜、电解质和维生素等原料制成。加之产品严格按标准生产,产品质量达到了国际先进水平,再配合卓有成效的公关宣传活动,使产品畅销全国30个省、市、自治区和美国、新加坡等20多个国家和地区,成为我国产量最大的名牌饮品。特别是在质量标准极其严格的美国市场,成为我国首个进入美国超级市场网络销售和在纽约联合国总部会议中饮用的中国饮品,并摆上了美国克林顿总统夫人希拉里的宴会桌。

体育运动饮品健力宝与体育事业有天生的不解之缘,其问世源于20世纪80年代初国家体委为改变我国体育科学研究落后的状况所做的推动,其扬名和腾飞则是搭乘了千载难逢的"体育之舟"。1984年第23届奥运会在美国洛杉矶举行,重返奥运会的中国体育健儿实现了"零的突破",中国女排成功实现"三连冠",中国代表团取得15枚金牌的骄人战绩。中国体育健儿受到世人的广泛瞩目,他们进行训练和比赛所喝的易拉罐运动饮品健力宝也出尽风头,甚至被外国人疑为中国体育健儿克敌制胜的"秘密武器",日本《东京新闻》记者称健力宝是帮助中国运动员夺取奥运金牌的"中国魔水"。从此,健力宝声名大振,扬名海内外。

自健力宝问世以来,荣获了国家科技进步奖、国家优质产品奖和北京国际博览会金奖等130多项殊荣,曾连续八年被评为全国最受消费者欢迎的饮品;荣登国宴饮品,是第六届、第七届全运会和第11届、第12届亚运会以及第23至25届奥运会中国体育代表团的首选专用饮品。公司也发展成为拥有我国产销量最大和国内外知名度最高的饮料厂、我国产量最大的易拉罐厂、塑料瓶厂以及分布在美国、巴西等国家和地区的海外分公司等60多家企业,涉及饮料、制罐、包装、印刷、服装、宾馆和高科技产业的现代化企业集团。其中的骨干企业广东健力宝饮料厂1993年在中国500家最大型工业企业中排名第165位。

问题
1. 你认为研制体育运动饮品应该解决哪些问题?
2. 请对健力宝饮品的商标与包装进行评价。
3. 健力宝早期取得巨大成功的产品因素具体有哪些?对企业新产品开发有什么启示?

模块五

价格策划

学习任务

1. 理解价格策划的意义与要求；
2. 理解终端价格策划的方法，了解价格策划的流程与方法；
3. 了解价格体系策划的流程与方法；
4. 掌握价格调整策划的内容与方法。

任务一 认识价格策划影响因素

情景案例

神舟电脑的"平价革命"

深圳市神舟电脑股份有限公司（以下简称"神舟"），是一家以电子信息产品制造为主业，以计算机技术开发为核心，集高性能笔记本电脑、台式电脑、液晶一体电脑、液晶显示器的研发、生产和销售为一体的民营高科技企业。

2001年8月，神舟电脑进入品牌整机市场。到2006年，神舟电脑已成为国内计算机产业的领导厂商之一，市场占有率仅次于联想，并将业务延伸到韩国、德国等海外市场。神舟笔记本电脑海外月销量已达2万台，标志着神舟电脑已经从中国走向了世界。几年时间，神舟电脑所取得的惊人成长速度使整个中国计算机产业为之震撼，尤其是其一直高举"平价革命"的大旗，将计算机产品的价格水分不断挤干，让以往"高贵"的笔记本电脑走入寻常百姓的家中，更是对整个产业的影响意义深远。

神舟电脑之所以这么便宜，主要在于它的定价策略上。

1. 以"平价电脑"为经营理念

神舟总裁吴海军打破了IT行业暴利现象，以"店面直销"，即在生产线和消费者之间只有专卖店一道环节，中间减少了很多环节，成本得到了很好的控制。

2. 严格控制利润

不管是厂家还是经销商的利润，相对于其他品牌来说都很低。例如，神舟在杭州的办事处并不对外销售产品，它相当于一个物流平台，当经销商要货时，只需到它那里提货即可，和从神舟总部拿货的价格一样。

3. 确保盈利

神舟首先不从其他地方采购，采用自己的产品，成本得到控制，质量也有足够保证。神舟时刻密切关注上游产品技术的更新换代。如在 2002 年 "4 880，奔 4 扛回家" 和 2005 年年初著名的 "4 999 元神舟笔记本" 这两个事件上，神舟利用更新换代从上游到终端的传递缓冲期，将上游厂商手中即将成为落后技术的产品进行大规模廉价采购，但该产品在市场上依然未过时，甚至还是主流技术，以此来大幅降低价格。当核心部件的成本降下去了，中下游零部件厂商由于竞争相对激烈，再加上上游采购的规模效应，成本随之也大幅下降。

4. 以性价比取胜

神舟自 2007 年进入马来西亚市场以来，就定位在中端市场，不打价格战，以性价比取胜：根据马来人（占马来西亚人口数量的绝大多数）喜欢求新求异，追求时尚、美观的个性，神舟在当地的市场采取针对性的销售策略，提供差异化产品，推出小巧美观、颜色艳丽的 12 英寸①系列笔记本电脑和液晶一体电脑（Panel PC），辅以稳定的质量，短短的时间内，迅速赢得了市场的青睐，神舟电脑在马来西亚的销量飞速增长。

资料来源：改编自经销商频道，缓销商眼中的神舟
——专访杭州凯捷总经理朱世明等

案例点评

神舟电脑自出世那天起就颇有争议，不管是在台式机还是笔记本电脑市场中，神州似乎一直扮演着"价格杀手"的角色。

神舟电脑以"平价电脑"的经营理念在做产品，最大的特点就是低价位高配置，同样的价位，相对其他品牌，神舟电脑配置往往要高很多。

在电脑普及化的今天，电脑已经是每个家庭的必需品。国外的许多品牌如索尼、苹果、惠普、戴尔等性能稳定，配置、外观、售后服务上也做得十分到位。可是它们的价格相对于国民平均收入并不高的中国消费者来说无疑是偏高的。特别是对于拥有广大市场的工薪族人群，这样的价格无疑是可望而不可即的。

因此，神舟电脑采取的兼顾高性能、低价位的策略，毫无疑问可以把国内广大的平民市场收入囊中。

知识体系

价格是营销组合中唯一与收益相关的因素，直接影响着企业销售收入和利润的高低。企业营销活动能否取得成功，在一定程度上取决于定价的合理性。企业的定价决策就是把产品定价与企业市场营销组合的其他因素巧妙地结合起来，定出最有利的产品价格。这个最有利的价格既能让消费者乐于接受，又能为企业带来较多的收益，从而取得竞争优势。

一、价格策划的基本要求

1. 价格策划要以整体市场和整个企业为背景

要将价格策划作为一个整体，把握策划的整体性和系统性。以市场为背景就是要联系市

---

① 1 英寸 = 0.025 4 米。

场状况，把价格策划建立在对市场需求和市场竞争全面清醒分析的基础上；以整个企业为背景，就是要考虑企业的产品生产成本、企业的运营成本、企业的资源限制和资源优势，考虑到企业价格策划与产品策略、分销策略和促销策略的衔接；要处理好不同产品或服务价格的协调，具体价格制定与整体企业价格政策的协调。这是进行价格策划的基本前提。

2. 价格策划要以企业营销目标为基础

在制定产品价格之前，必须回顾企业的营销目标，然后再考虑定价目标和定价策略。当苹果公司在 1984 年推出它的 Macintosh 计算机时，营销目标是建立起富有生命力的 Macintosh 计算机品牌体系，促使苹果公司继续发展壮大，广告目标是使 3/4 的大学生在一年内熟知这种产品；生产目标是一年内生产成本下降 15%；定价目标是使大多数大学生喜欢并买得起 Macintosh；赢得一定的细分目标市场，使 Macintosh 比 IBM 公司的 PC 计算机更有价格优势；以强有力的促销活动鼓励苹果公司的零售商，使 90% 以上的零售商努力销售 Macintosh。这样的价格策划有利于与其他营销策划一起形成合力，促成营销目标的实现。

3. 价格策划要具备现实和未来双重意义

价格策划既要立足于历史和现实，更要放眼于未来。价格策划的优劣不仅取决于它是否适应于现实状况，而且还取决于其是否具有未来意义。尽管价格的调整比其他营销策略的调整更方便，但仍需注重对未来的分析，包括对竞争者的未来状况、消费者的未来状况、企业未来可以使用的资源状况等的分析。这是保证价格策划具有强大生命力的关键，也是保证企业可持续发展的重要条件之一。

二、价格策划的原则

1. 价格策划要有终端观念

终端价格是最主要的价格，是决定产品是否能够最终实现销售的价格。所以，企业的价格策划要面向终端，要优先考虑终端消费者对产品价格的接受性，优先考虑产品价格在终端市场上的竞争力和形象感。终端价格是产品价格策划的基础，在保证终端价格科学合理的基础上，才能理顺后台价格。

2. 价格策划要有整体观念

策划价格并不仅仅意味着单一产品定价方法与技巧的简单组合，而是要将价格策略作为一个整体来把握。这就必须综合考虑和处理好企业内部不同产品之间的价格关系，同一产品不同寿命周期阶段的价格关系，本企业产品价格与竞争者产品之间的价格关系，本产品与连带品、选择品之间的价格关系。

3. 价格策划要有系统观念

价格策划要考虑营销价值链上参与营销价值创造的各个营销环节营销机构的利益均衡与合理分配，要让参与产品分销的零售商和批发商（代理商或经销商）、参与产品设计制造的企业，都能够通过适当的价格体系获得利益空间，否则，营销价值链的运转就会出现问题。

4. 价格策划要有动态观念

尽管企业总是希望保持价格的稳定，但是由于市场竞争的存在，市场上的价格常常处在不断变化调整之中，企业的产品价格也就需要随着市场价格的波动而有意识地进行调整。而在营销活动中，从来不存在一种适合于任何企业、任何市场、任何时间的战略、政策和策略。成功的价格策划是那些与市场动态与企业营销目标相一致的构思和举措。而且，企业要能够根据不断变化的内外部环境与条件，对原有的战略、政策及策略进行适时、适当的修正或调整。这是保证价格策划有效性的基本条件。

三、价格策划的程序

完整的价格策划程序包括：

1. 选择定价目标

企业选择的价格目标通常包括：

（1）利润目标，包括当期利润最大化目标、适度利润目标等；

（2）销量目标，包括最大销量目标、保持或扩大市场占有率目标等；

（3）竞争目标，包括应付和避免竞争目标、维持企业生存目标等。

以价格为基础的价格决策，其目标是寻求企业为消费者所创造的价值与成本之差的最大化，即从企业所创造的价值中获取应得的利润。

2. 核算产品成本

产品成本是定价的主要依据和最低经济界限。因此，定价离不开对产品成本的核算。这一阶段的策划应重点掌握产品本身价值量的大小和产品的供求关系，尤其是产品的需求价格弹性、国家政策对价格的规定、货币的价值、货币流通规律的影响、消费者心理对定价的影响等。

3. 调查和预测竞争者的反应

在商品经济条件下，竞争是无处不在的。尤其是产品的营销价格，是市场上最为敏感的竞争因素之一。因此，企业进行价格策划时，必须充分考虑到竞争者的可能反应，尽可能多掌握竞争者的可能反应，尽可能多掌握竞争者的定价情况，并预测其对本企业定价的影响，以调整和制定有利的价格策略和其他营销策略。

4. 选择定价方法

可供企业选择的定价方法很多，企业在分析测定以上各种因素的影响之后，就应该运用价格决策理论，选择一定的方法来计算产品的基本价格，即根据产品成本、市场需求和竞争状况三要素来选择定价方法。

5. 确定定价策略

（1）定价与产品的关系。产品的质量、性能是制定价格的重要依据。如果产品质量好、功能多、信誉高、包装美，就能把价格定得比一般产品高；相反，价格就要低一些。

（2）定价与销售渠道的关系。企业产品的直接销售对象和定价也有一定的关系。如果把产品大量批发给中间商，则价格应当定得低一些；如果直接销售给消费者，价格就要可以得高一些。

（3）定价与促销的关系。产品花费的促销费用高，价格理应定得高一些；否则，价格就可以定得低些。

6. 确定最后价格

根据定价目标、选择某种定价方法所制定的价格常常并不就是该产品的最终价格，而只是该产品的基本价格。为了提高产品的竞争力及对消费者的吸引力，还应考虑一些其他的因素，对基本价格进行适当调整。

价格调整的方向有升有降，调整的时间有长有短，调整的幅度有大有小，调整的方法灵活多样，一切都要以市场为转移。调整也不可能一次就完成，市场环境再变化，价格就要再调整，直至产品生命周期结束，产品离开市场。

四、价格策划影响因素

企业在进行新产品定价或老产品价格变动时，首先考虑的因素就是产品定价环境，包括生产成本费用、供求状况和市场竞争情况等。

1. 生产成本费用

产品价格构成有哪些？如何确定新产品价格？老产品的价格如何变动？这些都是企业经营活动中常常遇到的问题。要回答这些问题，我们自然会想到，产品成形之前的大量投入。企业的任何定价行为都不能随心所欲，必须首先使大量的投入得到补偿。在进行价格核算、确定时，这些投入主要表现为生产成本、流通费用和税金等，企业制定的产品价格水平至少不能低于这些投入之和。

（1）生产成本。生产成本是指在产品生产过程中所花费的物质消耗和支付的劳动报酬。它是产品价值的重要组成部分，也是制定产品价格的重要依据。在制定产品价格时，必须将生产成本作为定价的最低经济界限。成本按其与产量的关系，可分为固定成本和变动成本两大类。

固定成本是指在一定时期和一定产量范围内，其总额不随产量或销售收入的变化而变化的那部分投入，包括厂房设备的折旧费、租金、利息、管理人员的工资等。这种成本即使在停产的情况下也一样发生，其数额并不随产量的变化而变化。虽然固定成本的总额不变，但是分摊到单位产品中的固定成本则是变动的。产量越大，每个产品分摊到的这部分固定成本就越小。但是，固定成本是相对的，如果产量增加超出一定范围，固定成本就会发生变动。因为如果产量超出最初设计的生产能力，就必须扩建厂房、增添设备或扩充必要的人员、机构，从而使固定成本中的折旧费、修理费、管理人员的工资相应增加，固定成本的总额就会增加。

变动成本是指其总额随产量的变化而呈正比例状态变化的那些投入，如原材料费、包装费、生产工人工资、销售佣金及直接营销费用等。每个单位产品的变动成本一般都是不变的，它们之所以被称作变动成本，是因为其总量随产量的变化而变化。企业如果停产，其变动成本则为零。

在某个确定产量水平上，其固定成本和变动成本之和就是总成本。当产量为零时，总成本等于固定成本。总成本除以产量就是单位成本，亦称单位平均成本或平均成本。由于总成本包含了与产量有不同关系的固定成本和变动成本两部分，在不同生产水平下，单位成本就会出现明显的高低差别。单位成本的变化随产量的变化表现出一定的规律性。营销人员应该了解和掌握单位成本随产量变化的规律性，这对制定产品价格具有重要的基础意义。

（2）流通费用。流通费用是指产品从生产领域通过流通领域进入消费领域所发生的耗费。主要由两部分组成：①销售费用，是生产领域生产推销商品而发生的费用，它和生产成本共同构成生产企业的全部成本；②流通费用，是在流通领域发生的费用，根据商业流转环节的不同，流通费用还可划分为采购费用、批发商业费用和零售商业费用，作为批发价格和零售价格的组成部分。流通费用也是产品价格的重要构成因素，是正确制定各种商品差价的基础。

（3）税金。按照国家有关法律规定，企业在生产、销售产品过程中要缴纳不同的税金。税金也是价格的构成要素之一。税率的高低直接影响产品的价格。

2. 供求状况

供求规律是市场经济的基本规律之一，市场上商品供求关系的变动与商品价格的变动是相互影响、相互制约的。供求决定价格，价格影响供求，这是二者间的必然联系。

（1）价格与需求。价格与需求的关系一般表现为：当商品价格下降时，需求量增加；当商品价格提高时，需求量下降。

（2）价格与供给。价格与供给的关系一般表现为：当产品价格上升时，生产者感觉有利可图，于是扩大生产，满足供应；反之，则减少产品的市场供应量。

（3）供求状况与均衡价格。由于价格的变动，供给与需求总是呈反方向变动。由于市场竞争的结果，供给与需求在相互适应过程中，慢慢趋于接近，这时的价格就是供求双方都能接受的均衡价格。

（4）需求弹性。需求弹性是指因价格变动引起的需求相应的变动率，反映需求对价格变动的敏感程度，一般用需求弹性系数表示。当需求价格弹性大于1时，称为需求富有弹性，这时企业可以采取低价策略，扩大销售；当需求价格弹性等于1时，说明需求与价格等比例变动，价格变化对销量没有太大影响，企业可以采用其他营销策略，扩大销售；当需求价格弹性小于1时，称为需求缺乏弹性，这时企业可以选择高定价或维持较高价格水平，来获取较大的销售收益。

3. 市场竞争情况

价格竞争是市场竞争的重要手段和内容。现实和潜在竞争对手之间的竞争对产品定价的影响很大。竞争越激烈，对价格的影响就越大，特别是那些非资源约束性产品，或技术、设备门槛要求不高，容易经营的产品，潜在的竞争威胁非常大。在竞争比较激烈的市场上，企业定价在一定程度上往往会受竞争者的左右而缺乏自主权。因此，除经营国家规定的实行统一价格的商品外，其他商品的定价都应考虑竞争对手的价格情况，力求制定出对自己竞争力提升较为有利而又受消费者欢迎的价格。特别是对竞争十分激烈的商品，企业应把定价策略作为与竞争者同台竞争的一个特别重要的武器来考虑。如自己的产品在竞争中处于优势，可以适当采取高价策略；反之，则应采取低价策略。同时，企业还要随时关注竞争对手的价格调整，并及时做出反应。

4. 消费者心理因素

消费者在消费过程中会产生复杂的心理活动，企业在制定价格时，不仅要迎合不同消费者的心理，还要促使或者改变消费者行为的变化，使其向有利于自己营销的方向转变。

（1）预期心理。消费者预期心理是反映消费者对未来一段时间内市场商品供求及价格变化趋势的一种预测。当预测商品有一种涨价趋势，消费者争相购买；相反，则持币待购。所谓的"买涨不买落"也是消费者预期心理的作用表现。

（2）认知价值和其他消费心理。认知价值指消费者心理上对商品价值的一种估计和认同，它以消费者的商品知识、后天学习和积累的购物经验及对市场行情的了解为基础，同时也取决于消费者个人的兴趣和爱好。消费者在购买商品时常常把商品的价格与内心形成的认知价值相比较，将一种商品的价值同另一种商品的认知价值相比较以后，当确认价格合理、物有所值时才会做出购买决策，产生购买行为。同时，消费者还存在求新、求异、求名、求便等心理，这些心理又影响到认知价值。因此，企业定价时必须深入调查研究，把握消费者认知价值和其他心理，据此制定价格，促进销售。

5. 国家政策法规

价格在社会主义市场经济条件下是关系到国家、企业和个人三者之间物质利益的大事，它牵涉各行各业和千家万户，与人民生活和国家安定息息相关。因此，国家在自觉运用价值规律的基础上，通过制定物价工作方针和各项政策、法规，对价格进行管理、调控和干预，或利用生产、税收、金融、海关等手段间接地控制价格。因而，国家有关方针政策对市场价格的形成有重要的影响。

企业定价除了受上述几项因素影响之外，还受货币价值和货币流通量、国家市场竞争和国际价格变动等因素的影响。

案例 5-1

分析制定珠宝价格的影响因素

一珠宝商推出一款钻石戒指，投放市场两周无人问津。老板出差前和柜台组长说，这款戒指再卖不动，可降价一半。老板走后，柜台组长因失误将这款戒指价格涨了一倍，结果却销售一空。这其中的奥妙是什么？

从中可以发现，钻石戒指的销售量发生变化是随着价格的变动而产生的，因此，分析制定价格的影响因素是切入点。将影响价格制定的因素罗列出来，并进行比较分析，得出原因就在于钻石戒指的价格受消费者心理因素的影响。钻石戒指为高档装饰品，价格高不仅表明质量好，而且能够体现消费者的价值和身份，因此提高价格，反而受到消费者的青睐，说明价格受到心理因素的影响。

任务二　价格策略选择

情景案例

金华皮鞋：不还价

在中国台湾，制鞋业较发达，竞争也相当激烈。台北市的金华皮鞋公司（以下简称"金华公司"）在经营上出别人不敢轻易尝试的新招，并常能取得意想不到的成绩。一天，地处延平北路的金华公司在门口挂出了"不二价"的特大招牌。所谓"不二价"即不还价，这在当时的延平北路可谓风险冒得太大。因为人们到延平北路买东西，即使打心眼里喜欢某物，也还要还点价，否则就觉得吃了亏。人们已形成惯性：买东西照标价付钱是最傻不过的。久而久之，厂商们索性把售价提高2倍左右，以便还价时折扣也好让买卖双方满意。金华公司则实施"不二价"。不久，很多顾客对某双皮鞋非常中意，可就是由于根深蒂固的"怕吃亏"心理，总觉得照标价付钱吃亏，使许多眼见成交的生意告吹了。

金华公司遇到了历史上最冷清的时期。许多职工抱怨："创什么新，干脆恢复原先的做法，制定虚泛价格，来满足顾客捡便宜的心理。"公司老板叫杨金彬，主意是他出的。听到职工们的抱怨，杨老板考虑："以自己多年经营皮鞋的经验来看，此次打出'不二价'新招，是有点令人发寒；但从价格上看，公司售价是依据皮鞋质料、做工、市场状况而确定的，且比别人的标价低一半，自己没有亏待顾客。"经再三权衡，他认为顾客会货比数家，再来金华公司的，便决定挺一阵子。

果然不出杨老板所料，时隔不久，金华公司门庭若市，许多顾客到可以讨价的商店购买、打折后，皮鞋价格往往仍比金华的高。因此，顾客们纷纷回头光顾金华公司。"不二价"的真正用意，总算被顾客了解并接受了，职员们愁眉紧锁的脸上也露出笑颜。

许多厂商看到金华公司的成功，纷纷效法，渐渐地搞起了"不二价"和公开标价。现在到延平北路，再也见不到以往那种漫天要价和顾客大杀价的现象了。

案例点评

1. 金华公司在经营上常出别人不敢轻易尝试的新招，这种新招实际上是策略，因为它并没有涉及企业长远规划，不可能是战略。

2. 金华公司根据价格和质量的关系采用了自己的市场定位。从案例本身来看，该公司的产品质量较好，但价格却比别家便宜，所以敢定"不二价"。

3. "不二价"最终抓住了顾客追求货真价实的心理，因为货真，故而"不二价"，而且"不二价"的价格本身是很便宜的，是实实在在的。

4. 金华皮鞋公司实施"不二价"成功的关键在于：以不变应万变。

知识体系

定价策略是企业为了实现预期的经营目标，根据企业的内部条件和外部环境，对某种商品或服务，选择最优定价目标所采取的应变谋略和措施。任务一中已研究的决定产品基础价格的方法，其价格尚未计入折扣、运费等因素的影响。但在市场营销的实践中，影响企业的定价因素非常复杂，企业更应该采用灵活多变的价格技巧和价格策略。

一、可供选择的定价的方法

1. 以成本为中心的定价方法

采用这一定价方法最终确定的价格是：

$$价格 = 成本 + 税金 + 利润$$

这里的成本可以是完全成本，也可以是变动成本；可以是实际成本，也可以是预期成本。这里的利润可以是成本的一定百分比，也可以是投资收益率等。

以成本为中心的定价方法有许多具体形式，是被企业广泛采用的一种定价方法。其优点是：

（1）简便易行，成本数据易于收集，利润比例易于确定；

（2）在正常的情况下，能收回成本，保证有一定利润；

（3）同类产品如果都能采用这一方式，成本相近，利润加成相近，则价格相近，可以避免竞争。

但是，以成本为中心的定价方法是一种以企业为中心、以产品为导向的经营观念的反映，基本上不考虑市场竞争的必然性和消费者对产品价值的需求、对价格的接受意愿、接受能力。如果这样计算出来的价格能被市场接受，企业就销售产品；如果市场拒绝接受，企业就放弃这一产品。这不仅会导致某些有市场需求的产品胎死腹中或早早夭折，失去可能是绝佳的市场机会,而且也使那些消费者认知价值较高、市场走俏的产品失去获得更高利润的机会。同时,它也不能适应不同的市场环境,在市场景气时,产品价格定得过低,减少了盈利;市场疲软时,价格定得过高,使价格缺乏竞争力而销售不畅。

从技术上讲,采用这种定价方法也是很难制定有效的产品价格的,因为这一方法需要在价格尚未确定之前先确定产品的销售量,然后推算出成本和加上去的利润。而价格需求规律告诉我们,产品的销售量实际上是取决于价格的。

对于消费者购买决策具有决定性影响的价格,这一定价方法是在价格确定之后才向消费者展示的,其目的只是为了证明其价格的合理性,而不是显示价格对消费者价值需求的适应性。而且在以产品为导向的观念指导下,产品的价值是由企业的设计部门、制造部门认定和确定的,经常与消费者的需求脱节。

采用以成本为中心的定价方法,其策划的基础程序是:

生产产品→核算成本→制定价格→宣传价值→销售产品

2. 以竞争为中心的定价方法

采用这一定价方法最终确定的价格是:

价格≤竞争产品价格

这种定价方法的特点是:企业并不重视价格与成本、价格与需求的必然联系,而是参照竞争对于的价格水平确定本企业产品的价格,或低于或等于竞争对手,以应付或避免竞争,即使本企业产品的成本或市场需求已经发生了变化,只要竞争产品的价格不变,本企业产品的价格也不变。相反,即使本企业产品的成本和市场需求没有发生变化,只要竞争产品的价格变动,本企业产品的价格也相应地变动。企业采用这种定价方法的目的主要是维持和扩大市场占有率。定价具体形式有密封投标定价法与通行定价法。

这种定价方法的优点是:①能增强企业应付和避免竞争的能力;②能加快企业采用新技术、新材料、开发新产品的步伐;③能促进企业提高管理水平,降低成本。

由于采用这种定价方法使企业把主要精力集中在竞争对手身上,因此,这种定价方法的缺点是:①缺乏对成本的充分关注,不利于保持和提高企业的获利能力,只有当本企业产品的价格与竞争产品相比,价格已高于价值,或企业已经拥有了低成本的优势,定价才是合理的、理智的;②缺乏对消费者需求的敏锐反应;③容易导致企业卷入情绪化的降价大战,陷入恶性竞争而难以自拔;④由于企业过分注重市场占有率,可能会发生为了市场占有率而牺牲价格获利性,颠倒市场占有率与利润的主次关系;⑤由于企业迷信于降价对促进销售的有效作用,把降价作为一种常规武器,可能会引起强大对手的强烈反应;⑥由于企业过度重视价格竞争,也可能会忽略在产品差异化、改善分销渠道、强化促销等方面的努力。

采用以竞争为中心的定价方法,其策划的基本程序是:

生产产品→参考竞争产品价格→制定价格→宣传价值→销售产品

案例 5-2

宝洁公司洗发水的市场定价

1998 年,宝洁公司的销售在进入中国市场 10 年来一反常态地出现了倒退,且跌幅惊人。在随后两年里颓势依然。在宝洁最具有战略意义的洗发水市场,其占有率从 60% 跌到 40%。竞争对手的队伍却在扩大,除了联合利华之外,还多了一批中国本土日化企业,其中最强劲的对手是武汉的丝宝集团。1996年，该公司推出"舒蕾"牌洗发水之后一直成长迅速。

2000年，在宝洁系列的洗发水品牌市场份额中，"飘柔""海飞丝"和"潘婷"品牌均下降了3个百分点，"舒蕾"牌洗发水却在此时脱颖而出，市场份额比上一年增长了1倍，并超过了宝洁当年力推的"沙宣"系列。在洗衣粉、沐浴露等其他日化产品中，宝洁更是遭遇到严重的打击，中国一些本土品牌在整个市场份额上已占据了绝对优势。

为了冲出重围，宝洁欲以低价挽回自己所丢失的领地，更重要的是打压本土日化企业：2003年11月中旬，宝洁推出零售价9.9元的200mL瓶装"飘柔"洗发水，而同样包装的"飘柔"正常价格则是13.5元。在此之前，宝洁在2003年已发动了多轮降价战——汰渍洗衣粉、舒肤佳、玉兰油沐浴露和激爽等纷纷加入降价阵营，且幅度均达20%以上。与此次宝洁抢占低端市场做法相反的是，以价格战擅长的本土日化企业却开始向中高端转型，积极塑造品牌形象，提高产品美誉度。

3. 以需求为中心的定价方法

采用这一定价方法最终确定的价格是：

$$价格 = 需求价格$$

以需求为中心的定价方法又有两种：

（1）认知价值定价法。消费者的需求价格受其对产品价值的认知和需求强度的影响，价值认知度偏低，他们的需求价格也低，反之则高；需求强度低，他们的需求价格也低，反之则高。因此这一定价方法的特点是以消费者的认知价值为定价基础，而不是以产品实际价值为基础。采用这一定价方法的要点是准确估计消费者的价值认知度和需求强度，估计高了，定价就会偏高，产品销售量就会减少；估计低了，则定价偏低，企业利润就会减少。采用认知价值定价方法的企业往往会利用量价组合中其他非价格策略，来提升消费者对产品的价值认知度和需求强度，提高他们的需求价格，然后再确定与此相适应的产品价格。

（2）差别定价法。即企业针对不同细分市场对产品价值的认知度和需求程度不同而造成的需求价格差异，为同一产品确定不同价格，满足不同细分市场的价格需求。采用这一方法的前提是确有需求价格差异的细分市场，并且不同的细分市场之间能有效分隔，不会出现低价格细分市场对高价格细分市场的产品转移。这一定价方法的一个缺点是可能会被消费者认为是价格歧视，产生反感而拒绝购买。

采用这一定价方法，其策划的基本程序是：

测定认知价值→确定需求价格→估计销量→核算产品成本→生产产品

这一程序的最后两个步骤指的是在根据需求价格与可能销售量进行成本核算后，比较成本与价格，推算利润水平，如果利润水平符合企业利润目标，则可投资生产产品；测算的利润水平如果不能达到预期目标，则不投产，或者经过企业的营销努力，消费者认知价值提高后再投产。

4. 以价值为中心的定价方法

这一定价方法最终确定的价格是：

$$价格 \leq 消费者经济价值$$

如前所述，消费者的认知价值是他们将本企业产品的价值价格比与同类竞争产品价值价格比进行比较后所认定的最佳价值价格比。因此，企业必须在制定价格前首先要掌握消费者的价值需求，并全面考虑、彻底了解竞争产品的价值和价格、产品的成本、企业营销组合中的其他三种策略等影响价格形成的敏感因素，分析本企业产品的经济价值，然后分析企业能否在满足消费者认知价值的同时收回成本并获得合理的利润。素有"洗衣专家"之称的联合利华为"奥妙"全效洗衣粉和"奥妙"全自动洗衣粉两种新产品所定的特低价，一方面有低成本的支持，企业仍实现其利润目标，另一方面也使消费者获得价值的满足。据有关媒体报道，这两种新"奥妙"确实受到消费者的青睐，他们表示，虽然价格特低，但他们并不担心产品质量下降，认为像联合利华这样著名的跨国公司不会"贱卖"自己的声誉。

采用以价值为中心的定价方法，其策划的基本程序是：

了解消费者经济价值→确定产品经济价值→制定产品价格→确定成本→生产

消费者认知价值形成的前提是消费者对本企业产品和同类产品的价值有充分的认知。但是，在现实生活中，绝大多数的消费者自身存在以下缺陷：①不可能完全了解同类产品的价值信息；②不可能充分认识本企业产品的独特价值；③不愿意花费时间和精力去弄清楚，去做比较。因此，他们并不能获得对本企业产品价值的真正认知。所以在价格决策中，不能简单地把那些对认知价值不明确的消费者当前愿意支付的价格作为定价的依据，否则会使产品价格定得过高而不被市场所接受，或者定得过低而造成利润损失。企业应该采取更为积极主动的态度去创造产品价值，或者通过添加服务项目、提高服务水平、强化促销宣传等营销努力，提高消费者对本企业产品价值的真正认知，然后在此基础上确定与之相符的较高价格；或者努力降低成本，制定较低价格，来增加消费者从本产品中获得的经济价值。

二、基本的定价策略

定价方法是企业为了实现其价格目标，在制定价格时所采用的具体计算方法，由此而确定的价格往往不会是单一的价格而是一个价格带，即有一定浮动幅度的价格范围。定价策划中，在最后决定产品实际价格时，为了更准确地适应目标市场的特点，企业还要根据产品特点和市场环境的现实，采取更为灵活的方法，选择适当的定价策略。可供企业选择的基本的定价策略，主要有以下3种：

1. 撇脂定价策略

撇脂定价策略就是将产品的价格定得比较高，尽可能多地撇取牛奶上的乳酪——高额利润。这里的高，是指高于大多数消费者的认知价值，并不一定高于竞争产品的价格。

这种定价策略主要适用于市场需求强度较高和重视产品的独特价值而对价格敏感度较低的细分市场。

采用这种定价策略可以是长期性的，如一些有专利保护的、消费者需要重复购买的产品，适应高收入阶层的名、特、优产品，时尚产品，奢侈品，艺术品等；也可以是阶段性的，如新上市的产品，因为产品新颖、富有特色、具有新的价值，能给消费者带来新的利益，经济价值较高而且还没有竞争产品的出现。

撇脂定价策略有利于企业较快地获取利润，有利于适应消费者的价格—质量心理，树立优质产品的形象，为企业的长期发展打好基础；也有利于企业掌握更大的定价主动权，可以在适当的时候降低价格去获取更多细分市场的利润，阻碍新的竞争产品进入；同时，在产品生命周期越来越短、市场环境变幻莫测的今天，也有利于企业降低经营风险。

但是，撇脂定价策略也存在一些明显的缺点：①高价会抑制需求，尤其是刚上市的新产品，其影响力不大，绝大多数消费者对新产品独特的价值认知不足，需求较低；因担心高价带来的消费高风险，会采取观望的态度，大量的研究证明，产品失败往往是因为新上市时定价过高、销售过低。②采取阶段性撇脂策略，先高后低，降价过快，会损害产品和企业的市场形象，失去某些细分市场的消费者。③与产品价值严重背离的高价格，有暴利之嫌，容易引起消费者的反对、社会公众的抵制，引发企业公共关系的危机。

2. 渗透定价策略

渗透定价策略是将产品的价格定得比其价值低很多，以求迅速被市场接受，渗透进市场。同时，低价薄利也可以使竞争者缺乏投资的兴趣，减缓市场竞争。

采用渗透定价策略所确定的低价格不一定低于竞争产品的价格。同撇脂策略一样，这一定价策略也只适合特定市场环境下的某些细分市场：①与竞争产品相比，本企业产品价值并无显著差异，市场需求的价格弹性较大，消费者对价格的敏感度较高，低价格能扩大销量和市场占有率；②需求稳定而且需求量较大，或产品生命周期较长，企业可以通过扩大产量取得规模效应来降低成本；③产品物美价廉，但低价格不等于低质量，对实现低价格策略的产品同样要保证良好的质量和服务；④企业有足够的生产能力，可以大量生产。

以渗透定价策略为产品定低价，是许多现代企业经常采用的价格决策。如果产品是消费者不经常购买的耐用物品，低价可以在与同行竞争之前，首先占有较大的市场份额；如果产品是经常购买的日用品，则可以抢在竞争产品之前吸引消费者试用，让他们认知产品的经济价值，以获得更大的竞争优势。

渗透定价策略的缺点也是十分明显的：①容易引发行业间的价格竞争；②市场竞争激烈，需求难以测定，如果需求量不足，企业具有很大的亏损风险；③影响产品形象，在消费者心目中，价格具有质量和名望效应，低价往往给人留下低质、低档的印象，对某些形象重要性较高的产品来说，低价未必能促进需求增加；④在国际市场上，低价会被进口国当作倾销加以抵制，使产品无法实现扩大销售的目的。

渗透定价策略的运用，也可以是阶段性的，在新产品上市之时运用低价稳定地占有市场相当大的份额之后，再逐步配合产品、渠道和促销策略的有效实施，相继提价，以获取更大的收益。

案例 5-3

沃尔玛在美国能够迅速发展，除了正确的战略定位以外，也得益于其首创的"折价销售"策略。每家沃尔玛商店都贴有"天天廉价"的大标语。同一种商品在沃尔玛比其他商店要便宜。沃尔玛提倡的是低成本、低费用结构、低价格的经营思想，主张把更多的利益让给消费者，"为顾客节省每一美元"是他们的目标。沃尔玛的利润率通常在30%左右，而其他零售商如凯马特利润率都在45%左右。公司每星期六早上举行经理人员会议，如果有分店报告某商品在其他商店比沃尔玛价低，可立即决定降价。低廉的价格、可靠的质量是沃尔玛的一大竞争优势，吸引了一批又一批的顾客。

3. 满意定价策略

满意定价策略是一种中价平利，能为消费者普遍接受，也能为企业带来满意利润的定价策略。与撇脂定价和渗透定价相同，满意定价也是参照产品的经济价值。当大多数消费者认知产品价格与产品价值相当时，即使是市场最高或最低的价格都属于满意定价，并不是说价格一定要与竞争产品相同或相近。

采用满意定价策略是因为市场上不存在撇脂定价和渗透定价环境,当消费者对价值的敏感度很高时,企业无法实施撇脂定价策略;当竞争者对市场份额极为敏感时,企业也无法实施渗透定价策略。

有时企业为了稳定其产品线上其他产品的价格,保持原有的利润水平,对新推出的产品也会采取满意定价策略,在不冲击原有的高定价和低定价产品的前提下,去吸引新的细分市场的需求。

中价往往是平利,但企业可以通过采用新技术、完善管理来降低成本并通过扩大促销增加销量来谋求总体利润的最大化。

三、灵活的定价策略

1. 差别定价策略

这是一种更为灵活的定价策略。企业为同一种产品或服务制定两种或两种以上不同的价格,为不同的消费需求创造各取所需的购买机会,以适应消费者差别化的需求,而企业则可以从那些对价格不太敏感或喜欢享受高消费带来的心理满足的消费者那里获取较高的利润。

差别定价的基础是需求的差异,而不是成本的差异,因此采用这种定价策略的条件是:①需求差异必须是显而易见的;②不同的价格差异市场必须是互不连通的,或连通的成本高于价格差别;③细分差别的运作成本必须小于从价格差异所获取的额外受益;④价格的差异必须是合理合法的,不会引起消费者的抵制、公众的反感和政府的制裁。

差别定价的具体策略主要有:

(1) 按不同的消费群体定价。例如,工业用电与生活用电的价格定得不同,博物馆对学生和成人的票价不同等。

(2) 按不同的销售时间定价,包括不同季节的不同定价,不同日期的不同定价,同一天不同时段的不同定价。如旅游旺季和淡季的旅游价格不同,电影院中午、下午和晚上的票价不同等。

(3) 按不同的销售地点定价,如五星级宾馆、机场、列车餐厅同一种饮料的价格不同,国内售价与国外售价不同等。

(4) 按不同的购买数量定价,如不同批量购买价格不同,企业对大量购买的中间商和产业用户往往给予职能折扣和数量折扣,也是这种定价策略的体现。

(5) 按不同的产品款式定价,如服装的流行款式价格高于普通款式价格等。

(6) 按不同的产品部位定价,如足球场的不同座位价格不同等。

每一家企业都必须思考这样一些问题:为什么要控制价差?与哪个竞争者保持价差?简单地说,如果你想与某个品牌构成直接的竞争关系,你就需要缩小与对方的价差粘住对手;如果你想离开对方,就需要扩大价差使自己进入到另一个细分市场中。

案例 5-4

低多少最有杀伤力

在速溶咖啡市场上,摩卡品牌将自己定位在二流品牌的地位,不去与雀巢发生直接的竞争,它想在另外一个细分市场上以绝对优势压倒"超级"与"皇室"这样一些品牌。因此,摩卡咖啡价格与雀巢保持较大的距离，比如，在市场消费量最大的原味咖啡品种上，"摩卡三合一"咖啡就保持与"雀巢1+2"咖啡27%的价差。

那么，谁在雀巢的目标市场中与其形成直接的竞争关系呢？是卡夫的麦斯威尔。无论是在全球市场还是在中国市场，麦斯威尔都是雀巢在速溶咖啡市场上的主要竞争者。虽然目前麦斯威尔的市场占有率不及雀巢，但它一直没有放弃过与雀巢的竞争，在中国麦斯威尔仍然在雀巢的目标市场上与其展开竞争，从麦斯威尔保持与雀巢的价格关系中可以看出这一点。

麦斯威尔所有品类的价格都低于雀巢，但价差幅度是有控制的，尤其是在一些消费量大的品种上，这样就保证了自己与雀巢处在同一档次的细分市场中。比如，在原味咖啡这个主导型产品上，麦斯威尔"原味三合一"咖啡价格只比"雀巢1+2"咖啡低7%左右。在高档品类上，麦斯威尔与对手的价差拉得较大，但仍没有超过25%的价差极限，如在卡布奇诺上麦斯威尔咖啡的价格低于雀巢24%。

价差率除了划定品牌之间市场定位档次的标准外，它还同样反映在一个品牌不同档次产品上。比如，在佳洁士的防蛀牙膏产品线中，中档价位的茶洁防蛀牙膏与中高档的防蛀修复牙膏的价差率是36%，而防蛀修复牙膏与高价位的茶爽防蛀牙膏的价差率是33%；高露洁的中等价位草本氟钙牙膏与中高档的双氟加钙牙膏的价差率达到51%，另外双氟加钙牙膏与高价位的蜂胶牙膏的价差率是28%；在麦斯威尔的产品线中，特浓咖啡定位于中档市场，低糖低脂咖啡定位于中高档市场，卡布奇诺咖啡定位于高档市场，三者之间的价差率分别为28%和39%。

2. 心理定价策略

心理定价策略是指企业迎合不同消费者的价格意识和价格心理为产品定价的技巧和方法。同样一件产品，不同的消费者会有不同的需求偏好和价格感受，有的对价格十分敏感，也有的则不太敏感；有的求名、有的求实，有的求新、有的求奇，有的求安全、有的求档次。

差异化的需求心理必然会在产品价格上反映出来，企业只有采取灵活的定价策略，针对消费者的价格心理制定他们所能接受的价格，才能赢得消费者青睐。

根据消费者价格心理定价的具体策略有：

（1）尾数走价策略。这种定价策略是指企业把原本可以定为整数的价格，稍降一点，以零头数结尾，如4.99元、0.98元等。销售中低价格的日常用品和食品等的零售商经常采用这种定价策略，目的是让消费者有一种价格核算准确的价格感受，并在直观上获得一种便宜的感觉，以吸引消费者购买产品。这种定价策略适用于需求弹性大、购买频率高的产品。

案例 5-5

尾数定价

心理学家的研究表明，价格尾数的微小差别，能够明显影响消费者的购买行为。一般认为，5元以下的商品，末位数为9最受欢迎；5元以上的商品末位数为95效果最佳；百元以上的商品，末位数为98、99最为畅销。尾数定价法会给消费者一种经过精确计算的、最低价格的心理感觉；有时也可以给消费者一种是原价打了折扣、商品便宜的感觉；同时，消费者在等候找零期间，也可能会发现和选购其他商品。

如某品牌的21英寸彩电标价998元，给人以便宜的感觉，认为只要几百元就能买一台彩电,其实它比1 000元只少了2元。尾数定价策略还给人一种定价精确、值得信赖的感觉。

尾数定价法在欧美及我国常以奇数为尾数,如0.99,9.95等,这主要是因为消费者对奇数有好感,容易产生一种价格低廉、价格向下的概念。但由于8与"发"谐音,在定价中8的采用率也较高。

(2) 整数定价策略。与尾数定价策略相反,把产品价格定在整数上,不带零头,即使可以定为零头数的也向上靠,定为整数。如980元一只的高级手表,可以定为1 000元,使手表的档次从3位数上升为4位数,满足那些追求档次消费者的心理需求。这种定价法主要适用于高档产品、高级礼品、特色产品,能体现个人身份、消费层次的产品,以及那些需求弹性小、价格稍有高低也不会影响需求的产品。

(3) 声望定价策略。声望定价策略是指企业根据产品和企业在消费者心目中的知名度、荣誉度比竞争产品高的优势为产品定高价的策略。对市场上影响力大的名特优产品,消费者的预期价格一般都比较高,他们购买的目的是用产品来展示他们的社会地位和自我形象,因此,他们购买时关注的焦点不是价格的高低,而是产品价格的声望效应。如果所定的价格明显低于他们的预期价格,他们会对产品的质量和真假产生怀疑而不购买。例如,1985年,我国景德镇名瓷参加巴黎博览会,一些法国人想购买成套瓷器,但一看标价,每套300法郎,便打消了购买念头。后来,我外贸人员根据景德镇瓷器的国际声望重新定价,每套售价20 000法郎,一些富人和收藏者却争相购买。

当然,定高价并不是越高越好,过高的定价如与产品价值严重不符,反而会适得其反。企业为了形成并维持声望价格,也要采取一些非价格策略,如宣传促销、限量供应等。

(4) 招徕定价策略。零售商常常针对某些消费者求廉的价格心理,有意将少数消费者熟知的产品定特低价,以招徕消费者登门,在购买这些特价产品的同时带动其他按正常价格出售的产品的销售。

案例5-6

北京地铁有家商场,每逢节假日都要举办1元拍卖活动,所有拍卖商品均以1元起价,报价每次增加5元,直至最后定夺。但这种由商场举办的拍卖活动由于基价定得过低,最后的成交价就比市场价低得多,因此会给人们产生一种卖得越多,赔得越多的感觉。岂不知,该商场用的是招徕定价术,它以低廉的拍卖品活跃商场气氛,增大客流量,带动了整个商场的销售额上升,这里需要说明的是,应用此术所选的降价商品,必须是顾客都需要,而且市场价为人们所熟知的才行。

采用招徕定价策略要注意:①降价必须是真降价,降价的幅度必须足以吸引消费者;②降价的产品必须是品种新、质量优的适销商品、消费者需要的产品,即具有足够吸引力的产品;③降价的产品必须是价格需求弹性大,价格降低能使需求明显上升的产品;④实行招徕定价的商店,必须有足够多的经营品种,使消费者有较大的选择余地。

采用招徕定价策略也可以有意将某种特定产品定特高价以吸引消费者的注意力,提高他们登门弄明白的兴趣。

(5) 习惯定价策略。市场上的一些日常用品,由于同类产品较多,价格比较稳定,经过长年累月的重复购买,消费者对其价值和价格已经充分认知,并且在心目中形成了一种愿意接受的习惯价格。对此类产品的定价,企业往往需要按习惯价格定价,如果定价过高,就会使需求迅速下降，引发消费者的抗议；如果定价过低，又会引起消费者对产品质量的怀疑，同时也会影响企业收益。

需要采用习惯定价策略的产品主要是生活必需品，消费量大、购买频率高的轻工产品和农产品。

3. 组合定价策略

大多数企业生产或经营多种产品，这些产品之间大多存在着相互替代或相互补充的关系，因此，一种产品的价格必然会影响到与之相关联的已有产品的价格和销量，并最终影响企业总体利润的高低。这是为新产品定价时就必须认真考虑的问题。这种以实现企业整体利润目标为出发点，在统一考虑关联产品价格基础上为新产品定价的策略就叫做组合定价策略。

组合定价策略因不同产品间的组合关系不同，又细分为3种策略：

（1）替代产品组合定价策略。对于产品组合中功能、效用相同或相近、可以相互替代的满足同一种需求的产品，企业定价时要着重分析这些产品在品牌、包装、款式、声望等方面的差异，并综合考虑其成本差异、需求差异、竞争状况等，为其制定梯级价格。梯级价格要科学、合理。若梯级价格之间差额过小，消费者就会选择价格更高的产品，以获得较高的经济价值；若差额过大，消费者又会集中购买低价格的产品，同样去获得较高的经济价值。如果畅销产品之间的成本差额小于价格差额，企业得到的利润就高；反之，企业得到的利润就低。

（2）互补产品的定价策略。互补产品之间有3种不同的关系，因此可以进一步细化为3种定价策略：①配套关系产品的定价策略。配套关系产品是指相互配合、成套使用的产品，如照相机与胶卷、电脑硬件与软件、餐厅中的菜肴与饮料、酒类等。同时生产或经营配套产品企业可以将其中一种定低价以刺激需求，另一种定高价以获取厚利，最终实现企业整体利润目标。对可以单独购买使用的配套产品，如成套化妆品、成套床上用品等，企业可以给成套购买者以价格优惠，鼓励成套购买，以扩大销售量。②主辅关系产品的定价策略。对于互补产品中的核心产品和辅助产品、关键产品和附属产品、主要产品和副产品，企业定价时同样可以分出高低，以低价促销，以高价获利，相互配合，谋求最大利润。③构成关系产品的定价策略。某些企业在出售产品时，为了维修的需要，也向市场出售构成产品成品的零部件，如电动自行车厂既出售整车也出售零配件。对于构成成品的零部件定价可以略高于成品，以防止竞争者低价获得零部件组装成品而获得价格竞争优势。

（3）搭配定价策略。为了方便消费者，提高他们购买产品的愿望，一些企业常常将两种或两种以上相互关联的产品"捆绑"在一起搭配销售，如销售电脑的商家配售打印机、扫描仪、电脑桌等。对组合在一起销售的产品总价格则应低于逐一购买的总价格，当然这种搭配不能是硬性的，否则消费者会拒绝买主导成品，政府也会加以干涉。

任务三　价格调整策划

情景案例

休布雷公司：巧妙定价

休布雷公司是美国生产和经营伏特加酒的专业公司，其生产的斯米诺夫酒在伏特加酒市场享有较高的声誉，市场占有率达23%。20世纪60年代，另一家公司推出一种新型伏特加酒，其质量不比休布雷公司的斯米诺夫酒差，每瓶价格却比它低1美元。

面临对手的价格竞争，按照惯常的做法，休布雷公司有3种对策可以选择：

（1）降价1美元，以保住市场占有率；

（2）维持原价，通过增加广告费用和推销支出与竞争对手相对抗；

（3）维持原价，听任其市场占有率降低。

由此看出，不论休布雷公司采取其中哪种策略，它都似乎输定了。然而，该公司的市场营销人员经过深思熟虑之后，却策划了对方意想不到的第四种策略，即将斯米诺夫酒的价格再提高1美元，同时推出一种与竞争对手新伏特加酒一样的"瑞色加"酒和另一种价格低一些的"波波"酒。其实这3种酒的品质和成本几乎相同。但实施这一策略却使该公司扭转了不利局面：一方面提高了斯米诺夫酒的地位，使竞争对手的新产品沦为一种普通的品牌；另一方面不影响该公司的销售收入，而且由于销量大增，使得利润大增。

案例点评

休布雷公司这一定价策略策划令人拍案叫绝。这是在对消费者心理需求分析的基础上采用了避实就虚的"差别定价法"，实乃"一石三鸟"。

第一，休布雷公司利用高位定价策略，使顾客相信斯米诺夫酒是更高档的酒，提高了斯米诺夫酒的身份，无形之中则贬低了对手公司的新型伏特加，从而也就排斥了对手公司的新型伏特加与斯米诺夫酒在同一档次上竞争。

第二，作为更进一步的价格策略，休布雷公司拿出"瑞色加"酒与对手的新型伏特加在同档次竞争，实施"二次打击"。

第三，用"波波"酒在更低档次上对竞争对手公司的新型伏特加进行夹击，使对方处于被动的境地。

知识体系

企业给产品定价以后，由于情况变化，经常还要变动价格。变动价格主要有两种情况：①市场供求环境发生了变化，企业认为有必要调整自己的价格；②竞争者价格有所变动，促使企业也不得不做出相应反应。

一、主动调整价格的策划

1. 主动调整价格的原因

主动调整产品价格的策划，不外乎从两方面着手：或是降价，或是涨价。

降价常见的原因：①企业生产能力过剩，市场供大于求，需要扩大销售，但又无法通过改进产品和增加销售努力来达到目的，只好考虑降价。②下降中的市场份额。如当日本小汽车以明显优势大量进入美国市场后，美国通用汽车公司在美国市场份额明显减少，最后不得不将其超小型汽车在美国西海岸地区降价10%。③为争取在市场上居于支配地位。公司用较低的价格，增加产品的竞争能力，扩大市场份额，而销售的增加也降低了成本。

涨价常见的原因。涨价虽然给公司带来了利润，但是也会引起消费者、经销商和推销人员的不满，甚至会丧失竞争优势。在下列2种情况下，企业会考虑涨价：①成本膨胀。这是一个全球性的问题。材料、燃料、人工费、运费、科研开发费、广告费等不断上涨，导致压低了企业利润的幅度，因而也引起了企业要定期地提价，提高的价格往往比成本增加的要多。②供不应求。当企业的产品在市场上不能满足所有消费者的需要时，可能会涨价，减少或限制需求量。公司在涨价时，应通过一定的渠道让消费者知道涨价的原因，并听取他们的反映，企业的推销人员应帮助消费者找到经济实用的方法。③竞争者提价等。

2. 主动注意对价格变动的反应

（1）购买者对变价的反应。企业变价之后，要注意分析各方面的情况，特别是购买者对价格变动的反应。由于购买者对变价不理解，可能会产生一些对企业不利的后果。降价本应吸引更多的消费者，但有时对某些消费者却适得其反，这些消费者可能会认为降价是为了处理积压存货，降价的产品一般无好货，或是企业财务困难，该产品今后要停产，零配件将无处购买，价格可能还会进一步下跌，故造成持币观望的局面。因此，不适当的降价反而会使销售量减少。

产品提价应该是抑制购买，但购买者可能认为提高价是因为这种产品是畅销货，不及时购买将来可能买不到，或者以为该产品有特殊价值，值得购买，或认为该产品可能还要涨价，应该赶快去买。结果是涨风越大，抢购风越大。

因此，企业在产品涨价、降价之前和之后，都应尽可能向消费者介绍清楚，让消费者了解情况，以便对变价做出正确的购买反应。

（2）竞争者对变价的反应。企业在营销中还往往受到竞争变价的攻击，这就需要企业分析竞争变价的目的、持久程度和对本企业的影响并及时做出反应。选择方法如下：保持价格不变；价格不变的同时，改进质量、样式、包装等，用非价格手段来进行反攻；降价以扩大售量；提价，同时研制新品牌以攻击对方，等等。

3. 主动调价的方法

（1）调低价格对企业来说具有相当的风险。出于"一分价一分货"的心理，消费者认为降价产品的质量低于竞争产品质量。同时，降价也有可能引发价格战，造成不必要的过度竞争。所以调低价格策略应该与开发更有效、成本较低的产品相结合，同时掌握好降价的时机与幅度。

降价的时机。不同的商品的降价时机不同，日用品选择节日前后，季节性商品选择节令相交之时。

降价的方式。降价的方式有明降和暗降。暗降的方式有增加商品的附加服务、给予折扣和津贴、实行优待券制度、予以实物馈赠和退还部分货款等。

降价的幅度。降价幅度一般不宜过大，尽量一次降到位，切不可出现价格不断下降的情况，以免引起消费者产生持币待购的心理错觉。

（2）消费者一般都不欢迎产品涨价，因此策划人员应当合理掌握涨价的时机、幅度及方式。

涨价的时机。为避免消费者和中间商的不满，可以限时提价，在供货合同中写明调价的条款。

涨价的幅度。涨价的幅度不宜过大，国外一般是5%，也可参照竞争者的价格变化。

涨价的方式。涨价有明调与暗调两种方式。明调是直线提高价格，而其他条件不发生任何变化。暗调的方式有减少产品包装数量、更换商品型号种类、取消优惠条件等手段。一般的做法是避免明调，采用暗调。

> **案例 5-7**
>
> ### 养生堂缘何提价
>
> 浙江发行量最大的报纸《钱江晚报》刊登了养生堂的提价公告，声明由于野生龟鳖资源日益紧缺，企业难以继续以现有价格供应消费者。公司决定，龟鳖丸在原有的价格上提价8%，以解决资源稀缺和成本增加的需要。养生堂应用提价策略，能给养生堂带来哪些好处？
>
> **分析：**
>
> （1）提高利润率，增强企业综合实力。几年无序竞争及终端整合的结果，保健品生产企业普遍遭遇了成本持续增高、利润不断下降的尴尬境地，养生堂自然也无法幸免。一方面，利润率下降；另一方面，以广告费及终端费为代表的营销费用却与日俱增。因此，如何压缩费用、有效控制成本已成为保健品企业的老大难问题。
>
> （2）提升产品的品位感、进而提升品牌美誉度。价格，在某种意义上也是品牌的一种外相。降价往往容易造成消费者"是不是品质也下降了？""是不是产品滞销的处理办法"等误解，这对企业是相当不利的。而提价则恰恰相反，反而可以培养"旺销""珍贵"等美誉舆论。品牌美誉是企业巨大的无形资产。
>
> （3）差异化区隔，市场突围。当市场遭遇增长瓶颈，企业通常以降价的形式争取市场销量。而事实上，尽管降价能为企业带来一时的滚滚财源，但由于降价不可避免地要引发市场动乱，引起价格战，这种不降反升、反其道而行之的价格竞争策略，一下子就将竞争对手远远抛到身后，直接避免了残酷的市场厮杀。

二、被动调整价格的策划

1. 一般市场者的对策

被动调价是指企业对率先进行价格调整的竞争者的价格行为所做出的调价反应。在市场经济的条件下，价格竞争随时都可能爆发，企业必须随时做好准备，建立自己的价格反应机制，始终关注市场价格动向和竞争者的价格策略。

（1）应对措施。面对竞争者率先调整价格，被动跟随竞争者调整的情况，对于不同的产品市场，其应对措施可以如下：①对于同质产品，如果竞争者降价，企业也要随之降价，否则，顾客就会购买竞争者的产品；如果竞争者提价，企业可以灵活面对，或者提价，或者不变。②对异质产品，企业有较大的余地对竞争者调整价格做出反应，如不改变原有价格水平，采取提高产品质量和服务水平、增加产品服务项目、扩大产品差异等来争夺市场竞争的主动权。

（2）探析问题。在采取行动之前，企业应当先比较不同反应的可能结果。一般要分析研究以下问题：①竞争者为什么要变动价格？是想扩大市场，以充分发挥它的生产能力，还是为了适应成本的变化？或者是希望引起全行业的一致行动，以获得有利的需求？②竞争者的价格变动是暂时的，还是长期的？③如果对竞争者的价格变动置之不理，企业的市场占有率和利润等会受到什么影响？其他企业又会怎么办？④对企业每一个可能的反应，竞争者和其他企业又会有什么举动？

（3）主要对策。由于企业市场地位和营销成本、产品特性以及市场环境的实际情况不同，企业被动调价时的策略也应不同，可供企业选择的对策主要有：①随之调整价格,尤其对于市场主导者的降价行为,中小企业很少有选择的余地,不得不被迫应战,随之降价;②反其道而行之,同时推出低价或高价新品牌、新型号产品,以围堵竞争者;③维持原价不变,如果随之降价会使企业利润损失超过承受能力,而提价会使企业失去很大的市场份额,维持原价不失为明智的策略选择,同时也可以运用非价格手段进行回击。

2. 市场领导者的对策

市场领导者有如下对策可供选择:

(1) 价格不变。市场领导者认为,降价会减少太多利润;保持价格不变,市场占有率也不会下降太多,必要时也很容易夺回来。借此机会,正好摆脱一些所不希望的买主,自己也有把握掌握住较好的消费者。

(2) 运用非价格手段。比如企业改进产品、服务和市场传播,使消费者能买到比竞争者那里更多的东西。很多企业都发现,价格不动,但把钱花在增加给消费者提供的利益上,往往比削价和低利经营更合算。

(3) 降价。市场领导者之所以这么做,是因为降价可以增加销量和产量,因而降低成本费用,同时,市场对价格非常敏感,不降价会丢失太多的市场占有率,而市场占有率一旦下降,就很难恢复。

(4) 涨价。有的市场领导者不是维持原价或降价,而是提高原来产品的价格,并推出新的品牌,围攻竞争者品牌。

案例 5-8

美的微波炉从价格战到"价值战"的突围

在微波炉行业,格兰仕作为市场的先入者,一直保持着较大的市场份额,数年来坚持不懈地挥舞价格战屠刀,并以"价格屠夫"自居,声称"价格的竞争乃是最高级的竞争方式",原格兰仕副总裁俞尧昌更是以创立了"摧毁产业投资价值"理论而名闻业界。在恶性价格战策略之下,这个行业的整体价值走低,各个方面都不能获得正常的利益。微波炉行业的整体市场总量已经连续 5 年没有增长,徘徊在每年 800 万台的规模上,而主要品牌的市场份额也连续多年变化不大。

然而,2007 年,中怡康监测的数据显示,9 至 11 月,美的微波炉的市场占有率已高达 42%,比上一年同期提升了 13%;10 月底,美的微波炉在国内市场已经完成了全年销售目标,销量接近 400 万台。

从被迫参与恶性竞争到回归商业本原,美的微波炉走过了一条怎样的营销变革之路?

放弃低端价格竞争,转而研究消费者需求,引进国外技术人员加强技术创新,制造出更适合中国家庭使用的蒸功能微波炉,美的也由此赢得了新的发展机遇。

2005 年以前,美的微波炉虽然试图通过产品功能创新为自己觅得一条不一样的路,比如紫微光微波炉、蒸汽紫微光微波炉等,但在格兰仕的攻击下,难有收获,直到拥有蒸功能、获得国家专利的"食神蒸霸"问世。"食神蒸霸"可以做梅菜扣肉之类的所有传统蒸菜,打破了此前的微波炉只是加热工具的局限。"食神蒸霸"的成功推出,解决了自微波炉发明以来,一直横亘于行业面前的最大难题:用微波炉直接加热的食物,营养流失严重,脱水严重,口感也不好。用微波炉蒸菜,还可以实现智能化控制,而且无明火、无油烟,与明火蒸食物相比，最大限度地减少了消费者用于烹饪的时间，还解决了厨房清洁难题。此后，美的微波炉走上了提升微波炉价值、共享价值链，从而回归商业本源的道路，不断通过技术改进赋予产品甚至整个行业新的价值。在2007年5月开展的美的微波炉美食节期间，美的微波炉的普通员工使用美的微波炉做出了八大菜系的近百道菜肴。

在品牌传播上，美的也下了很大的力气：将蒸功能作为自己的品牌定位，致力于成为"蒸功能微波炉"这一全新品类的代名词。在2006年年底确定的品牌策略中，美的以"食尚，蒸滋味"作为品牌的主打口号，并通过以央视为核心的媒体组合，进行广泛传播。与央视的合作不仅快速提升了美的微波炉的品牌影响力，同时也直接促进了产品销售。市场人士分析，对行业而言，因微波炉的应用价值在此次美的的品牌攻势中得到了广泛传播，市场潜在容量将获得有效增长。

2007年4月，美的微波炉联合电子科技大学，制定了微波炉蒸功能标准，被中国标准化协会纳入其CAS标准体系，向全行业推荐使用，并引发了持续半年的媒体关注。

美的微波炉日前已经推出蒸功能升级产品——"全能蒸"微波炉系列，以强化其在蒸功能产品上的领先地位，牢牢把握对行业发展的话语权与方向引领权。

品牌和产品策略的调整，使美的微波炉在国内市场上的经营发生了本质变化：经销商信心大增，员工队伍稳定；经营业绩从前几年徘徊于亏损边缘，如今则是小有盈利。

当然，蒸功能创新不仅是美的的胜利，也为行业发展提供了新的空间。其他微波炉企业迅速跟进，先后推出了具有蒸功能的产品。现在海尔、LG、格兰仕也都在推蒸功能产品，在日韩市场上，具有蒸功能的微波炉产品的市场占有率达到80%以上，没有蒸功能的微波炉几乎卖不出去。

任务实训

营销产品价格策划能力训练

1. 实训目的

引导学生参加"'营销产品定价'业务胜任力"的实践训练；在切实体验《营销产品价格策划报告》的准备与撰写等活动中，培养相应专业能力与职业核心能力；通过践行职业道德规范，促进健全职业人格的塑造。

走访超市、商场、批发市场、生产厂家。选择一种产品（光明牛奶、康师傅牛肉面、农夫山泉矿泉水等），研究其从工厂到批发市场，最后到超市或商店的不同价格的定价基础与方法。

2. 实训要求

（1）将班级每10位同学分成一组，每组确定1~2人负责。
（2）对学生进行商品类别划分，确定选择哪种商品作为调研的范围。
（3）学生按组进行实地调查，并将调查情况详细记录。
（4）对调查的资料进行整理分析。
（5）依据产品定价方法理论，找出所研究产品的定价方法及考虑的因素。
（6）写出分析报告。
（7）各组在班级进行交流、讨论。

3. 实训成果

撰写《营销产品价格策划报告》。

复习思考

1. 价格策划的基本流程及步骤有哪些？
2. 制定价格可选择哪些基本方法与策略？
3. 价格折扣与折让有哪些形式？
4. 新产品定价策划有哪两种方式？
5. 怎样理解变动价格的策划？
6. 你们组的产品（业务）在市场竞争中会遇到各种各样的情况，公司会针对不同的情况采取不同的定价方法，制定不同价格策略，现请你预测一下本企业可能出现的市场情况并采取相应的定价方法和策略。

案例赏析

日本麦当劳的"价格奇袭"

目前，当你从日本爱知县西行，在所有的麦当劳连锁店，花65日元（约合4元人民币）就可以吃到一只美味的汉堡包。而在不太遥远的3年前，一只同样的汉堡包还卖200多日元呢。凭着如此的低价位，在全日本经济黯淡、一片唏嘘之中，麦当劳却门庭若市，一派欣欣向荣的景象。1997年度，该公司销售额达3 337亿日元，纯利润231亿日元，在汉堡包市场中独占55.1%的份额，因而引起众商家的瞩目。

那么，这位72岁的总裁藤田田先生究竟有什么招数呢？

早在1992年，当日本人还沉浸在泡沫经济的余辉中时，藤田田已准确地预测了日本将要出现的通货紧缩、市场疲软、经济大滑坡的局面，而且断言这种局面将会长期化，至少可能持续10年。

藤田田得出这个结论，主要依据有三：一是从20世纪70年代中期开始，日本的出生率迅速下降。有关方面预测，到20世纪末约可下降一半（1997年日本出生119万人，约为70年代出生200余万的一半，事实证明预测有理）。藤田田早就在关注这个问题，他的分析是：每年少出生100万人，到一定时段，每年便少组合50万个家庭，这对土地、房产、儿童用品等的市场需求必将产生重大影响。而80年代以来，房地产一直过热，于是藤田田断言：土地必定降价，经济必定恶化。三是日本一向采取农业保护政策，在保护稻农利益的前提下，日本大米恰好自给。然而自80年代末90年代初以来，日本受到越来越大的国际压力，要求开放大米市场。当时日本舆论认为，开放大米市场只是早晚的事。根据这一情况，藤田田又得出结论：进口大米的增加必将导致农田闲置，闲置的土地又要出卖，结果又是地价跌落、资产贬值，而且这一趋势难以阻止（事实上，1995年日本首相细川护熙承诺到2000年进口大米8%）。三是中国的崛起。以计算机为例，以前日本市场上的计算机成品有相当的数量是在中国台湾组装的，而自80年代末90年代初以来，中国大陆也已经开始买进零件组装出口。12亿中国人的创造力是无穷的。一旦价廉物美的各类商品大量涌入日本市场，其影响之巨是不言而喻的。

根据这一系列分析，藤田田断定：严重的经济不景气马上就会席卷日本社会，而且短期内恢复无望，因此，公司必须采取果断措施以求生存。

经过酝酿筹备，1994年年底，藤田田总裁向全体职员发出了紧急动员令，取名为《巨大宇宙战舰麦当劳号出击宣传》。文件中写道：鉴于政府景气恢复政策的失策，我们不能坐以待毙，不能只有空发悲愤慷慨的议论。我们要在抛弃高价位的大旗下，倾注全力，艰苦奋斗，把1995年作为麦当劳的价格奇袭之年，向着胜利奋勇前进！

1995年4月，日本麦当劳公司将原来卖210日元的汉堡包一口气降至130日元，1995年夏天又降到65日元，1995年8月17日，西日本地区的麦当劳连锁店以超低价位发卖的第一天，销售额比上年同期增长了42%，藤田田总裁高兴地说："增长如此大的比率，这岂不说明从来不吃汉堡包的人今天也来了吗？看起来，不管消费欲望多么低落，吃东西总是需要的。"

为了应付将会长期持续的经济不景气，藤田田从一开始就实行了大幅降价的战略，他认为，在严重的通货紧缩、收入减少的形势下，搞价格战、有奖销售之类的雕虫小技，顾客是不会买账的，因此必须采取非常的极端做法。

更有意思的是，藤田田别出心裁，打破一向由经营者决定商品价格的传统，而由顾客来定价。现行65日元的价格就是在周密的问卷调查中得知，只有到此价位时想买的人才达到100%，然后才确定下来的。直到现在，麦当劳公司仍然坚持每年4次在日本全国范围内以1 800个家庭为对象实施消费意识调查。问卷内容包括全家在外吃饭的次数、麦当劳店铺的清洁状况等，列数10个问题，其宗旨是获取顾客满意度的准确信息。这些措施无疑大大增强了麦当劳的竞争力，使他们与同业的摩思汉堡、罗泰利公司等强力竞争对手迅速拉开了距离。

说起来，生意人谁都知道薄利多销的道理，然而，日本麦当劳的超低价位，人们看得见、认得清，就是轻易不敢盲目效仿。

一是藤田田领导的麦当劳公司有能力从全球范围组织货源。他有一个信息班底，每天通过计算机网络了解世界市场行情，对美国、新西兰、澳大利亚等地的牛肉、土豆、洋葱、芝麻等原料的价格了如指掌，然后从最便宜的地方购进。二是藤田田凭着他丰富的知识和敏锐的经济头脑在不同货币的汇率上大做文章，大大地赚了一笔。

另外，藤田田充分利用经济低潮地价暴跌的条件，近年来以非凡的胆识大张旗鼓地增加新开店铺。1990年新开店530家，1997年新开457家。截至1997年年末，共拥有2 439家分店，而且1998年又计划新开450家。藤田田说："现在地价、银行贷款利息及建筑费用等都极便宜，是新开店铺的绝好机会。所以最近我们又制定了标准化店铺的条件，从着装到餐桌到窗帘全部统一计划，集中订货，这样新开店铺的成本可降至1994年的一半左右。"

问题：
1. 藤田田为什么发动"价格奇袭"？
2. 汉堡包如此价廉为什么还能"利丰"？竞争者为什么不能仿效？
3. 现行汉堡包65日元一只的价格是如何制定的？价格策略成功的秘诀何在？

模块六

渠道模式策划

学习任务

1. 熟悉销售渠道策划的理论及策略；
2. 了解掌握销售渠道的宽度结构；
3. 掌握销售渠道设计策划；
4. 掌握销售渠道的管理方法。

任务一　认识分销渠道

情景案例

西门子家电：通路运作

注意网点建设的质量

西门子家电在中国，走的是"以点带线，以线带面"的路线，即在一个地区重点扶持一个点，时机成熟后再增加新的销售网点。

西门子重视网络质量具体表现在两个方面：对网点的细心培育和零售业态的有效组合。销售人员经常深入终端市场与零售商进行广泛的沟通，听取他们的意见，及时解决他们在销售中遇到的困难和问题，在产品展示陈列、现场广告促销、及时补货等方面给予有力支持，处理好厂家与零售商的利益关系。同时，也严格规范零售商的销售行为，用制度来管理，一视同仁，奖罚分明，避免了零售终端无序经营和乱价现象的发生。这种市场培育的方式不仅大大提高了终端网络成员的积极性和对企业及产品的忠诚度，增强了他们对产品、品牌、市场的责任心，还使他们的营销水平和能力得到提高，行为更加规范，使西门子从点到面整个网络得以健康、快速、持续地发展。

创造厂家与零售商的互惠协作关系，走双赢之道

西门子冰箱销售采取的是直接面对零售终端的通路模式。其特点是不通过任何中间批发环节，直接将产品分销到零售终端，由厂家直接开拓和培育网络。这种方式虽然有网点拓展慢、交易分散、配送难度大、人力投入大的缺点，但在家电产品销售成功与否还看终端的今天，企业对销售点的控制力、维护能力、市场沟通能力、人际亲和力则更加重要，只有这样才能真正提高市场的渗透力。因此可以说这种通路模式将成为家电销售发展的趋势。那么，如何创造一个与零售商互惠合作的良好环境，则关系到产品销售的成败。

西门子的做法是，采取一切有效措施把产品卖给消费者，而非仅仅把产品推销给零售商。这是一个观念问题，有了这个观念，区域公司销售人员的工作重点不仅仅在于说服零售商进货，也不仅仅在于从事厂商合作中的事务性工作，更重要的是分析研究消费者、竞争对手、产品行业动态，研究如何把握机会，帮助零售商提升销售业绩。"只有让消费者更多地购买产品，零售商才能赚到钱，企业因此也才能够得利"的观念深深烙印在每一个西门子销售人员心中。

不少零售商反映：西门子销售人员主动帮助他们出主意、做生意，推荐好销的产品，精打细算降低成本，遇到有要求立即做出反应，行动快，效率高；分公司定期与零售商座谈，解决销售难题。西门子值得信赖。

西门子"情感营销"在家电销售领域注入了新内容，成为通路操作的一种"软件"策略，并逐步跳出私人友情的小圈子，成为一种销售沟通手段，走向制度化、规范化，同时注重通路运作效率、反应，大大增强了通路活性。

案例点评

西门子进入中国市场以来，一直恪守"决不为短期利益而出卖未来"的经营理念，其稳健的经营风格，精耕细作、严谨务实的作风给国内同行和消费者以深刻的印象。这一国际卓越品牌的市场运作方式不仅是市场竞争的必然要求，更是市场竞争的必然结果。

传统的家电销售方式，厂家注重的是把产品推给批发商，批发商再把产品推给零售商，至于零售商如何把产品转移到消费者手中这最重要的一环往往被厂家忽略。在目前买方市场的条件下，未来家电销售的终端建设越来越重要，终端的优势不仅仅在于网点的数量，更在于终端的质量——销售沟通和销售效率；不仅仅在于争取成本优势，更重要的在于如何增强通路活性以及操作机制的独特性。

此外，对零售终端的精耕细作是提高销售业绩的根本途径。厂家在销售过程中必须对终端市场所涉及的每一个环节及相关层面进行深入、细致、规范的管理和运作，供货、换货、展台布置、产品摆放、现场广告、产品介绍、营业沟通、信息反馈等，任何一个环节有问题都会影响销售效果。

知识体系

分销是企业使其产品由生产地点向销售地点运动的过程。销售渠道策划的主要内容是怎样合理选择、设计和管理销售渠道，即怎样合理选择、设计和管理产品从生产者转移到消费者或用户所经过的路线和通道（简称"通路"）。

一、认识分销渠道

1. 分销渠道的含义

分销渠道是指某种产品或服务在从生产者向消费者转移的过程中，取得这种产品或服务的所有权或帮助其所有权转移的所有企业和个人。主要包括商人中间商（他们取得所有权）和代理中间商（他们帮助转移所有权），此外，还包括处于渠道起点和终点的生产者及最终消费者，但是不包括供应商和辅助商。

我们在日常生活中消费的许多商品都是从各种各样的零售商处购买，很少跟生产厂家直接交易。对于生产厂家来讲，通过这些零售商将各种产品送到消费者手上，这些零售商就可以被称为分销渠道。渠道是指企业将产品传递给最终购买者的过程中所使用的各种中间商的集合。在产品流通过程中，生产者出售产品是渠道的起点，消费者购进产品是渠道的终点。

应该这样认识分销渠道：在将产品由生产厂家送达到消费者这一过程中，有多种多样的中间商，有的取得了所有权，有的未取得所有权。帮助生产企业转移产品所有权的企业和个人都是这一渠道中的某一环节。生产企业之所以选择渠道，一方面，基于精力有限，不可能既生产又销售；另一方面，生产企业与消费者有着天然的矛盾，二者在产品生产与消费的时间、地点、数量、品种、信息、估价和所有权等方面都存在差异，只有借助一定的渠道，才能解决这些矛盾，满足市场需要，实现企业的既定营销目标。

2. 分销渠道的特点

分销渠道由生产者、消费者和中间商组成，具有以下特点。

（1）分销渠道的起点是生产者，终点是个人消费者。这反映了某一特定产品价值实现的全过程所经由的通道。

（2）分销渠道是由一系列参加商品流通过程的、相互依存的、具有一定目标的各种类型的机构结合起来的网络体系。其组成成员通常包括制造商、批发商、零售商和消费者及一些支持分销的机构等。

（3）在分销渠道中，产品或服务从生产领域转移到消费领域的前提是所有权的转移，并且所有权至少转移一次。

（4）在分销渠道中，除商品所有权转移方式外，在生产者与消费者之间还隐含其他的物质流动形式，如物流、信息流、货币流等。它们相辅相成，但在时间和空间上并非完全一致。

3. 认识分销渠道的作用

对于生产企业来讲，分销渠道的设计是营销管理人员面临的最重要的决策之一。这是因为一旦合作，生产企业将与这些中间商建立长期的联系，中间商的行为将直接影响企业的整体营销策略，进而影响营销目标的实现。

在现实中，生产企业自己就是分销渠道的起点，对中间商、消费者都有一定的依赖性。从整体上看，根据人类的需要，分销渠道把大自然提供的各种原料转换成有意义的产品组合，对产品从生产企业转移到消费者所必须完成的工作加以统筹，客观上消除了产品（或服务）与使用者之间的分离，使各种细分的供给与需求相互匹配。同时，因为中间商的存在减少了交易过程必须完成的工作量，提高了效率。具体来说，分销渠道的主要作用有以下几点：

（1）调研。即收集和研究有关供给和需求的营销信息。

（2）促销。即进行关于所供应物品的说服性沟通。

（3）接洽。即寻找可能的购买者并与之进行沟通。

（4）谈判。即试图就提供商品的价格和其他条件达成最终协议，以实现所有权的转移。

（5）订货。即分销渠道成员向制造商进行有购买意图的沟通行为。

（6）配合。即使所供应的物品符合购买者需要，包括分类、装配、包装等活动。

（7）物流。即从事产品的运输和储存。

（8）融资。即为补偿渠道工作的成本费用而对资金的取得与支出。
（9）风险承担。即承担与渠道工作有关的全部风险。
（10）服务。即渠道提供的附加服务支持，如信用、交货、安装、修理等。

案例 6—1

太太乐食品有限公司的渠道网络

上海太太乐食品有限公司凭借其强大的科研力量不断推陈出新，产品涉及酱类、油品类、调味汁等八大系列的80多个品种，并于2008年以鸡精产销量达到7.3万吨成为世界鸡精行业第一名。20年来，太太乐打动消费者的除产品品质外，还有产品所包含的品牌文化，它为太太乐进一步拓展分销网络提供了品牌支持，令太太乐的销售网络覆盖得更广。

太太乐基于对市场的深入研究，根据未来可能的细分市场，以不同的产品分别占领不同的消费终端，构建了分公司—经销商、分公司—餐饮直营客户、分公司—零售直营客户的三渠道分销体系。太太乐拥有分布在全国各地的直营网络，有54个直营分公司，3 000多名营销员工，这是太太乐产品在全国各地得以迅速推广的一个有力保障。

针对餐饮直营客户对调味品的品质和价格比较敏感，太太乐就以大餐饮店、龙头餐饮店为突破口，以示范效应影响其他餐饮直营客户选择太太乐产品。据统计，在全国有20万个以上的餐饮企业在使用太太乐的产品。

与餐饮渠道同样重要的还有零售渠道。太太乐将零售渠道细分为烟杂店、农贸菜市场、小型超市、便利店、中型超市、中型连锁超市、仓储超市、大型连锁超市、卖场等不同类型的售点。零售面对的主要消费群是家庭，在家庭中担任购物和烹饪的中老年女士是重心消费者，为此，太太乐以卖场、便利店等零售终端为主。

太太乐还全面启动了全新的经销商合作战略，以提升通路管理的专业水平和政策执行力。由太太乐联手知名餐饮企业合力打造的美食餐饮门户NTA饭店联盟，依托互联网优势资源，旨在整合中国餐饮业、餐饮酒店、供应商和消费者的信息资源，全方位打造了一个展示产品魅力的大舞台。太太乐与零售100强进行了战略合作，全面整合全国零售商网络资源，进一步实现网络的纵深发展。

太太乐的成功说明，在社会化大生产和市场经济社会中，产品的生产者和消费者或用户之间不仅存在时间、空间和所有权分离的矛盾，而且存在产品供需数量、结构上的矛盾。要使产品顺利地由生产领域向消费领域转移，实现其价值，取得一定的经济效益，必须要通过一定的市场营销渠道，经过实体分配过程，在适当的时间、地点，以适当的价格和方式将产品提供给适当的消费者。分销渠道承担着产品由生产领域向消费领域转移的任务，合理选择、建设分销渠道是企业营销又一重要决策。

二、销售渠道的结构策划

销售渠道策划首先就是要对销售渠道的结构进行策划。销售渠道的结构策划可以从以下两个方面考虑。

1. 销售渠道的长度结构

现代营销过程中，商品销售渠道的模式很多，一般按渠道中是否有中间环节和中间环节多少的不同来划分为不同位数的销售渠道。在消费者市场，企业面对的最终顾客是家庭和个

人,即是最终消费者。一般策划有以下几种长度不同的销售渠道可供选择:

(1) 生产者→消费者。即企业自己派人推销,或以邮购、电话购货等形式销售本企业的产品。这种类型的渠道由生产者把产品直接销售给最终消费者,没有任何中间商的介入,是最直接、最简单和最短的销售渠道。

(2) 生产者→零售者→消费者。即由企业直接向零售商供货,零售商再把商品转卖给消费者。这种模式被消费品和选购品的企业所采用。

(3) 生产者→批发商→零售商→消费者。这种模式是消费品分销渠道中的传统模式。

(4) 生产者→代理商→零售商→消费者。许多企业为了大批量销售产品,通常通过代理商,由他们把产品转卖给零售商,再由零售商出售给消费者。

(5) 生产者→代理商→批发商→零售商→消费者。一些大企业为了销售特定产品或进入特定的市场,常需经代理商、批发商卖给零售商,最后卖到消费者手中。

2. 销售渠道的宽度结构

销售渠道除了长度问题外,还有宽度问题,即根据企业在同一层次上并列使用的中间商的多少。企业的销售分为宽渠道和窄渠道。

宽渠道是指企业使用的同类中间商很多,分销面很广,一般日用品都通过宽渠道销售,由多家批发商转售给更多的零售商进行分销。这种分销渠道能够大量地销售产品,与消费者接触面广。

窄渠道是指企业使用同类的中间商很少,分销面窄,甚至一个地区只由一家中间商经销。窄渠道一般适用于专业性较强的产品或较贵重的耐用消费品。

渠道宽度的选择及策划,与企业的营销目标和分销战略有关。通常有 3 种可供选择的策略:

(1) 密集分销。密集分销也称广泛性分销或普遍性分销,是指生产企业通过尽可能多的中间商来销售产品,把销售网点广泛地分布在市场各个角落。其出发点是扩大市场覆盖面或快速进入一个新市场。一般消费品和工业品中的通用机具常采用该分销策略,因为这类产品市场需求面广,顾客要求购买便利。采用这种策略,有利于加快市场渗透,扩大产品销售。

(2) 选择分销。选择分销是指企业精心选择部分中间商销售自己的产品。该策略着眼于维护本企业产品的良好声誉,巩固企业的市场地位。这种策略适用于所有商品,但比较起来,对于工业品和消费品中的选购品、高档商品则更为适宜。该策略既有利于中间商努力提高服务质量,也有利于生产商根据市场需要在必要时调整渠道。

(3) 独家分销。独家分销也称专营性分销或专一性分销,是指生产企业在特定地区仅选择一家中间商销售其产品。这是最窄的分销渠道,通常只对技术性较强的耐用品或名牌产品适用。独家分销通常双方都订有书面契约,规定在特定的市场区域内生产企业不得向其他中间商供货,中间商也不能再经营其他竞争性商品。该策略的优点是:产销双方能密切配合、协作;容易控制市场和价格,得到更多利润;便于降低流通费用,提高服务质量,从而提高企业声誉。其缺点是:覆盖面窄,可能影响销售量;过分依赖单一中间商,加大了市场风险。

案例 6-2

福建奇客食品以"运动时代最有型的饼干"亮相食品市场

福建奇客食品以"运动时代最有型的饼干"亮相食品市场,进而逐步形成了适合多种消费群体的产品群,为改变原有渠道体系单一化的局面创造了条件,奇客开始构建广度和深度相结合的立体化网络平台。

1. 渠道广度的拓展

产品结构调整后,适合奇客产品销售的零售网点类型大大增加,从单一的大中型现代终端扩张到更广泛的中小型终端、传统零售终端以及特殊销售场所。基于网点类型的增加,奇客要求经销商重新构建覆盖零售终端的渠道体系,除了原有的直供大中型现代终端外,经销商还必须另外构建一套分销及批发体系,实现对更多中小型终端及特殊销售场所的覆盖。这样,一方面可以实现更大的销售额,另一方面也可以通过完善的网络平台大幅降低分销成本,加快现金流量,达到投入产出的最大化。

2. 渠道深度的拓展

奇客调整后的产品结构,使消费群体也大量存在于广泛的县级城市甚至部分发达的乡镇。因此,奇客决定将分销深度从地级城市下沉到县城,提高产品在区域市场的渗透程度,这与其稳扎稳打的整体思路是一致的。

奇客要求经销商必须在县城构建分销网络,针对不同类型的零售终端可以采取两种渠道模式:对于县城中的大中型现代终端,可以由经销商直接覆盖;对于县城中的中小型零售终端,由经销商设立下级分销商或者通过批发商进行覆盖。这种渠道结构,能够保证每个区域市场都有经销商、分销商或者批发商进行分销,从而推动产品在区域市场获得较高的覆盖率。

奇客对渠道广度和深度的系统拓展,让销售团队和渠道成员看到了清晰的方向,树立了完成销售业绩的信心。事实上,这种纵横交错的网络平台一旦运行,就已经通过终端铺货直接推动了奇客产品销量大幅提升,并为后续的渠道维护打下了坚实基础。

三、认识渠道中的中间商

渠道中的中间商是指在生产者与消费者之间专门从事产品经营,促使买卖行为发生的组织和个人,可以分为批发商、代理商和零售商。

1. 批发商

批发商是指大批量向制造商或经销单位采购商品,再将其转卖或者用于其他商业用途的组织或个人,是以赚取购销差价为目的的中间商。按不同的分类标准,批发商可分为以下类型:

(1) 按职能和提供的服务是否完全来分类,批发商可分为完全服务批发商和有限服务批发商。完全服务批发商执行批发商的全部职能,他们的主要职能为:保持存货,雇用固定的销售人员,提供信贷、送货和协助管理等。有限服务批发商为了减少成本费用,降低批发价格,往往只履行一部分职能。有限服务批发商的主要类型包括现购自运批发商、承销批发商、卡车批发商、托售批发商、邮购批发商、农场主合作社。

(2) 根据其服务范围或经营的产品线宽窄不同,批发商可分为综合批发商、专业批发商和专用品批发商 3 种。综合批发商经营不同行业相关的产品，范围很广泛，并为零售商提供综合服务。专业批发商经销的产品是行业专业化的，完全属于某一行业大类，如杂货批发商经营各类杂货、五金批发商经营五金零售商所需要的所有产品。专用品批发商则专门经营某条产品线的部分产品，如杂货业中的冷冻食品批发商、服装行业中的布料批发商。

（3）根据面对的顾客性质不同，批发商可以分为批发中间商和工业分销商两种。批发中间商主要是向零售商销售，并提供广泛的服务；工业分销商向生产商而不是零售商提供存货、信贷和其他可获得的服务。

2. 代理商

代理商是指接受生产者委托从事产品销售，但不取得产品所有权的企业或个人。与批发商不同的是，他们对其经营的产品没有所有权，所提供的服务比有些服务批发商还少，其主要职能在于促成产品的交易，借此赚取佣金。与批发商相似的是，代理商通常专注于某些产品种类或某些顾客群。代理商按其和生产者业务联系的特点，又可以分为制造代理商、销售代理商、采购代理商、经纪商和佣金商。

（1）制造代理商。制造代理商比其他代理批发商数量多。他们代表两个或若干个互补产品线的制造商，分别和每个制造商签订有关定价政策、销售区域、订单处理程序、送货服务和各种保证，以及佣金比例等方面的正式书面合同。他们了解每个制造商的产品线，并利用其广泛关系来销售制造商的产品。制造代理商常见于服饰、家具和电器产品等产品线上。大多数制造代理商都是小型企业，往往无力雇用大量专职销售人员。另外，某些大公司也利用代理商开拓新市场，或者在那些难以雇用专职销售人员的地区雇用代理商作为其代表。

（2）销售代理商。销售代理商是在签订合同的基础上，为委托人销售某些特定产品或全部产品的代理商。销售代理商对价格、条款及其他交易条件可全权处理。这种代理方式常见于纺织、木材、某些金属产品、某些食品、服装等行业。在这些行业，竞争非常激烈，产品销路对企业的生存至关重要。

（3）采购代理商。采购代理商一般与顾客有长期关系，代他们进行采购，往往负责为其收货、验货、储运，并将物品运交买主。如服饰市场的常驻采购员为小城市的零售商采购适销的服饰产品，利用自己消息灵通的优势，向客户提供及时有用的市场信息，而且能以最低的价格买到好的物品。

（4）经纪商。经纪商是指既不拥有产品所有权，又不控制产品实物价格以及销售条件，只是为买卖双方牵线搭桥，协助他们进行谈判，买卖达成后向雇用方收取费用的中间商。他们并不持有存货，也不参与融资或承担风险。

（5）佣金商。佣金商又称佣金行，是指对产品实体具有控制力并参与产品销售协商的代理商。大多数佣金商从事农产品的代销业务。农场主将其生产的农产品委托佣金商代销，付给一定佣金。委托人和佣金商的业务一般只包括一个收获和销售季节。例如，菜农与设在某大城市中心批发市场的佣金商签订一个协议，当蔬菜收获和上市时，菜农就随时将蔬菜运送给佣金商委托其全权代销。佣金行通常备有仓库，替委托人储存、保管物品。此外，佣金商还执行替委托人发现潜在买主、获得最好价格、分等级、再打包、送货、授予委托人和购买者商业信用（即预付货款和赊销）、提供市场信息等职能。佣金商对农场主委托代销的物品通常有较大的经营权，因为是易腐产品，收到农场主运来的物品以后，有权不经过委托人同意，以自己的名义按照当时可能获得的最好价格出售物品。佣金商卖出物品后，扣除佣金和其他费用，即将余款汇给委托人。

3. 零售商

零售商是指所有向最终消费者直接销售产品和服务，用于个人及非商业性用途的中间商。根据现实市场呈现的状态，可以将零售商分为商店零售商和无店铺零售商。

（1）商店零售商。商店零售商形式多样，主要有以下几种：

①百货商店。百货商店指经营包括服装、家电、日用品等众多种类商品的零售商店。它是在一个大建筑物内，根据不同商品部门设销售区，满足顾客对时尚商品多样化选择需求的零售业态。

②超级市场。超级市场是实行自助服务和集中式一次性付款的销售方式，销售包装食品、生鲜食品和日常生活用品为主，满足消费者日常必需品需求的零售业态，普遍实行连锁经营方式。

③专业商店。专业商店指经营某一大类商品为主，具备丰富专业知识的销售人员，并提供适当的售后服务，满足消费者对某大类商品的选择需求的零售业态。

④专卖店。专卖店指专门经营或授权经营制造商品牌和中间商品牌，适应消费者对品牌选择需求的零售业态。只要消费者个性化、差别化需求存在，专卖店就能维持生存并不断发展深化。

⑤便利店。便利店是一种自选销售为主，销售小容量应急性的食品、日常生活用品，并提供商品性服务，以满足顾客便利性需求为主要目的的零售业态。

⑥仓储商店。仓储商店是一种仓库与商场合二为一，主要设在城乡结合部，装修简单，价格低廉，服务有限，并实行会员制的零售经营形式。

⑦家居建材商店。家居建材商店是以专门销售建材、装饰、家居用品为主的零售业态。这种业态正在我国得到发展。

⑧厂家直销中心。厂家直销中心是由生产商直接设立或委托独立经营者设立，专门经营本企业品牌商品，并且多个企业品牌的营业场所集中在一个区域的销售业态。

（2）无店铺零售商。无店铺零售商是指不设店铺、没有营业人员的零售业，如自动售货销售、邮购销售、网络商店等。无店铺零售主要有3种形式：直复营销、直接销售和自动售货。

①直复营销。直复营销是使用一种或多种广告媒体传递商品信息，并使之互相作用，最终达成交易的销售系统。直复营销起源于邮购和目录营销，直复营销者利用广告介绍产品，顾客可写信或打电话订货。订购的商品一般通过邮寄交货，用信用卡付款。直复营销者可在广告费用预算允许的情况下，选择可获得最大订货量的传播媒体。使用这种媒体的直接目的是扩大销售量，而不是像普通广告那样刺激消费者的偏好和树立品牌形象。

②直接销售。直接销售又称上门推销，也称"扫楼道"，主要有挨门挨户推销、逐个办公室推销和举办家庭销售会等形式。推销人员可以直接到消费者家中或办公室进行销售，也可以邀请几位朋友和邻居到某人家中聚会，在那里展示并销售产品。直接销售成本高昂（销售人员的佣金为20%～50%），而且需要支付雇用、训练、管理和激励销售人员的费用。目前，这种销售方式已经引起人们的反感，在未来很可能被电子销售所替代。

③自动售货。自动售货就是使用计算机技术，运用自动售货机进行商品销售。自动售货已经被用在相当多的产品上，包括消费者经常购买的产品（软饮料、糖果、报纸和热饮料

等)和其他产品(袜子、化妆品、糕点、热汤以及食品、图书、唱片、胶卷和鞋油等)。售货机被广泛放置在工厂、办公室、大型零售商店、加油站、街道等地方。

案例 6-3

零售业态的发展趋势——网上销售平台

随着互联网的发展,出现了一些属于制造商和分销商的网络平台,如制造商网上商店、经销商网上零售店、新型网上零售商和新型网络中间商,并形成了一个服务于消费者的网状分销渠道。

1. 制造商网络平台

传统制造企业建立互联网站点,赋予网站销售功能,从事网上直销。著名的家电企业海尔集团建立了海尔电子商务网站,直接在网上销售冰箱、空调、彩电、洗衣机、计算机等产品。

2. 传统零售商网络平台

即传统零售企业建立的网上直销站点。如北京的零售企业西单商场建立了网上商城,经销图书期刊、音像制品、摄影器材、家用电器、通信产品、日用品、化妆品等。著名的零售巨头沃尔玛也建立了网上商店。

3. 新型网上零售商

如亚马逊网上书店自 1995 年成立以来,就一直在探索一种全新的零售模式,而且创造了一个世界知名品牌。亚马逊网上书店通过互联网提供一种独特的购物体验环境,消费者在网上可任意检索、预览、购买任何图书。价格方面,亚马逊被认为是世界上最大的折扣商,号称有多达 30 万种以上的图书可以打折,并建有完备的物流配送体系。国内的当当网上书店、京东商城、卓越也是新型网上零售商的代表。

4. 新型网络中间商

这类网络中间商不直接经销商品,而是搭建一个买卖双方在网上接触的平台。从网络分销的角度看,阿里巴巴就是一个新型网络中间商,是 B2B 门户网站,注册的企业几百万家,并提出名为"诚信通"的会员服务,阿里巴巴每天访问量巨大,并有英文与日文版本界面。

任务二 分销渠道的策划

情景案例

宝洁的"三下乡"计划

宝洁,日用消费品的行销巨人,在别人还在大谈广告与炒作时,宝洁已迈步走进了中国的广大乡镇、农村,踏踏实实地做起了品牌。从 1990 年开始的乡镇拓展第一步计划——"ROAD SHOW"大篷车计划与"电影夜市",到 1999 年年底开始实施的第二步计划——"乡镇终端网络建设与规划"以及其后的第三步计划——"乡镇市场展示与推广计划",宝洁在中国广大的农村市场不断地创造着行销与推广的奇迹,并牢牢地坐稳了霸主的位子。

一提起宝洁公司,人们马上会想到"玉兰油"和"舒肤佳"香皂、"飘柔"洗发水、"佳洁士"牙膏等诸多知名品牌。宝洁公司作为世界上最大的日用消费品制造商之一,进入中国市场十几年来不断创造着销售的奇迹。纵观它的发展,我们不难发现,在每一次成功的市场运作背后,都有一次精心而周密的策划!

数年前的洗发水大派发,可谓是当时市场上的一件大事。众多消费者拿到了免费的试用装,回家后高高兴兴地开始试用,同时也被这个"洋"品牌所征服,心甘情愿地从并不十分鼓胀的腰包里,开始了使用这些"洋"品牌的生涯。可以毫不夸张地说,当时宝洁公司在中国市场从立足到发展,这些免费的试用装起了相当大的作用。在当时看来,宝洁公司搞免费派发似乎有点"傻",但现在回过头来分析,这种前瞻性的投入,凭免费派发取得成功,也算是捡了个"大便宜"。

其实,宝洁进入中国市场以来,一直盯着广大的农村市场,只是前些年苦于没有机会。毕竟宝洁公司在中国刚刚立足,必须先占领城市市场。一开始就把战线拉得太长,会面临着失败的危险,但这绝不意味着这个"野心勃勃"的洋企业会轻言放弃。实际上,它一直在精心准备,时机一到,就会像洪水一样,一瞬间冲垮一道道防线和壁垒。1990年乡镇拓展计划的第一步,即地毯式搜索的"ROAD SHOW"大篷车计划便展示了它的与众不同。当时宝洁先后在中国的惠州、湛江、海南等地进行了一系列的测试活动,获得了宝贵的资料。到1996年,活动正式从杭州开始,接着在全国铺开。"ROAD SHOW"手法之夸张、底气之十足,确实少见。当时很多人都没想到,这一计划一直执行了3年多的时间。如果从1990年测试开始算起,断断续续的大概有10年时间。笔者在"ROAD SHOW"的队伍里,跟踪策划、监控与执行了3年,亲眼目睹并深切体会了全世界最大的日用消费品制造商之一的宝洁在市场争夺战中,手法之"奇"、之"特"、之"稳"、之"准",到目前为止,无人能及。

所谓"ROAD SHOW",中文意思是"路边展示",是宝洁公司开创的一种独特的乡镇产品展示与促销活动,在此之前曾在美国、埃及、印度等国执行,都很成功。最成功的是在印度,当时覆盖小店的速度是每3分钟一家,这在宝洁公司的销售史上是一个奇迹,并在公司内部树立起行销的典范。为使这一典范显示出更大价值,"ROAD SHOW"继埃及、印度之后,从1990年开始登陆中国,操作形式是将宝洁公司的各品牌产品,通过定制的宣传车送到乡下(我们称之为"送货下乡、六折试用"),并由专门的促销队伍(包括2名主持人及5名队员)对产品进行现场讲解与示范演示,并以折价的形式将样品销售给当地消费者,每人限购一份,目的是让更多的消费者有机会试用到宝洁公司的产品,提高产品试用率。"电影夜市"与"ROAD SHOW"基本相同,只不过是在晚上利用给消费者免费放电影的机会进行产品宣传打折试用活动。3年时间,这项活动覆盖了湖北、四川、浙江、江苏、黑龙江、山东、河南、福建、安徽等十几个省市的上万个乡镇。实质上此次活动只是乡镇拓展计划的第一步,还远没有结束!1999年"ROAD SHOW"结束以后,我们又跟踪执行了宝洁公司乡镇拓展计划的第二步——"乡镇终端网络建设与规划"。

案例点评

作为国际日化巨头,宝洁的本土化做得无孔不入,"ROAD SHOW""电影夜市""乡镇市场展示与推广计划"都是它的大手笔力作,这种能与当地市场文化、风俗结合起来的终端网络建设与推广是它的成功之处。

知识体系

设计销售渠道的中心问题是确定达到目标市场的最佳途径,因此它是企业销售渠道策划的重中之重。在策划中首先必须分析影响销售渠道设计的因素,其次是建立实际销售渠道的目标和程序,然后确定相应的销售渠道策略。

一、影响销售渠道设计的因素

1. 产品因素

(1) 产品价格。单位产品价格高的商品应采用短渠道,以便尽量减少流通环节,降低流通费用;而单位产品价格低的商品,则宜采用较长和较宽的分销渠道,以方便消费者购买。

(2) 产品的重量和体积。重量和体积过大的商品,宜采用短渠道,以减少商品损失,节约储运费用;重量和体积较小的商品,可采用较长的渠道。

(3) 产品的时尚性。时尚性强、款式花色变化快的商品,应选用短渠道,以免商品过时;而款式花色变化较小的商品,渠道则可长一些。

(4) 产品本身的易毁性或易腐性。易腐、易损的商品,如鲜活商品、陶瓷制品、玻璃制品,以及有效期短的商品,如食品、药品等,应尽可能选择短而宽的渠道,以保持产品新鲜,减少腐烂损失。

(5) 产品所处的生命周期阶段。处于引入期的产品,其分销渠道是短而窄的,因为新产品初入市场,许多中间商往往不愿意经销,生产企业不得不直接销售;处于成长期和成熟期的产品,消费需求迅速扩大,生产者要提高市场占有率,就要选择长而宽的渠道,扩大产品覆盖面。

(6) 产品的技术性。技术复杂、售后服务要求较高的商品,宜采用短渠道,由企业自销或由专业代理商销售,以便提供周到服务;相反,技术服务要求低的商品,则可选择长渠道。

(7) 产品的通用性。通用产品由于产量大、使用面广,分销渠道一般较长、较宽;定制产品由于具有特殊要求,最好由企业直接销售。

2. 市场因素

(1) 目标市场范围。目标市场范围较大的商品,消费者地区分布较广泛,宜采用长而宽的渠道;目标市场范围较小,则可以采用短渠道。

(2) 消费者的集中程度。市场消费者比较集中的产品,可采用短渠道;若消费者比较分散,则需要更多地发挥中间商的分销功能,采用长而宽的渠道。

(3) 市场竞争状况。企业出于市场竞争的需要,有时应选择与竞争对手相同的分销渠道。因为消费者购买某些商品,往往要在不同品牌、不同价格的商品之间进行比较、挑选,这些商品的生产者就不得不采用竞争者所使用的分销渠道;有时则应避免"正面交锋",选择与竞争对手不同的分销渠道。

(4) 消费者购买习惯。消费者的购买习惯直接影响着企业分销渠道的选择。如消费品中的便利品,消费者要求购买方便,随时随地都能买到,因此需要通过众多中间商销售产品,渠道长而宽;消费品中的特殊品,消费者习惯上愿意花较多的时间和精力去挑选,生产者一般只通过少数几个精心选择的中间商销售其产品,因此渠道短而窄。

(5) 需求的季节性。季节性商品由于时间性强,要求供货快,销售也快,因此应充分利用中间商进行销售,渠道相应就长而宽一些。

3. 企业因素

（1）企业实力。对于资金雄厚、信誉好的企业，可以自己组织分销队伍进行销售，采取直接分销渠道，也可采取间接渠道销售；而资金缺乏、财力较弱的企业，只能依靠中间商，分销渠道势必要长些。

（2）管理水平。企业渠道管理水平也会影响分销渠道的长度与宽度。一般来讲，假如制造商在销售管理、储存安排、零售运作等方面缺乏经验，人员素质不适合自己从事广告、推销、运输和储存等方面的工作，最好选择较长渠道与窄渠道；如果制造商熟悉分销运作，具有一定的产品分销经验，并具有较强销售力量、储存能力，则不必依赖中间商，可以选择短渠道与宽渠道。

（3）控制愿望。如果企业希望对分销渠道进行高强度控制，同时自身又有控制能力，一般采取较短、较窄渠道的做法。如果采用中间商分销，一方面会使制造商的渠道控制力削弱，极可能导致制造商受制于中间商；另一方面会使制造商分销受限制。

4. 中间商因素

（1）中间商的经销积极性。如果中间商愿意经销制造商的产品，同时不对制造商提出过多过分要求时，会使企业更愿意利用中间商，因此企业可选择长渠道与宽渠道的做法。

（2）中间商的经销条件。利用中间商的成本过高，或是中间商压低采购价格，或是中间商要求上架费过高，就应考虑采取较短较窄的渠道。

（3）中间商的开拓能力。如果中间商能够帮助制造商把产品及时、准确、迅速地送达消费者手中，则可以选择较长与较宽的分销渠道，否则应选择较短较窄的渠道。

5. 环境因素

（1）整个社会经济形势好，分销渠道模式选择余地就大。当经济不景气时，市场需求下降，企业必须尽量减少不必要的流通环节，利用较短的渠道。

（2）国家的政策法规。国家的有关政策和法律因素对分销渠道也有重要影响，如反不正当竞争法、反垄断法、进出口规定、税法等，都会影响分销渠道选择。我国对烟酒、鞭炮、汽油、食盐等产品的销售有一些专门的法规，这些产品的分销渠道就要依法设计。

二、设计分销渠道应遵循的原则

1. 高效率原则

分销渠道选择的首要原则是缩短商品流通时间，降低流通费用，将商品尽快地送达消费者或用户的手中，企业才能降低成本，获得最大的经济效益。所以，高效率是渠道设计的首选原则。

2. 稳定性原则

企业分销渠道一经确定，需要花费相当大的人力、物力、财力去维护和巩固，整个过程往往比较复杂。所以就要求渠道成员不要轻易更换，渠道模式更不能随意转换。分销渠道在运营过程中，因为市场的变化经常出现一些不适，企业要对分销渠道进行适度的调整，以便适应市场的新情况和新变化，保持渠道的适应力和生命力。但在调整时应综合考虑各个因素，使渠道始终在可控制的范围内保持稳定的运营状态。

3. 协调平衡原则

企业在选择、管理分销渠道时，不能只单纯追求效益最大化而忽略其他渠道成员的局部利益，应合理分配各个渠道成员间的利益。只有渠道成员之间利益均等，才能共担风险，企业总体目标的实现才能得到保证。

4. 灵活性原则

企业在选择分销渠道时，为了争取在竞争中处于优势地位，要注意发挥自己各个方面的核心竞争优势，将渠道设计与企业的整体营销策略相结合。同时，市场又是千变万化的，企业在强调渠道稳定性的同时，也要强调灵活性。只有这样，企业才能保持整体竞争优势。

三、规划分销渠道的流程

了解满足客户的需求，并在竞争中建立差异化优势，企业需要有策略地进行分销渠道的规划。

1. 明确分销渠道的角色和作用

企业应该从整体营销组合的角度来规划分销渠道策略。首先明确企业的营销目标，当然，大多数情况是在规划分销渠道之前企业的营销目标就应该已经确定了。在明晰企业营销目标之后，需要明确产品、价格和促销各自在营销组合中所扮演的角色。渠道设计问题的中心环节是确定到达目标市场的最佳途径，并在理想的渠道和可能得到的渠道之间做出抉择。

2. 选择分销渠道类型

一旦确定分销在整个营销组合中所扮演的角色，企业就可以选择最适合自己产品的分销渠道类型。企业需要决策是否经过中间商：如果经过中间商，还要决定经过几道中间环节最合适，是只选择一种模式的分销渠道，还是同时选择若干种分销渠道。

3. 确定分销密度

分销密度是指在特定区域内，批发和零售环节所采用的中间商数量，即确定分销渠道的宽度。目标市场的购买行为和产品特色将直接影响分销密度的确定。例如，为了满足潜在客户的需求，固特异轮胎公司认为应该提高分销密度，因此，开始经由西尔斯和各种指定商店销售各种轮胎。

4. 选择分销渠道成员

营销渠道设计的最后一步是选择营销渠道成员，即确定具体的中间商。生产商吸引合格营销中间商的能力各不相同，一些知名生产商物色中间商毫无困难。另一个极端是生产商不得不努力地物色到足够的合格中间商。

案例 6-4

选择渠道成员的标准

有一小食品生产商在让连锁超市经营它们的产品时，经常遇到销售不畅的困难。为此，公司专门邀请了三位市场营销专家对选择渠道成员的标准进行深入的研究后，提出了各自的评价标准。从他们制定的标准中，公司发现很多共同点，可以将其归纳为四大类：财务能力、销售能力、产品能力、组织管理能力，每一大类包括若干个更细的标准。例如，财务能力包括财务状况、信用度等；销售能力包括市场覆盖范围、销售业绩、销售队伍等；产品能力包括产品线、管理层稳定性等；组织管理能力包括规模、声望、理念等。

在挑选中间商时，企业应该明确用什么特性来区分较好的中间商，为此要评估每个渠道成员的创业年限、经营的其他产品、发展和利润纪录、协作性和声誉等。针对不同渠道成员,侧重点可能有所不同。如果中间商是销售代理商,企业要评估它经营的其他产品的数量和性质,以及销售人员的规模和素质。如果中间商是一家要求独家销售的零售商,企业应该评估该店的顾客、位置和将来的发展潜力。

四、渠道招商策划

(一) 商业伙伴的选择标准

明确商业伙伴的选择标准是选择商业伙伴的起点和前提条件。一般来说,选择商业伙伴的标准应该是:

1. 实力优先

企业选择商业伙伴,建立分销渠道,就是要把自己的产品打入目标市场,因此商业伙伴必须在目标市场拥有完善的分销网络,拥有较高的市场地位与通路竞争优势。

2. 业态对路

所选择的商业伙伴应当在经营业态方面符合分销要求。只有那些经营业态符合要求的商业伙伴,才能承担产品从企业顺利、快速、大量传送到消费者的分销功能。

3. 形象吻合

商业伙伴与企业的实力和形象应当比较接近,这样才有可能平等合作。所以,"名品进名店,名店卖名品"是相得益彰的举措。

4. 文化认同

商业伙伴只有认同生产企业的文化价值观念、经营理念和经营策略,与生产企业具有共同的愿望与抱负,才有可能与生产企业肝胆相照、同舟共济,共同开拓市场,谋求共同成长。

(二) 商业客户的考察评估

在具体招商工作中,在确定商业合作伙伴之前,需要根据上述原则对进入待选范围的商业客户进行考察评估。在复杂的商业环境中,有诚信经营的商业客户,也有信用缺失的商业机构;有精诚合作的商业客户,也有唯利是图的不良商贩。在按照选择商业伙伴的原则进行招商时,尤其需要考察商业客户的商业信誉与经营作风。越是具有经营实力的大客户,越是要深入考察其信誉与作风。因为在商业实战中,越是有实力、规模大的客户,越是对上游供应商要求多、制约多、影响大,越具有"叫板"和谈判倾向,越是会以其掌控的市场来要挟、制约厂家,越会给厂家的市场运作和市场管理带来压力,越会对下游分销商和终端消费者进行欺压,出现"店大欺客"的现象。因此,对于商业伙伴的考察,要重"实力",但不唯"实力"。

考察商业信誉和经营作风的方式方法包括:

1. 了解商业客户的教育背景和从业经历

教育背景和从业经历是形成商业客户商业信誉与经营作风的主要背景性因素与过程性因素。经过多年的改革开放,中国商业领域已经实现了国退民进,除城市少数国营、股份制和外资商业企业外,绝大多数均为私营和民营企业。了解商业客户的教育背景和从业经历主要就是了解老板或经营者本人的年龄、学历、从业经历和创业过程,此外还可以考察其经营团队主要成员的教育背景和工作经历等,因为这是缔结合作关系以后直接开展业务工作、影响销售业绩的人员。

2. 了解商业客户的价值观念与经营作风

了解商业客户的价值观念与经营作风，不能单方面听信客户自己的语言表白与自我标榜，需要通过以下商业话题的面谈沟通来侧面了解和判断其价值观念与经营作风：

（1）对正在代理和经营的品牌的认识和评价；

（2）喜欢厂家给予什么样的销售政策，喜欢什么样的厂商合作方式；

（3）对同类产品的市场竞争如何分析；

（4）对与新品牌新厂家的合作表现出的热情和关注程度；

（5）希望从新厂家新品牌那里得到什么样的利益承诺、风险保证与销售政策支持等。

3. 考察商业客户的公共关系与公众印象

这是考察商业客户商业信誉与经营作风的主要层面。具体考察途径包括：

（1）同行走访，通过走访商业客户的同行了解其与代理品牌的关系；

（2）用户访谈，通过终端消费者和用户了解商业客户的商业信誉与经营作风；

（3）诚信考察，通过工商行政管理、税务、金融和司法部门了解商业客户的经营作风与资信情况等；

（4）市场考察，通过拜访下游客户和终端客户，了解商业客户对厂家营销策略的执行态度与执行能力、市场开拓能力、网络建设与管理能力等。

4. 考察商业客户的合作意识与合作态度

通过面对面沟通、合作方案审核等方式可以了解到以下与合作意识、合作态度相关的内容：

（1）是否认同企业文化与价值观念；

（2）是否认同企业的经营理念和经营模式；

（3）是否能理解和接受企业关于分销渠道模式、产品价格、推广策略、结算周期和结算方式等方面的制度规定；

（4）是否有足够的经营信心等。

5. 筛选合作伙伴

在对商业客户进行经营实力与经营作风等方面的考察评估后，一般就应该可以确定合作伙伴了。如果几个待选的商业伙伴情况相当，无法直接确定，可以采用以下量化方法筛选最佳合作伙伴：

（1）综合评分优选法。

对拟选择作为合作伙伴的每个商业客户逐一按照评估因素进行打分。不同因素的重要程度不同，可以分别赋予不同的权重系数，然后根据总得分优化选择商业伙伴。

（2）销售业绩优选法。

根据各个商业客户过去销售数据的分析和计划承担的销售任务规模的评估，必要时通过实地考察待选客户的顾客流量和成交情况，分析其营销策略与市场运作能力，评估商业客户实际能够达到的销售业绩规模，然后做出最佳选择。

（3）销售费用优选法。

产品分销是有成本的，主要包括市场开拓费用、让利促销费用、由于货款延迟支付而带来的风险、合同谈判和监督履约的费用等，有些强势主流分销商还会向生产企业收取进店费、选位费、上架费和店庆费等多种费用。这些费用构成了企业的销售费用，企业可以依据销售费用的高低来选择商业合作伙伴。

①总销售费用优选法。计算各商业客户同等销售规模下的总销售费用，按照总销售费用最低标准确定合作伙伴。

②单位销售费用优选法。计算各商业客户单位销售费用水平，如万元销售金额的平均销售费用、单位产品的平均销售费用等，在同等销售业绩规模的条件下，选择单位销售费用最低的客户作为合作伙伴。

③费用效率优选法。根据各商业客户能够实现的销售业绩（销售量或销售额）与其总销售费用的比值，即费用效率来评估商业客户的成本效益，在同等销售业绩规模的条件下，选择费用效率较高的商业客户作为合作伙伴。

（三）招商方式的策划

如何传播招商信息，寻求到有合作意向的商业客户进行深度沟通与商务谈判呢？一般来说，以传播招商信息为主要标志的招商方式主要有以下8种类型，需要根据实际情况选择运用或综合运用。

1. 信函招商

通过直接给销售布局内区域市场的有关商业客户发出招商信函，寻求合作意向，这是一种传统的招商方式，其优点是费用低，但信息单向传播，沟通不充分，客户反馈率低，反馈速度慢。因此这种招商方式缺乏主动权，不容易找到优秀的合作伙伴，除营销资源非常匮乏的中小企业创业初期采用外，一般已很少采用。

2. 推荐招商

通过老客户推荐、亲戚朋友熟人介绍推荐寻找客户。这也是一种传统的招商方式，在中国传统市场、在中国讲究人际关系的区域还是一种比较适用的方法。但是其效率不够高，不适合快速招商，也难以在异地有效使用。

3. 网络招商

通过企业网站、电子邮件甚至手机短信等互联网渠道发布招商信息，是一种信息发布快、费用低的招商手段；但是信息发布的冲击力不强，信息反馈比较被动，招商推进速度不够快。因此，只能作为招商方式的补充手段，不宜作为大型快速招商运作的主要手段。

4. 电话招商

通过电话沟通方式向商业客户传递招商信息，游说商业客户加入企业的销售网络，从事企业产品的销售工作。这种方式比信函和网络招商方式主动，信息也有反馈，因此效率比较高。但是，还需要与实地访问、实地考察等沟通方式相结合，才能有效提高招商沟通的质量和成果。

5. 访问招商

通过派销售业务人员深入市场实地考察，访问商业客户，选择合作伙伴。这也是一种传统的招商方式，速度虽然不快，但对商业客户的考察了解比较真实稳妥，因此即使是在广告招商和信函招商等招商运作方式下，也通常采取实地访问、考察商业客户的方式作为补充手段来最终确定合作关系。这种方式如果前期没有广告铺垫，同期没有广告支持，工作的推进难度大、进展慢，取得商业客户信任和支持的难度比较大，速度比较慢。

6. 广告招商

公开发布招商广告征求合作伙伴。招商广告媒体一般选择招商区域的主流报纸媒体、行业性报纸和行业性杂志或行业内期刊以及商业客户比较关注的销售与市场类实战性杂志刊物。也有采取在大众媒体密集投放一个阶段的广告，这时的广告一方面是为了预热终端市场，另一方面更是为了启动招商工作。所以，与其说是做给消费者看的不如说是做给商业客户看的。这种方式声势较大，易被商业客户认为企业有实力、产品有市场，从而增加了招商谈判的实力和筹码，因此参与者比通过信函招商多且反应快，有可能找到比较有实力的合作伙伴。广告招商和访问招商是众多中国企业广泛采用的招商方式。大规模的广告招商在企业开发城市市场的初期使用也较多，在省市级等区域批发商、经销商的招商工作中使用也较多，有了一定的知名度以后再开发三四级农村市场就主要靠销售业务人员的上门访问招商了。

7. 会议招商

在通过广告、信函、邮件、电话和实地访问沟通洽谈等方式与商业客户达成一定意向后，组织这些商业客户参加企业召开的招商大会，通过产品展示、会议讲解、市场分析与研讨、企业领导与商业客户见面沟通以及会场气氛的渲染，调动商业客户的合作意愿，并通过现场签约能够享受优惠政策的刺激，达成会议期间的签约合作，完成招商的主体工作。会后再进一步跟踪有意向的商业客户，巩固和完善招商工作。

8. 拍卖招商

通过集体会议拍卖的方式招选有竞争实力的商业客户。这种方式由于有现场气氛的强烈渲染和限定时间的紧迫感，因此竞争性强、收获性大，是一种比较新颖的招商方式，但是策划和执行的难度比较大，需要具备良好的营销造势实力和技巧才能成功操作。

拍卖招商的方式主要有巡回拍卖和集中拍卖两种。在缺乏销售网络的情况下，可以通过巡回拍卖舆论造势吸引商业客户参与，从而实现招商。已经拥有较雄厚的营销网络的企业，可以通过将各地商业客户召集在一起进行集中拍卖，以利于产品快速入市。

采用拍卖方式招商，主要有以下几点好处：

（1）拍卖是一种公开竞价行为，拍卖公告与招商广告合为一体，能够吸引和发现有经营实力、有合作意愿的商业客户。

（2）一般性招商活动难以成为媒体关注的新闻事件，而拍卖独家经销权可以受到媒体的关注，通过媒体的合作宣传带来较强的新闻效果，企业也可以借机进行新闻公关宣传，对产品入市进行宣传造势，也可以对其他区域的潜在商业客户形成一定的激励作用。

（3）拍卖会在确定的时间和地点举行，时间的紧迫感和现场的竞争气氛往往能促使商业客户快速做出选择，因此，企业能够快速找到有实力的合作伙伴，及时完成招商工作。

拍卖招商策划运作的要点是：

（1）拍卖招商的品牌必须是具有相当知名度的强势品牌，这是拍卖招商成功的基本前提。

（2）拍卖招商的产品必须具有明显的消费利益、良好的市场潜力和权威的支持证明，这是拍卖招商成功的重要条件。

（3）具有号召力和诱惑力的招商广告以及准备细致、内容丰富、具有说服力的产品推介会，是拍卖招商策划的重要内容。

（4）选择优秀的拍卖公司进行合作是拍卖招商策划成功执行的重要保证。拍卖公司应当与拍卖会所在地的政府、新闻媒体、企业界具有良好的关系，并且富有无形资产拍卖或经销权拍卖经验。

任务三 分销渠道管理

情景案例

TCL 的渠道创新与转型

1. 渠道创新

(1) 初创阶段:自建网络。TCL 渠道模式在初创时有两个要点:一是建立销售分公司,并在分公司下面建立经营部;二是建立专卖店。TCL 销售分公司的职能更像是总经销商,它为经营部供货并进行管理;而经营部的职能则是开发和管理县级甚至乡镇级中小经销商。其创新之处在于,当竞争对手拼命维护与省级大经销商业已紧张的关系时,TCL 率先与当时的二级甚至三级经销商建立商业关系,从而建立了比竞争对手更为扁平、更有效率的销售渠道。这种渠道模式一方面更接近消费者,另一方面对商户的掌控能力也更强。正是由于 TCL 自建网络的成功,从 1998 年开始,主要彩电企业都显著加强了自建网络的力度。

(2) 再创阶段:渠道瘦身。进入微利阶段后,庞大的自建渠道逐渐成了企业的沉重负担。在这种背景下,2000—2001 年,TCL 的渠道网络又进行了一次创新,主要针对三个方面:一是通过裁减冗员提高效率,降低营销成本;二是调整销售分公司的职能,强化其销售职能,弱化管理职能;三是撤销专卖店。截至 2001 年 7 月,TCL 营销系统已经完成了约 4 000 人的裁员。在 TCL 的渠道瘦身后,海信、创维、康佳、乐华等知名家电企业也相继进行了渠道改造;在 2001 年以来 TCL 手机销售渠道中,TCL 取消了传统手机销售中的全国总代理,以自建渠道和依托区域代理的销售力量进行区域分销,为 TCL 手机的迅速成长立下了赫赫战功。

2. 渠道新变革

(1) 与松下合作:以渠道换技术。2002 年 4 月,松下、TCL 宣布双方在家电领域进行多元合作,TCL 将通过其销售网络面向中国农村销售松下的产品;松下将向 TCL 提供 DVD 等尖端技术和关键零部件。通过与松下的合作,TCL 不仅可以加速掌握核心技术,同时也有利于培育和挖掘营销网络的竞争力。

(2) 与飞利浦:渠道合作。2002 年 8 月,飞利浦、TCL 宣布在中国 5 个省区的市场进行彩电销售渠道的合作,TCL 将利用其销售渠道及网络优势,在 5 省区独家销售飞利浦彩电。与飞利浦的渠道合作,是 TCL 渠道转型的一步:将专营 TCL 产品的销售公司变为独立的第三方专业家电分销商,TCL 的销售网络向独立的渠道运营商转化。

案例点评

TCL 是一个优秀的渠道型企业。作为国内最早大规模建设零售终端的家电企业之一,TCL 毕数年之功,打造出了一个令同业羡慕的"金不换"的网络,其硬件包括 27 家分公司、170 多家经营部以及数千家遍布一、二、三级市场的加盟经销网点和自营专卖店;软件则是经年累积的客户战略伙伴关系、良好的商业信誉和口碑效应。

知识体系

生产商在选择了渠道模式和确定了具体的中间商以后,还要对渠道进行有效的管理,不断激励渠道成员,检查渠道成员,并对效能不佳的渠道成员进行改进、调整。

一、渠道成员的激励

对渠道进行管理的首要措施是激励渠道成员,使之尽职尽责,这样可以减少或消除渠道冲突。适当的激励措施可以使渠道成员的业务水平不断提高。常用的激励方法有以下几种:

(1) 合作。生产企业可以采取较高的折扣、合作广告、展销、销售竞赛、交易中的特殊照顾、奖金、津贴等措施,来激励中间商更加积极努力地工作。有时候也可以采取一些消极的激励措施,如减少折扣、推迟交货,甚至中断关系等。

(2) 合伙。生产企业可以与中间商建立稳定、长期的伙伴关系,在销售区域、产品供应、市场开发、财务、技术指导、销售服务和市场信息方面,共同制定政策并加以实施,然后根据中间商信守承诺的程度予以奖励。

(3) 关系管理。生产企业营销部门吸纳中间商代表,设立共同管理机构,随时了解中间商的需要。在此基础上,制订市场营销计划,使每一个中间商都能以最佳方式经营。

二、渠道成员的评价

对渠道进行管理的第二大措施是对渠道成员绩效进行评价。在评价中,如果发现某一渠道成员的绩效低于既定标准,则须找出主要原因,同时还应考虑可能的补救方法。对于绩效太差的成员,还可考虑更换。

(1) 评价标准。评价标准一般包括在评价方案中。对渠道成员评估的标准一般包括:销售定额完成情况、平均存货水平、向顾客交货时间、损坏和遗失货物处理、对公司促销与培训计划的合作情况、货款返回的状况,以及中间商对顾客提供的服务等。

(2) 实施评价。渠道评价工作中,生产企业可以将各中间商的销售业绩分期列表排名,既可以达到鞭策落后者的目的,又可以使排名领先者继续保持绩效。此外,由于中间商面临的环境有很大差异,各自规模、实力、商品经营结构和不同时期的战略重点不同。为了更加客观地进行评价,在考虑市场环境因素的前提下,可以将中间商的销售业绩与前期进行纵向比较。

案例 6-5

格力空调:离开国美,走自己的路

多年以来,格力空调一直采取的是厂家—经销商/代理商—零售商的渠道策略,并在这种渠道模式下取得了较高的市场占有率。2004年2月,成都国美为启动淡季空调市场,在相关媒体上刊发广告,把格力两款畅销空调的价格大幅度下降,零售价原为1 680元的1P挂机被降为1 000元,零售价原为3 650元的2P柜机被降为2 650元。格力认为国美电器在未经自己同意的情况下擅自降低了格力空调的价格,破坏格力空调在市场中长期稳定、统一的价格体系,导致其他众多经销商的强烈不满,并有损于其一线品牌的良好形象,因此要求国美立即终止低价销售行为。格力在交涉未果后,决定正式停止向国美供货,并要求国美电器给个说法。这就是"格力拒供国美"事件。

事实上,在国美、苏宁等全国性专业连锁企业势力逐渐强盛的今天,格力电器依然坚持以依靠自身经销网点为主要销售渠道。而国美表示,格力的营销模式是通过中间商的代理,然后国美再从中间商那里购货。这种模式中间增加了一道代理商，它必定是要增加销售成本的，因为代理商也要有它的利润。

三、渠道的调整和改进

1. 渠道调整和改进的方式

为了适应市场环境的变化，对营销渠道往往需要进行调整和改进。渠道调整和改进的主要方式有以下几种：

（1）增减分销渠道的中间商。对渠道冲突中的渠道成员经过考核，对不积极或经营管理不善、难以与之合作的中间商，或给企业造成困难的中间商，应适时与其中断合作关系。企业为了开拓某一新市场，需要在该地区物色新的中间商，应经过调查和洽谈，可以考虑增中间商。

（2）增减某一种分销渠道。当两个分销渠道冲突时，企业应当考虑将销售额不理想的分销渠道给予撤销，而增设另一种渠道类型。企业为满足消费者的需求变化而开发新产品，利用原来的分销渠道难以迅速打开市场和提高竞争力，则也可增加新的分销渠道，以实现企业的营销目标。

（3）调整整个分销渠道。有些时候，由于市场变化莫测，企业对原有渠道进行部分调整以应对企业的新要求和市场的新变化，因此必须对企业的分销渠道进行全面的调整。

分销渠道的作用正在逐渐增强，渠道合作、分销商合作、商业合伙、战略联盟变得日益普遍。合作关系或战略联盟表述了一种在生产商和其渠道成员间的持续的相互支持的关系，包括努力提供一个高效团队、网络或渠道伙伴联盟。

2. 评估渠道成员

企业除了选择和激励渠道成员外，还必须定期评估渠道成员的工作业绩。评价标准一般包括销售绩效、财务绩效、忠诚度、增长情况、创新能力、顾客满意度、平均存货水平、铺货管理能力、客户管理水平、向顾客交货的时间、对损坏或遗失商品的处理、与企业促销和培训的合作情况。

测量中间商的绩效，主要有两种方法：一是将每一个中间商的销售绩效与上期的绩效进行比较，并以整个群体的升降百分比作为评价标准，对低于该群体平均水平的中间商，必须加强评估与激励措施；二是将各中间商的绩效与该地区基于销售潜量分析所设立的配额相比较，在销售期过后，根据中间商的实际销售额与其潜在销售额的比率，将各中间商按先后名次进行排列。

3. 调整渠道成员

（1）增减渠道的宽度。个别中间商由于经营不善而造成市场占有率下降，影响到整个渠道效益时，可以考虑对其进行削减，以便集中力量帮助其他中间商做好工作，同时可重新寻找新的中间商替补。市场占有率的下降，有时可能是由于竞争对手分销渠道扩大而造成的，这就需要考虑增加中间商数量。企业决策时必须进行认真分析，不仅要考虑其直接收益，还要考虑对其他中间商的销售、成本与情绪所带来的影响。

（2）增减渠道长度。当生产企业通过增减个别中间商不能解决根本问题时，就要考虑增减某一分销渠道。例如，企业在经营过程中可能发现有的渠道作用不大需要缩减，有时又会由于渠道不足造成某种商品销售不畅，需要增加新的分销渠道。

(3) 调整整个渠道结构。这是渠道调整中最复杂、难度最大的一类，因为它要改变企业的整个渠道策略，而不仅仅是在原有基础上修修补补。如放弃原先的直销模式，采用代理商进行销售，或者建立自己的分销机构以取代原先的间接渠道。这种调整不仅彻底改变了渠道策略，而且产品策略、价格策略、促销策略也必须做相应调整，以便和新的分销系统相适应。

四、渠道的冲突管理

渠道冲突是指渠道成员发现其他渠道成员从事的活动阻碍或者不利于本组织实现自身的目标。由于分销渠道是由不同的独立利益企业组合而成的，出于对各自物质利益的追求，相互间的冲突是经常的。对于渠道冲突必须重视，并采取切实措施来协调各个方面的关系。

1. 渠道冲突的类型

(1) 水平渠道冲突。指同一渠道模式中，同一层次中间商之间的冲突。产生水平冲突的原因大多是生产企业没有对目标市场的中间商数量分管区域做出合理的规划，使中间商为各自的利益互相倾轧。

(2) 垂直渠道冲突。指在同一渠道中不同层次企业之间的冲突，如生产者与批发商之间的冲突、生产者与零售商之间的冲突等，这种冲突较之水平渠道冲突要更常见。例如，某些批发商可能会抱怨生产企业在价格方面控制太紧，留给自己的利润空间太小，且提供的服务（如广告、推销等）太少，零售商对批发商或生产企业可能也存在类似的不满。

(3) 不同渠道间的冲突。也称多渠道冲突，是指生产企业建立多渠道营销系统后，不同渠道服务于同一目标市场时所产生的冲突。随着顾客细分市场和可利用的渠道不断增加，越来越多的企业采用多渠道营销系统，即运用渠道组合、整合，例如，传统营销渠道和网络营销渠道之间的冲突。

2. 处理渠道冲突的原则

(1) 促进渠道成员合作。分销渠道的管理者及成员必须认识到渠道网络是一个体系，一个成员的行动常常会对增进或阻碍其他成员达到目标产生很大的影响。生产者必须发现中间商与自己不同的立场，如中间商希望经营几个生产者的各种产品，而不希望只经营一个生产者的有限品种。因为实际上中间商只有作为买方的采购代表来经营，才会获得成功。

(2) 密切注视渠道网络冲突。在分销渠道网络中经常会发生拖欠货款、相互抱怨、推迟完成订货计划等现象，渠道管理者应关注实际问题或潜在问题所在，并及时找到真正的原因。

(3) 设计解决冲突的策略：①从增进渠道成员的满意度出发，采取分享管理权的策略，接受其他成员的建议；②在权利平衡的情况下，采取说服和协商的方法；③使用权力，用奖励或惩罚的办法，促使渠道成员接受自己的意见。

(4) 渠道管理者发挥关键作用。合作是处理冲突的根本途径，但要达到目标，渠道管理者应主动地走出第一步，并带头做出合作的努力。

(5) 渠道成员的调整。单纯地注意冲突和增进合作不一定能保证完成渠道分销任务，有时有些渠道成员确实缺乏必要条件，如规模太小、销售人员不足、专业知识不足等。此时，就应果断做出调整和改组的决策。

五、渠道的窜货管理

窜货是指产品的跨区销售，又称倒货、冲货，即由于分销网络中的各级代理商、分公司等受利益驱动，使所经销的产品跨区域销售，造成价格混乱，从而使其他经销商对产品失去信心，消费者对品牌失去信任的营销现象。

1. 窜货现象的种类

（1）按窜货发生的不同市场可分为同一市场上的窜货和不同市场之间的窜货。

①同一市场上的窜货是指甲乙互相倒货。只要总代理商存在两个或两个以上不同的二级经销或批发商，就有发生窜货的可能。窜货的具体表现形式有产品的单向倒货、产品的互倒以及产品的外流。

②不同市场之间的窜货是指两个同一级别的总经销商之间相互倒货。具体表现形式有：由一地的总经销商向另一地的经销商倒货；不同市场总经销商之间相互倒货，如甲将货倒给乙，或乙将货倒给甲；由某一地市场总经销商将货直接分销到另一市场；分公司或业务员之间相互窜货。

（2）按窜货的不同性质可分为恶性窜货、自然性窜货和良性窜货3种形式。

①恶性窜货是指经销商为了牟取非正常利润，蓄意向非辖区倾销货物。经销商向辖区以外倾销产品最常用的方法是降价销售，主要是以低于厂家规定的价格向非辖区销货。恶性窜货给企业造成的危害是巨大的，它扰乱企业整个经销网络的价格体系，易引发价格战，降低通路利润，使经销商对产品失去信心、丧失积极性并最终放弃经销该企业的产品。混乱的价格将导致企业的产品、品牌失去消费者的信任与支持。

②自然性窜货一般发生在辖区临界处或物流过程，非供销商恶意所为。自然性窜货在市场上是不可避免的，只要有市场分割就会有该类窜货。主要表现为相邻辖区的边界附近互相窜货，或是在流通型市场上，产品随物流向而倾销到其他地区。这种形式的窜货，如果货量大，该区域的通路价格体系就会受到影响，从而使通路的利润下降，影响二级批发商的积极性，严重时可发展为二级批发商之间的恶性窜货。

③良性窜货是指经销商流通性很强，货物经常流向非目标市场。企业在市场开发初期，有意或无意地选中了流通性很强的市场中的经销商，使其产品流向非重要经营区域或空白市场。这种窜货对企业是有好处的：一方面，在空白市场上企业无须投入，就提高了其知名度；另一方面，企业不但可以增加销售量，还可以节省运输成本。

2. 窜货现象的原因

（1）多拿回扣，抢占市场。

（2）供货商给予中间商的优惠政策不同。

（3）供应商对中间商的销货情况把握不准。

（4）辖区销货不畅，造成积压，厂家又不予退货，经销商只好拿到畅销市场销售。

（5）运输成本不同，自己提货成本较低，有窜货空间。

（6）厂家规定的销售任务过高，迫使经销商去窜货。

（7）市场报复，目的是恶意破坏对方市场。

3. 治理窜货现象

（1）制定合理的奖惩措施。在合同中明确对窜货行为的惩罚规定，为了配合合同有效执行，必须采取以下措施：

①交纳保证金。如果经销商窜货，按照协议，企业可以扣留其保证金作为惩罚。这样经销商的窜货成本就增加了，如果窜货成本高于窜货收益，经销商就不会轻易窜货了。

②对窜货行为的惩罚进行量化。企业可选择警告、扣除保证金、取消相应业务优惠政策、罚款、货源减量、停止供货、取消当年返利和取消经销权，同时奖励举报窜货的经销商，调动大家防窜货的积极性。

（2）建立监督管理体系。把监督窜货作为企业制度固定下来，并成立专门机构，由专门人员明察暗访经销商是否窜货。在各个区域市场进行产品监察，对各经销商的进货来源、进货价格、库存量、销售量、销售价格等了解清楚，随时向企业报告。这样一旦发生窜货现象，市场稽查部门马上就可以发现异常，企业能在最短时间对窜货做出反应。

企业各部门配合防止窜货的发生。比如，企业可以把防窜货纳入企业财务部门日常工作中。财务部门与渠道拓展人员联系特别紧密，多是现款现货，每笔业务必须经过财务人员的手才能得以成交，因此财务人员对于每个区域销售何种产品是非常清楚的。还可以利用售后服务记录进行防止窜货。售后记录记载产品编号和经销商，反馈到企业后，企业可以把产品编号和经销商进行对照，如果不对应就判定为窜货。

利用社会资源进行防窜货。方式一：利用政府"地方保护行为"，与当地工商部门联系，合作印制防伪不干胶贴。方式二：组成经销商俱乐部，不定期举办沙龙，借此增进经销商之间的感情。方式三：采取抽奖、举报奖励等措施。方式四：利用消费者和专业防窜货公司协助企业防窜货。

（3）减少渠道拓展人员参与窜货。建立良好的培训制度和企业文化氛围。企业应尊重人才、理解人才、关心人才，讲究人性化的方式方法，制定人才成长的各项政策，制定合理的绩效评估和酬赏制度，真正做到奖勤罚懒，奖优罚劣。公正的绩效评估能提高渠道拓展人员的公平感，让员工保持良好的工作心态，防止渠道拓展人员和经销商结成损害企业的利益共同体。

（4）培养和提高经销商忠诚度。企业与渠道成员之间良好关系的建立，在一定程度上可以控制窜货的发生，经销商为维系这种已建立好的关系，轻易是不会通过窜货来破坏这份感情的。可以有条件或无条件地允许经销商退货，尽量防止经销商产品出现积压而窜货。

（5）利用技术手段配合管理。利用技术手段建立防窜货平台，适时监视经销商，采用带有防伪防窜货编码的标签对企业产品最小单位进行编码管理，把防伪防窜货结合起来，便于对窜货做出准确判断和迅速反应。借助通信技术和计算机技术，在产品出库、流通到经销渠道各个环节中，追踪产品上的编码，监控产品的流动，对窜货现象进行实时的监控。

任务实训

营销产品价格策划能力训练

实训目标：

引导学生参加"'营销渠道'业务胜任力"的实践训练；在切实体验《营销渠道报告》的准备与撰写等活动中，培养相应专业能力与职业核心能力；通过践行职业道德规范，促进健全职业人格的塑造。

实训内容：

选择一家企业进行走访，了解其渠道选择、渠道运行、渠道管理的状况，指出调查企业渠道设计、运行、管理中的问题，针对渠道运行中存在的问题，提出具体的解决措施。

实训时间：

在讲授本实训时选择周末休息日。

操作步骤：

(1) 将班级每10位同学分成一组，每组确定1~2人负责。

(2) 学生按组进入被选企业调查，并将调查情况详细记录。

(3) 对调查的资料进行整理分析。

(4) 指出调查企业渠道设计、运行、管理中的问题，并提出具体的解决办法。

(5) 写出分析报告。

(6) 各组在班级进行交流、讨论。

实训成果：

撰写《营销渠道报告》。

复习思考

1. 什么是渠道冲突？减少渠道冲突的方法有哪些？
2. 如何理解分销渠道的含义？
3. 你怎样评价渠道成员？
4. 如何改进分销渠道？
5. 简述零售商的类型与特点。
6. 简述批发商的类型与特点。
7. 如果你是制造商，你如何选择渠道成员？

案例赏析

曲美——拍卖招商启动市场

2000年7月20—23日，在一片黄色的海洋里，重庆太极集团新研制成功的国家二类新药盐酸西布曲明胶囊（一种减肥药，被命名为"曲美"，以下称"曲美"）的招商会在重庆隆重召开，来自全国20多个省市的120多个商家纷纷前来投标，与会新闻媒体达50多家。经过为期3天的以保证金与销售回款作为竞标依据的拍卖角逐中，太极集团在全国划定的39个区域标的全部被夺走。41个商家获得2000年8—12月份"曲美"的区域独家经销权。北京某经销商以200万元保证金、1 600万元销售回款高标的夺得了北京地区的独家经销权。据会后统计，获得2000年8—12月份"曲美"的区域独家经销权的41个经销商共预交保证金3 800万，并保证销售回款两个亿。至此，太极集团通过对"曲美"区域独家经销权拍卖取得了如下实效：

(1) 当场得到的保证金使"曲美"的推广费用得到了保证；

(2) 使"曲美"的市场风险由厂家单独承担转变成了厂商共担，转嫁的部分风险迫使经销商积极主动迅速开拓市场，双方合力以期达到厂商"双赢"的局面；

(3) "曲美"在保健类减肥药品中的市场地位得到经销商的充分认可。

此次拍卖会取得了前所未有的成功，是"曲美"进入市场的成功开端，为以后全面推广奠定了基础。

在市场经济的今天，商人的头脑已日趋冷静而理智，投资更加谨慎，是什么原因促成"曲美"招商的火暴场面和踊跃竞投的成功招标呢？这与太极集团捕捉机会、善于造势、精心准备、成功公关密不可分。

第一，抓住了市场机会

据有关资料统计，我国目前有15%的人口体重超标，假如体重超标的人有30%愿意减肥，再加上为美减肥的人，我国愿意减肥的总人口在6 000万~8 000万。由于肥胖人群的平均收入处于中等偏上的水平，通过有效方法改变肥胖人口的消费偏好，使愿意减肥的人每年投资300元作为减肥费用是很可行的，由此，可以估计我国的减肥产品市场份额至少是200亿元/年。

第二，产品品质高，价格定位好

"曲美"是美国FDA（美国食品和药品管理局）30年来批准的两个减肥药之一，是首获中国SDA（国家药品监督管理局）批准的减肥药，是严格按照GCP标准进行临床试验的减肥药，符合WHO（世界卫生组织）提出的理想减肥标准。它有显著的特点：①靶向减肥，主要减腰、腹、臀、颈部脂肪；②反弹率低；③减肥后皮肤不松弛；④无饮食限制要求；⑤每日仅用一粒；⑥既减体重，又维持体重的减轻；⑦既减皮下脂肪，又减少内脏周围脂肪。在定价策略上，太极集团将"曲美"零售价定在日服用金额不到10元的价位，一个疗程60天，合计费用为580元。低于多数减肥药品的日服用金额，属中等价位。有着先前的市场初级消费基础，消费者很容易接受"曲美"的价格，为商家看好在所必然，其成功也就不难理解了。

第三，大胆采用利益、风险合一的药品代理制

在国外，药品区域代理制是药品的主要营销方式。该方式一方面可以降低交易成本、控制市场；另一方面改变了过去医药企业一方开拓市场的局面，迫使经销商主动与医药企业共同开拓市场，真诚合作、风险共担，从而达到医药企业与经销商"双赢"的局面。随着我国经济体制与国际接轨，代理制将是我国药品销售体制改革的必然趋势。所以，有长远规划的商业企业也在积极寻求有市场潜力的品种进行代理。

第四，精心策划营销方案是这次拍卖会成功的保证

（1）炎热的夏天人们会食欲不振，对"曲美"的疗效会有所帮助。8月份是太极集团骨干品种销售的淡季，适时组织其骨干销售队伍在火热的8月掀起"黄色风暴行动"，在人力上保证了"曲美"的全面市场推广。

（2）曲线美是每个肥胖者的梦想，"曲美"命名鲜明直接地向肥胖者传达"曲美"良好的作用和疗效，让人一看见"曲美"就联想到人体的曲线美。药品包装和随药品赠送的手提纸袋都是黄颜色的，在火热的夏天，增强了人们的减肥欲望。

（3）2000年8月1日，太极集团投入200多万元同时在全国41个销售区域与经销商共同举办了"曲美"大型商业推广会，通过大型商业推广会迅速将产品销售到二级批发商，进而将"曲美"在各个药店全面铺货上市。

（4）2000年8月中旬，太极集团在全国开展"曲美全国15万人免费减肥活动"，在全国50个大城市的大型药店组织医生对愿意减肥的肥胖者进行全面身体检查，对可以服用"曲美"进行减肥的肥胖者赠送一个疗程胶囊（2盒，价值580元）。太极集团将为接受赠送的肥胖者建立详细档案，他们将自动成为"曲美减肥俱乐部"的会员，集团将通过"曲美

减肥俱乐部"的各项活动将会员培养成"曲美"的忠实顾客。"曲美全国15万人免费减肥活动"是在终端铺货率暂时达不到相应要求时保证顾客能及时接触到产品的一个积极方式。通过免费试用减肥药突出太极集团"不是卖药,而是帮助顾客减肥"的目标诉求点。这一连串的促销活动相辅相成,媒体的推力和区域经销商的终端拉力合成一股强大的产品力。

(5) 在宣传中,太极集团着重于产品的宣传及品牌形象的树立。将广告诉求点放在"曲美"的优良功效上,突出它的高科技。以中央台新闻联播招标广告对全国进行全面覆盖,以11个卫视台高频次15秒广告进行交叉覆盖,以4个特大型城市强化重点城市宣传,再以近50家城市高阅读率的报纸进行新闻报道和广告发布,同时还以专业性较强的《中医药事业报》《家庭保健周刊》强化对医院的宣传,产生了较好的广告效应。

(6) 在大规模组合宣传的同时,太极集团没有忘记"曲美"的处方市场,没有忘记对产品做进一步研究。集团充分利用自己的医院网络,决定投入巨额科研费用在全国500家大型医院的内分泌科对"曲美"的疗效、毒副作用进行深入研究,使"曲美"与学术界建立密切的合作关系,以保证"曲美"学术上的领先地位。

以上6个方面的营销组合从不同层面增强了各个经销商的信心,再加上对拍卖会现场的精心策划和成功操纵,太极集团的"曲美"区域经销权的拍卖会水到渠成地取得了最大限度的成功。

问题:
1. 是什么原因促成"曲美"招商的火爆场面和踊跃竞投的成功招标?
2. 你从该案例中得到了什么样的启示?

模块七

促销策划

学习任务

1. 掌握促销与促销组合的概念；
2. 熟悉人员推销的方式和销售团队管理；
3. 熟悉广告媒体的特点及广告策划的主要内容；
4. 熟悉公关策划常用的方法与工具；
5. 掌握销售促进工具及其适用情况。

任务一　促销与促销组合

情景案例

康师傅"再来一瓶"的促销绝唱

从来没有哪一种促销形式像"再来一瓶"这样，被全行业长时间地同时运用；从来没有哪一种促销形式像"再来一瓶"这样，使所有其他方式在其面前黯然失色。据跟踪调查，"再来一瓶"发源于饮料巨头可口可乐，后被康师傅发扬光大达到登峰造极之境界，现在几乎被所有大众饮料品牌模仿运用，甚至延展至其他行业的销售促进中。"再来一瓶"属"破坏包装后的促销方式"，即"开盖有奖"一类，高概率以奖促销（15%～20%），主要针对终端大众消费者的促销类型。从"再来一瓶"第一次亮相到现在，事实上其在中国零售终端存在已有10多年。

"再来一瓶"有几个关键因素使得市场推广人员对其青睐有加：

一是活动告知，用外包装告知活动信息，这基本上不增加成本；二是中奖环节，打开瓶盖在瓶盖内壁告知是否中奖，这个环节同时实现必要包装不可修复式破坏，以及中奖信息告知，促进消费；三是现场兑奖，消费者理论上在任何地方购买了饮料中奖后都可以当场兑奖，大大提高了兑奖便利性，同时也就提高了促销的可信度和参与度；四是可反复中奖，在活动初期，发生过三连中不稀奇、四连中也常见、五连中也可能的现象，消费者参与热情被极大调动；五是狠狠地打击对手，据研究，每个成年人消费者的每天购买量主要在1~2瓶瓶装饮料，这样的习惯占了所有购买者的90%以上，"再来一瓶"事实上大大阻止了消费者购买别的饮料特别是小品牌饮料的概率；六是本品促销，用本品促销最大的好处是大大节省了现金的支出、节省了物流成本和人员麻烦，让此形式在更大范围内推进成为可能。正是这些因素叠加在一起，让"再来一瓶"成了市场部人员喜欢、消费者欢喜，得以在全渠道推动的超级促销活动。

对"再来一瓶"不太热情的只有一个环节，那就是销售渠道，即经销商、超市、小卖部。事实证明这也是为什么"再来一瓶"展开以来屡遭诟病的地方，兑奖难，难兑奖。原因简单地说，就是销售渠道是希望他进的每一瓶饮料都是可以赚钱的，这是很好理解的，但"再来一瓶"活动下的进货就不是这样了，渠道进一批饮料，厂家按中奖比例搭赠相同概率的产品，组成这一批货的总发货量，表面上看经销商用相同的钱进了更多的货，而事实上这些多的货最后都是要以兑奖的形式给消费者的。经销商和零售终端事实在这中间充当了一个义务搬运工的角色，没有利润，也没有空子可钻。除了这种形式，也有饮料品牌是用人员去终端收集兑奖瓶盖，然后备上对应数量的饮料，工作海量，相当麻烦。所以对这种"利国利民"的促销活动，经销商和超市都没有本能的兴趣。如果加上厂家自身布署、执行、督促、服务不到位，最后就会反映出来不好兑奖了，就会被媒体和消费者骂得一塌糊涂。

但从总体上来看，所有这些都不是障碍。从现在的情况来看康师傅今年继续推20亿瓶赠饮，而且全线产品线推广此活动，其他所有大品牌都有类似活动，而且很多小品牌也跟风"再来一瓶"，这一方面说明此活动效果很好，另一方面也说明市场人员才思枯竭，没有突破。特别是一些小品牌也用"再来一瓶"，东施效颦，其实效果相当有限，看不出来现在市场上有什么更好的促销形式可以替代"再来一瓶"。

（资料来源：www.em-cn.com）

案例点评

对于"再来一瓶"这种形式的促销活动，其目的主要是提高消费者的购买量和购买频率，培养重度消费者，并且大量吸引竞争对手的消费者，从而有效挤占竞争品的市场份额。一项成功的促销活动不仅仅需要好的促销形式，以及广告宣传、公关活动的支持，也需要对促销方案进行严密系统的策划。2009年出现的市场兑奖断货现象，以及假瓶盖、兑奖难等问题，曾使康师傅的"再来一瓶"遭遇了前所未有的信任危机。因此企业在开展促销活动时应该设计完整的促销方案，同时也要对可能出现的问题制定预案和应对措施。

在市场一体化和产品同质化竞争加剧的今天，企业重点要从"产"转向"销"，这不仅要求开发好的产品，制定有吸引力的价格，使产品易于到达目标顾客，还需要采取适当的方式与企业利益相关者以及一般公众进行沟通，取得消费者的认可，将企业形象和产品信息传递给目标受众。

一、促销的概念

促销又称为销售促进，是指企业通过人员和非人员的方式，定期或不定期地向消费者传递企业、产品、服务信息，以引发、刺激消费者的消费欲望和兴趣，使其产生购买行为的活动。促销实质上就是与消费者进行对话和建立关系的一种方式，它既是科学，又是艺术，其核心是信息沟通，通过与目标受众的沟通，达到引发、刺激消费者购买的目的。

美国 IBM 公司创始人 T. J. Watson 说过："科技为企业提供动力，促销则为企业安上翅膀"，因此促销是品牌的"喉舌"，它的成功与否直接决定着企业在市场竞争中的命运。

1. 促销的作用

（1）传递信息，强化认知。促销能够把企业的产品、服务、价格等信息传递给目标公众，引起他们的注意。通过促销宣传，使用户知道企业生产经营什么产品，有什么特点，到什么地方购买，购买的条件是什么，等等。

（2）突出卖点，引发需求。在产品同质化的今天，促销活动可以突出产品的卖点，提高企业的知名度、美誉度，增强消费者对企业的信任感，引发顾客需求，进而扩大产品的销售额，提高企业的市场竞争能力。

（3）反馈信息，提升效益。通过有效的促销活动，使更多的消费者或用户了解、熟悉和信任本企业的产品，并通过促销效果和消费者对促销活动的反馈，了解目标市场需求变化，及时调整促销决策，巩固企业的市场地位，从而提高企业营销的经济效益。

2. 促销的类型

（1）推式策略。即以中间商为主要促销对象，通过人员推销的方式，将产品从生产企业推向中间商，再由中间商推给消费者。推式策略一般适合于单位价值较高、性能复杂、需要做示范的产品，以及消费者或用户不太了解或根本不了解的新上市的产品等。

（2）拉式策略。即以最终顾客为推销对象，通过非人员推销方式把顾客拉过来，由最终顾客向中间商询购商品、中间商向制造商进货。拉式策略较适用于单位价值低、市场需求量大、流通环节多，市场比较成熟，消费者或用户对产品非常了解和熟悉。

二、促销组合

促销组合是指企业为了有效地将信息传递给它所希望的消费者，根据产品的特点和营销目标，综合各种影响因素，对各种促销方式的选择、编配和运用。

依据促销过程所使用的手段，促销可以分为人员促销和非人员促销两类，主要的促销方式有广告、公共关系和宣传和销售促进（营业推广）、人员推销 4 种，随着营销环境的变化又出现了直复营销、互动营销、口碑营销以及事件和体验等方式。常用的促销方式见表 7-1。

表 7-1　常用的促销方式

广告	销售促进	公共关系和宣传	人员推销
广播	竞赛	宣传资料袋	销售简报
报刊	奖品和礼物	演讲	销售推介会

续表

广告	销售促进	公共关系和宣传	人员推销
包装	样品	研讨会	激励活动
影视	展销会	年度报告	样品
宣传册	展览	慈善捐款	展销会
招贴和传单	示范	出版物	
产品目录	赠券	社会关系	
产品陈列	回扣	游说	
广告牌	低息融资	识别媒介	
标志和商标	搭售	公司杂志	
销售点展示	以旧换新折价		
视听材料	游戏、彩票		

1. 人员推销

人员推销是指企业的销售人员用面对面沟通方式向潜在顾客进行口头宣传，以达到推销产品、满足消费者需求、实现企业营销目标的一种直接销售方法。人员推销是购买决策过程后期最有效的工具，尤其是在树立购买者偏好、信念和促进行动方面。人员推销销售的特征有：

（1）与消费者面对面接触。销售人员可以观察对方的表情来调整自己的态度。

（2）培养关系。这种方法使销售人员与消费者之间建立起不同程度的关系，从普通的买卖关系变成友谊关系。

（3）实现"顾问式"销售。销售人员如果能站在专业角度和客户利益角度提供意见和解决方案以及增值服务，帮助客户做出正确选择，那么就可以在推销过程中建立客户对产品或服务的情感和忠诚度，达到较长期稳定的合作关系。

2. 广告

广告是指企业采用付款的方式，通过媒体把产品或劳务的信息传送到目标顾客中去，以增加消费者信任和扩大销售的宣传活动。广告可用于建立企业或产品的长期形象，也可用于增加短期的销售。它可以有效到达地理分布较为分散的消费者。

3. 销售促进

销售促进指企业运用各种短期性的诱因工具鼓励、刺激消费者和中间商迅速或大量地购买某一特定产品或服务的活动。它能在较短时间内调动人们的购买热情，培养消费者的兴趣和使用爱好，使消费者尽快地了解接受新产品；可以鼓励重复购买，提高销售量。

4. 公共关系和宣传

公共关系和宣传是用于推广或者保护公司或单个产品的形象的活动。它之所以具有吸引力，是基于如下3个原因：

（1）新闻故事和特写比广告更有真实性、高度可信性；

（2）能够消除那些不喜欢推销人员和广告的消费者的抵触心理；

（3）能够使公司或者产品引人注目。

三、影响促销组合策略选择的因素

1. 促销目标

促销目标是企业从事促销活动所要达到的目的,它是影响促销组合决策的首要因素。企业促销目标主要有提高铺货率、扩大销量、新品上市宣传、减少库存、产品季节性调整、应对竞争、提高企业知名度美誉度等。为实现不同的促销目标,企业应设计合理的促销组合策略。

2. 市场状况

不同的市场状况,有不同的销售特点,促销组合策略选择、运用也不同。

(1) 促销组合应随市场区域范围的不同而变化。如规模小且相对集中的市场,应以人员推销为主;对于范围广而分散的市场,则应以广告宣传为主。

(2) 促销组合应随着市场类型的不同而不同。市场类型可分为消费者市场和组织市场两类,促销工具的有效性在这两个市场上有很大的区别。在消费者市场上,消费者是以满足自身需要而购买的一切个人和家庭,促销效果受销售促进的影响较大,广告宣传、人员销售和公共关系等方式的影响依次减弱;在组织市场上,消费者是以生产、再出售或执行某种职能而购买的中间商、企业、政府机构等组织,人员销售对促销效果的影响较大,而销售促进、广告和公共关系等方式的影响依次降低。促销方式对两类市场的影响差异程度如图 7-1 所示。

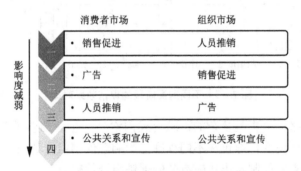

图 7-1 不同市场上的促销效果对比

(3) 促销组合应随市场上潜在消费者的数量类型的不同而不同。消费者数量少而集中,宜采用人员推销方式为主;消费者数量多而分散,宜采用广告宣传为主。

3. 产品的生命周期

在产品生命周期的不同阶段,消费者对产品的认知和态度有很大差别,因而各种促销工具的效果也有较大差异。

一般来说,在引入初期广告和公共宣传的效果较好;而在成长期向成熟期过渡及整个成熟期,销售促进的作用开始增大,广告和人员销售的效果又有明显加强;在衰退期,除了销售促进的效果达到最高点以外,其他促销工具的作用都明显降低。产品生命周期各阶段的促销效果如图 7-2 所示。

4. 购买决策的过程

在不同的购买决策阶段,不同的促销工具有不同的效果,如图 7-3 所示。广告和宣传在信息收集阶段最重要,消费者了解主要受广告的影响;而在比较评价阶段消费者信任则主

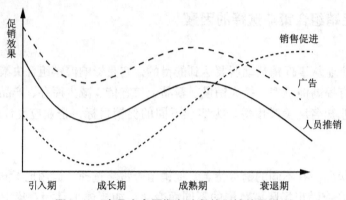

图7-2 产品生命周期各阶段的促销效果对比

要依赖于人员推销;购买和再购买主要受人员销售和销售促进的影响,不过再购买阶段在一定程度上还受提醒性广告的影响。

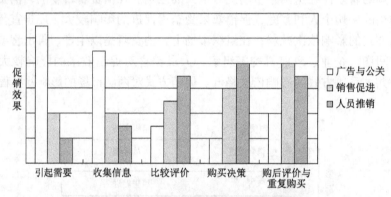

图7-3 不同购买阶段的促销效果对比

影响促销组合策略的因素是复杂的,除上述因素外,企业的营销观念、销售人员素质、整体发展战略、竞争环境变化等也在不同程度上影响着促销组合的设计,营销人员应审时度势,全面考虑各种因素才能制定出比较有效的促销组合策略。

任务二 人员推销

情景案例

乔·吉拉德的销售秘诀

乔·吉拉德,因售出13 000多辆汽车创造了商品销售最高纪录而被载入吉尼斯大全,曾经连续15年成为世界上售出新汽车最多的人。然而35岁以前,乔·吉拉德是个全盘的失败者,不仅患有相当严重的口吃,甚至还当过小偷、开过赌场,那么乔·吉拉德取得辉煌销售业绩的秘诀是什么呢?

一、"250"定律:不得罪一个顾客

在每位顾客的背后,都大约站着250个人,这是与他关系比较亲近的人:同事、邻居、亲戚、朋友。

如果一个推销员在年初的一个星期里见到50个人，其中只要有两个顾客对他的态度感到不愉快，到了年底，由于连锁影响就可能有5 000个人不愿意和这个推销员打交道，他们知道一件事：不要跟这位推销员做生意。

这就是乔·吉拉德的"250"定律。由此，乔得出结论：在任何情况下，都不要得罪哪怕是一个顾客。

在乔的推销生涯中，他每天都将"250"定律牢记在心，抱定生意至上的态度，时刻控制着自己的情绪，不因顾客的刁难，或是不喜欢对方，或是自己心绪不佳等原因而怠慢顾客。

二、名片满天飞：向每一个人推销

每一个人都使用名片，但乔的做法与众不同：他到处递送名片，在餐馆就餐付账时，他要把名片夹在账单中；在运动场上，他把名片大把大把地抛向空中漫天飞舞，就像雪花一样，飘散在运动场的每一个角落。当人们买汽车时，自然会想起那个抛散名片的推销员，想起名片上的名字：乔·吉拉德。

乔认为，每一位推销员都应设法让更多的人知道他是干什么的，销售的是什么商品。这样，当他们需要他的商品时，就会想到他。

三、建立顾客档案：更多地了解顾客

乔中肯地指出：如果你想要把东西卖给某人，你就应该尽自己的力量去收集他与你生意有关的情报。乔认为，推销员应该像一台机器，具有录音机和电脑的功能，在和顾客交往过程中，将顾客所说的有用情况都记录下来，从中把握一些有价值的材料。

乔说："在建立自己的卡片档案时，你要记下有关顾客和潜在顾客的所有资料，他们的孩子、嗜好、学历、职务、成就、旅行过的地方、年龄、文化背景及其他任何与他们有关的事情。所有这些资料都可以帮助你接近顾客，有效地跟顾客讨论问题，谈论他们自己感兴趣的话题。"

四、"猎犬"计划：让顾客帮助你寻找顾客

乔的名言："买过我汽车的顾客都会帮我推销"，他的很多生意都是由"猎犬"（那些会让别人到乔那里买东西的顾客）帮助的结果。

在生意成交之后，乔总是把一叠名片和"猎犬"计划的说明书交给顾客。告诉顾客，介绍别人来买车，每辆车会得到25美元的酬劳。如果乔发现顾客是一位领导人物，那么他会更加努力促成交易并设法让其成为"猎犬"。

五、推销产品的味道：让产品吸引顾客

每一种产品都有自己的味道，乔·吉拉德特别善于推销产品的味道。他认为，人们都喜欢自己来尝试、接触、操作，因此不论你推销的是什么，都要想方设法展示你的商品。根据他的经验，凡是坐进驾驶室把车开上一段距离的顾客，没有不买他的车的。

六、诚实：推销的最佳策略

推销过程中有时需要说实话，但诚实要有尺度；推销容许谎言，这就是推销中的"善意、谎言"原则。

乔善于把握诚实与奉承的关系。尽管顾客知道乔所说的不尽是真话，但他们还是喜欢听人赞美，这可以使气氛变得更愉快，推销更容易成交。

七、每月一卡：真正的销售始于售后

乔有一句名言："我相信推销活动真正的开始在成交之后，而不是之前。"推销是一个连续的过程，成交既是本次推销活动的结束，又是下次推销活动的开始。推销员在成交之后继续关心顾客，将会既赢得老顾客，又能吸引新顾客，使生意越做越大，客户越来越多。

乔每月要给他的1万多名顾客寄去一张贺卡。一月份祝贺新年，二月份纪念华盛顿诞辰日，……凡是在乔那里买了汽车的人，都收到了乔的贺卡，也就记住了乔。

案例点评

销售是需要智慧和策略的事业。在每位推销员的背后，都有自己独特的成功诀窍。乔的推销业绩如此辉煌的4个最重要的成功关键要素是：虚心学习、努力执着、注重服务与真诚分享。

"成交之后仍要继续推销"，这种观念使得乔把成交看作是推销的开始。乔在和自己的顾客成交之后，仍要保持与顾客良好的关系并逐渐培养顾客忠诚。

然而销售是充满艰辛与挑战的工作，要成为一名优秀的销售人员，不仅要具备一定的业务素质、身体素质，在与顾客面对面的沟通中，也要有较好的观察、应变、组织协调、语言表达和沟通能力。

知识体系

人员推销是企业最主要的一种促销方式，是指企业的销售人员通过面对面沟通方式向潜在消费者进行口头宣传，以达到推销产品、满足消费者需求、实现企业营销目标的一种直接销售方法。

一、人员推销的特点

（1）面对面的接触。人员推销是在两人或更多人之间的面对面的沟通，销售人员可以通过观察对方的表情来调整自己的态度。

（2）培养人际关系。在沟通过程中销售人员往往会将销售中的买卖关系变成友谊关系，培养顾客忠诚。

（3）实现"顾问式"销售。推销人员不只是把产品卖给消费者，而且为消费者提供解决方案。

小贴士

销售的3个误解

一项调查显示，在美国目前公司企业中，85%的领导人是从销售人员起步的；在各种职业的10个职工中有2个是销售人员，公司中27%的推销员创造了产品50%的销量。由此可见，销售工作是一项极其重要且具有吸引力的工作，然而在我国社会实际中，对销售工作的认识却存在着3个误解：

（1）能说会道：78%的客户反馈说销售人员说得太多了；

（2）脸皮太厚：经常说谎或者欺骗；

（3）以定额为导向：销售只对卖主有利，不考虑顾客利益得失。

二、人员推销的基本形式

一般来说，人员推销有以下3种基本形式：

1. 上门推销

上门推销是最常见的人员推销形式。它是由推销人员携带产品的样品、说明书和订单等走访顾客，推销产品。这种推销形式可以针对消费者的需要提供有效的服务，方便消费者，故为消费者广泛认可和接受，是一种积极主动的、名副其实的推销形式。

2. 柜台推销

柜台推销又称门市推销，是指企业在适当地点设置固定的门市，由营业员接待进入门市的消费者，推销产品。门市的营业员是广义的推销人员。柜台推销与上门推销正好相反，它是等客上门式的推销方式。由于门市里的产品种类齐全，能满足消费者多方面的购买要求，为消费者提供较多的购买方便，并且可以保证商品安全无损，因此，消费者比较乐于接受这种方式。柜台推销适合于零星小商品、贵重商品和容易损坏的商品。

3. 会议推销

会议推销指的是利用各种会议向与会人员宣传和介绍产品，开展推销活动。例如，在订货会、交易会、展览会、物资交流会等会议上推销产品均属会议推销。这种推销形式接触面广，推销集中，可以同时向多个推销对象推销产品，成交额较大，推销效果较好。

小 贴 士

推销中的"三难"

在销售过程中有"三难"，即面难见，门难进，话难听。要想解决这些问题，你就得具备常人所没有的耐心和毅力。

例如，当你给客户打电话而客户拒绝接听时，你可以改一种方式——寄邮件；寄邮件石沉大海也不要灰心，心里面一定要说："我一定要见到他。"不行的话，你就到他单位门口去等，等他的车来了以后，拦住他，告诉他你是谁，你是哪个公司的，然后彬彬有礼地把一张名片递给他，说："我以前跟您联系过，这是我的名片，你先忙着，抽空我再打电话跟你联络。"话不要说太多。客户拿到你的名片后会这样想："这家伙还挺有毅力的，我们公司的员工如果都像他这样就好了，我得抽空见见他。"

从心理学的角度来讲，人都有好奇心，正是这种好奇心会让客户见你。

三、人员推销的推销对象

推销对象是人员推销活动中接受推销的主体，是推销人员说服的对象。推销对象有消费者、生产用户和中间商 3 类。

（1）向消费者推销。推销人员向消费者推销产品，必须对消费者有所了解。为此，要掌握消费者的年龄、性别、民族、职业、宗教信仰等基本情况，进而了解消费者的购买欲望、购买能力、购买特点和习惯等，并且要注意消费者的心理反应。对不同的消费者，施以不同的推销技巧。

（2）向生产用户推销。将产品推向生产用户的必备条件是熟悉生产用户的有关情况，包括生产用户的生产规模、人员构成、经营管理水平、产品设计与制作过程以及资金情况等。在此前提下，推销人员还要善于准确而恰当地说明自己产品的优点，并能对生产用户使用该产品后所得到的效益进行简要分析，以满足其需要；同时，推销人员还应帮助生产用户解决疑难问题，以取得用户信任。

(3) 向中间商推销。与生产用户一样，中间商也对所购商品具有丰富的专门知识，其购买行为也属于理智型。这就需要推销人员具备相当的业务知识和较高的推销技巧。在向中间商推销产品时，首先要了解中间商的类型、业务特点、经营规模、经济实力以及他们在整个分销渠道中的地位；其次，应向中间商提供有关信息，给中间商提供帮助，建立友谊，扩大销售。

四、"顾问式"销售

"顾问式"销售是一种有效的推销方式，它能站在专业角度和客户利益角度提供专业意见和解决方案以及增值服务，使客户做出对产品或服务的正确选择和发挥其价值；同时在销售过程中培养客户对产品或服务的品牌提供者的感情及忠诚度，有利于进一步开展关系营销，达到较长期稳定的合作关系，实现战略联盟，从而能形成独具杀伤力的市场竞争力。"顾问式"销售工作流程中的主要步骤有：

(1) 访前准备：销售人员应尽可能多地了解行业、公司、产品、竞争对手、顾客的特点与相关知识。

(2) 寻找潜在客户：通过电话、邮件、上门拜访等方式寻找潜在客户。

(3) 接近：尽可能多地收集客户信息，研究客户的性格、兴趣、爱好，以便更好地接待或访问客户。

(4) 识别问题：通过提问的技巧探寻客户关注的价值和利益点，确定客户的真正需求。

(5) 现场演示：重点向顾客演示产品的特征、优点和利益价值。

(6) 处理异议：在产品介绍过程中顾客一般都会出现抵触情绪，如何消除顾客疑虑、解决异议或者防范异议是销售技巧的一部分。

(7) 成交：推销人员必须懂得如何从客户身上发现达成交易的信号，包括客户的动作、语言、评论和提出的问题。也可以以特定的成交劝诱，如特价、免费赠送礼品等方式。

(8) 建立联系：完成交易后，应继续提供使用指导和售后服务，以建立和维系长期的合作伙伴关系。

案例 7—1

汽车顾问式销售流程

中国汽车市场是全世界发展潜力最大的汽车消费市场，2010 年前我国新车年销量已突破 1 000 万辆。权威机构预测，未来 3 年内汽车营销人才缺口将达 80 万人，汽车营销人才已成为维系汽车行业快速健康发展最紧缺和最关键的资源。

汽车销售顾问是指为客户提供顾问式的专业汽车消费咨询和导购服务的汽车销售服务人员，其工作范围实际上也就是从事汽车销售的工作，但其立足点是以客户的需求和利益为出发点，向客户提供符合客户需求和利益的产品销售服务。其具体工作包括客户开发、客户跟踪、销售导购、销售洽谈、销售成交等基本过程，还可能涉及汽车保险、上牌、装潢、交车、理赔、年检等业务的介绍、成交或代办。

对于大多数汽车 4S 店而言，汽车销售流程从客户开发一直到最后的售后跟踪服务，一共有 9 个环节，如图 7—4 所示。

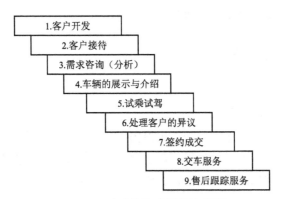

图7-4　汽车顾问式销售流程图

1. 客户开发

客户开发是汽车销售的第一个环节，这一环节主要是关于如何去寻找客户，在寻找客户的过程当中应该注意哪些问题。

2. 客户接待

在客户接待环节，主要是分析怎样有效地接待客户，怎样获得客户的资料，怎样把客户引导到下一环节中去。

3. 需求咨询（分析）

需求咨询也叫需求分析。在这一环节，将以客户为中心，以客户的需求为导向，对客户的需求进行分析，为客户介绍和提供一款符合客户实际需要的汽车产品。

4. 车辆的展示与介绍

在车辆展示与介绍中，将紧扣汽车这个产品，对整车的各个部位进行互动式的介绍，将产品的亮点通过适当的方法和技巧进行介绍，向客户展示能够带给他哪些利益，以便顺理成章地进入到下一个环节。

5. 试乘试驾

试乘试驾是对第4个环节的延伸，客户可以通过试乘试驾的亲身体验和感受以及对产品感兴趣的地方进行逐一的确认。这样可以充分地了解该款汽车的优良性能，从而增加客户的购买欲望。

6. 处理客户的异议

在这一环节，销售人员的主要任务是，解决客户在购买环节上的一些不同的意见。如果这一环节处理得好，就可以顺利地进入下一环节，也就是说，可以与客户签订合同了；如果处理得不好，销售人员就应回头去检查一下到底问题出在哪里，为什么客户不购买你的车。

7. 签约成交

适时提出成交或签约要求，尽快达成交易。

8. 交车服务

交车是指成交以后，要安排把新车交给客户。在交车服务里销售顾问应具备规范的服务行为，了解不同产品交货程序、准备好要提交的相应资料、进行产品交货前的检验。

9. 售后跟踪服务

最后一个环节是售后跟踪服务。对于保有客户，销售人员应该运用规范的技巧进行长期的维系，以达到让客户替你宣传、替你介绍新的意向客户来看车、购车的目的。因此，售后跟踪服务是一个非常重要的环节,可以说是一个新的开发过程。

五、销售团队构建与管理

(一) 构建销售队伍

1. 设计销售队伍结构

如果企业只对分布在许多地方的最终用户销售一种产品,那么其销售队伍的结构是较为简单的,可以根据地区进行安排;如果企业是向各类客户销售多种产品,那么可以按产品或市场来安排销售队伍的结构。常见的销售队伍结构见表 7-2。

表 7-2 销售队伍结构模式

结构	说明
地区式结构	按地理位置上的销售规模和市场容量的差异来划分销售区域。每个销售代表负责一个地区,责任明确,与当地客户联系紧密,差旅费相对较少
产品式结构	按产品种类的不同划分销售责任,适用于产品技术复杂、产品间关联性小的企业
市场式结构	按行业或顾客类别组建销售队伍,对不同行业或顾客安排不同的销售人员
复合式结构	将以上组织方法混合使用,可按地区—产品、地区—市场、产品—市场的方式来组织

2. 确定销售队伍规模

企业在确定了销售团队的战略和结构后,就应该根据希望接触的顾客数量决定销售团队的规模。确定销售团队规模大致可分为 5 个步骤:

(1) 将顾客按年销售量分类;

(2) 确定对每类客户的访问频率;

(3) 计算总的年度访问次数,即每一类客户的数目乘上各自所需的访问次数;

(4) 确定每个销售人员每年可以进行的访问次数;

(5) 计算所需销售人员数量,即将总的年访问次数除以每个销售人员的平均年访问次数。

假设一个公司估计全国有 1 000 个已有顾客和 2 000 个潜在顾客,已有顾客一年需访问 36 次,潜在顾客一年需访问 12 次,这表明公司每年访问总次数约 6 万次,假设每个销售人员平均每年可完成 1 000 次访问,那么该公司的销售人员需求量约是 60 人。

(二) 甄选与培训销售人员

由于销售人员素质高低直接关系到企业促销活动的成功与失败,所以销售人员的甄选与培训十分重要。

1. 甄选销售人员

甄选销售人员,不仅要对未从事推销工作的人员进行甄选,使其中品德端正、作风正派、工作责任心强的胜任推销工作的人员进入推销人员的行列,还要对在岗的推销人员进行甄选,淘汰那些不适合推销工作的员工。

销售人员的来源有两个途径:一是来自企业内部,就是把本企业内德才兼备、热爱并适合推销工作的人选拔到推销部门工作;二是从企业外部招聘,即企业从大专院校的应届毕业生、其他企业或单位等群体中物色合格人选。无论哪种来源，都应经过严格的考核，择优录用。

甄选推销人员有多种方法，为准确地选出优秀的推销人才，应根据推销人员素质的要求，采用申报、笔试和面试相结合的方法。由报名者自己填写申请，借此掌握报名者的性别、年龄、受教育程度及工作经历等基本情况；通过笔试和面试可了解报名者的仪表风度、工作态度、知识广度和深度、语言表达能力、理解能力、分析能力、应变能力等。

2. 培训销售人员

对当选的推销人员，还需经过培训才能上岗，使他们学习和掌握有关知识与技能。同时，还要对在岗销售人员每隔一段时间进行培训，使其了解企业的新产品、新的经营计划和新的市场营销策略，进一步提高素质。培训内容通常包括企业背景、产品情况、市场及竞争对手特点、推销技巧与程序和政策法规知识等内容。

培训销售人员的方法很多，常采用的方法有3种：

（1）讲授培训。这是一种课堂教学培训方法。一般是通过举办短期培训班或进修等形式，由专家、教授和有丰富推销经验的优秀推销员来讲授基础理论和专业知识，介绍推销方法和技巧。

（2）模拟培训。它是受训人员亲自参与的有一定真实感的培训方法。具体做法是，由受训人员扮演推销人员向由专家教授或有经验的优秀推销员扮演的顾客进行推销，或由受训人员分析推销实例等。

（3）实践培训。实际上，这是一种岗位练兵。当选的推销人员直接上岗，与有经验的推销人员建立师徒关系，通过传、帮、带，使受训人员逐渐熟悉业务，成为合格的推销人员。

小 贴 士

推销人员素质要求

人员推销是一个综合的复杂的过程。它既是信息沟通过程，也是商品交换过程，又是技术服务过程。推销人员的素质，决定了人员推销活动的成败。推销人员一般应具备如下素质：

（1）态度热忱，勇于进取。推销人员是企业的代表，有为企业推销产品的职责；同时又是顾客的顾问，有为顾客的购买活动当好参谋的义务。企业促销和顾客购买都离不开推销人员。因此，推销人员要具有高度的责任心和使命感，热爱本职工作，不辞辛苦，任劳任怨，敢于探索，积极进取，耐心服务，同顾客建立友谊，这样才能使推销工作获得成功。

（2）求知欲强，知识广博。广博的知识是推销人员做好推销工作的前提条件。较高素质的推销员必须有较强的上进心和求知欲，乐于学习各种必备的知识。一般来说，推销员应具备的知识有以下几个方面：

①企业知识。要熟悉企业的历史及现状，包括本企业的规模及在同行中的地位、企业的经营特点、经营方针、服务项目、定价方法、交货方式、付款条件和保管方法等，还要了解企业的发展方向。

②产品知识。要熟悉产品的性能、用途、价格、使用知识、保养方法以及竞争者的产品情况等。

③市场知识。要了解目标市场的供求状况及竞争者的有关情况,熟悉目标市场的环境,包括国家的有关政策、条例等。

④心理学知识。了解并适时适地地运用心理学知识,研究顾客心理变化和要求,以便采取相应的方法和技巧。

(3) 文明礼貌,善于表达。在人员推销活动中,推销人员推销产品的同时也是在推销自己。这就要求推销人员要注意推销礼仪,讲究文明礼貌,仪表端庄,热情待人,举止适度,谦恭有礼,谈吐文雅,口齿伶俐,在说明主题的前提下,语言要诙谐、幽默,给顾客留下良好的印象,为推销获得成功创造条件。

(4) 富于应变,技巧娴熟。市场环境因素多样且复杂,市场状况很不平稳。为实现促销目标,推销人员必须对各种变化反应灵敏,并有娴熟的推销技巧,能对变化万千的市场环境采用恰当的推销技巧。推销人员要能准确地了解顾客的有关情况,能为顾客着想,尽可能地解答顾客的疑难问题,并能恰当地选定推销对象;要善于说服顾客(对不同的顾客采取不同的技巧);要善于选择适当的洽谈时机,掌握良好的成交机会,并善于把握易被他人忽视或不易发现的推销机会。

(三) 设计考核与激励方案

为了加强对推销人员的管理,企业必须对推销人员的工作业绩进行科学合理的考核与评价。推销人员业绩考评结果,既可以作为分配报酬的依据,又可以作为企业人事决策的重要参考指标。

1. 建立考评标准

考评销售人员的绩效,科学合理的标准是不可缺少的。绩效考评标准的确定,既要遵循基本标准的一致性,又要坚持推销人员在工作环境、区域市场拓展潜力等方面的差异性,不能一概而论。当然,绩效考核的总体标准应与销售增长、利润增加和企业发展目标相一致。常用的销售人员绩效考核指标主要有:

(1) 销售量。最常用的指标,用于衡量销售增长状况。

(2) 毛利。用于衡量利润的潜量。

(3) 访问率(每天的访问次数)。用于衡量推销人员的努力程度。

(4) 访问成功率。用于衡量推销人员的工作效率。

(5) 平均订单数目。此指标多与每日平均订单数目一起用来衡量、说明订单的规模和推销的效率。

(6) 销售费用及费用率。用于衡量每次访问的成本及直接销售费用占销售额的比重。

(7) 新客户数目。衡量推销人员特别贡献的主要指标。

另外,对顾客投诉和定期顾客调查,分析顾客及社会公众的评价,收集企业内部员工的意见等,也可以作为考评时的参考依据。

2. 选择激励方式

有些销售人员不需要管理层的指导就会努力工作,但大多数销售人员需要激励和特殊的刺激才会努力工作,因此选择有效的激励方式才能使销售人员努力工作。

(1) 薪酬激励。为吸引高素质的销售人员,企业应拟定一个具有吸引力的薪酬制度,尽管薪酬不是激励员工的唯一手段,但却是一个非常重要、最易被运用的方法。

薪酬一般由4个部分组成:固定工资、奖金(红利、利润分成等)、费用津贴和福利。

固定工资用于满足销售人员的收入稳定性的需要；奖金用以刺激和奖励销售人员的工作业绩；费用津贴保证销售人员有可能进行必要的工作；福利用于提供安全感和工作满足感。

让员工感觉公平的薪酬才是有效的激励。因此，企业制定薪酬目标时，要调查本地和外地同类型企业销售人员的薪酬水平，有针对性地调整本企业的薪酬政策。

（2）目标激励。对于销售人员来讲，由于工作地域的分散性，进行直接管理难度很大，组织可以将对其分解的指标作为目标，进而授权，充分发挥销售人员的主观能动性和创造性，达到激励的目的。

目标激励应根据销售人员的销售潜力，结合企业销售目标，制定销售人员经过努力之后可以实现的有效目标。目标设定既不能过高，让人望而生畏，放弃努力；也不能太低，让销售人员滋生惰性情绪，造成人力资源的浪费。

（3）精神激励。销售是挑战性强、压力大的工作，在企业的销售人员中开展营销竞赛、旅游等活动，可以使压力得到释放，让销售人员得到精神激励，取得更好的业绩。

（4）情感激励。利益支配的行动是理性的，理性只能使人产生行动，而情感则能使人产生动力。对于销售人员的情感激励就是关注他们的感情需要、关心他们的家庭、关心他们的感受，把对销售人员的情感直接与他们的生理和心理有机地联系起来，使其情绪始终保持在稳定的愉悦中，促进销售成效的高水准。

（5）民主激励。在企业中实行民主化管理，根据有效目标的需要和个人的能力状况，给予适当授权，并保持充分的信任，使销售人员的个性与潜能得到充分释放；同时让销售人员参与营销目标、策略的制定；经常向他们传递企业的生产信息、原材料供求与价格信息、新产品开发信息等；公司高层向销售人员介绍公司发展战略，聆听一线销售人员的意见与建议，都能起到激励的效果。

任务三　广告策划

情景案例

多芬的广告宣传

多芬（Dove）几十年来一直是联合利华的一个有力的品牌，它的传统广告积极地宣传该品牌独有的1/4乳霜成分，并鼓励女性进行7天的多芬产品试验来发现它的功效。

2003年，多芬在战略上进行了巨大的转变，发起了一项"真美无界限"的宣传活动，颂扬无论是体形胖瘦、个子高矮、年龄长幼的女性，美都存在于"真实的女人"的身上。这一主题创意源自一项调查，其调查结果表明，世界上只有2%的女性认为自己是漂亮的。基于这一数据，多芬此次的宣传活动中没有展示传统的模特形象，而是展示了坦诚、自信并富有曲线和丰满体形的女性形象。

广告宣传中主要推销的产品是多芬的皮肤护理品，如密集紧致霜、乳液和沐浴露。在媒体选择方面，不仅有传统的电视和印刷广告，同时也结合了新的媒体形式，如用手机对模特的实时投票、在巨大的公告栏中展示结果、利用网站进行互动等。网络是与女性进行对话的重要工具。因此，此次活动推出了一个网站，并配有多芬"变革性"的广告录像。多芬"变革性"录像用快速的影像画面展示了一个相貌普通的女性在经过化妆师、美发师和电脑修饰之后看起来更像一个模特。当多芬的广告代理商奥美把录像上传到 YouTube 网站之后，马上就成为网络关注的热点，吸引了 250 万人观看。

随后针对年纪更大网络观众，又推出了"年龄无界限"的广告。尽管该项活动曾在社会中激起了广泛的争论，但它的功绩在于刺激了多芬活动推广所遍及的所有国家的销量和市场份额，并获得了 2005 年美国营销协会颁发的"最有效的营销活动"的艾菲奖（Grand Elfie）。

案例点评

广告是企业促销的一种宣传方式，它在一段时间内可激发消费者购买欲望，增加产品销量，提高企业知名度。广告主题是广告的中心思想，是表现广告为达到特定目的而要说明和所要传播的基本观念。多芬在市场调查后，以"真美无界限"为主题进行广告创意，引导消费者认识"真实的女人"的美，结合新的媒体形式进行宣传，从而达到激发购买欲望、扩大市场、提高销售量的效果。

一、广告类型

广告是企业采用付款的方式，通过媒体把产品或劳务的信息传送到目标消费者中去，以增加消费者信任和扩大销售的宣传活动。它的作用具体体现在以下方面：

（1）传播商品或劳务信息。企业可以通过广告，将企业的名称、历史及商品的品牌、成分、结构、性能、用途、规格、质量、价格等信息向目标消费者广泛传播，使消费者可以及时、方便地找到自己所需要的商品及服务。

（2）激发购买欲望。广告所传递的丰富的信息内容能帮助消费者认识到目前没有满足的需求，促使消费者产生购买欲望。

（3）引导消费行为。广告作为一种说服的艺术，具有强烈的目的性和针对性，能够赢得消费者的信任从而引导消费购买行为；同时，好的广告能给人以美的享受，有利于树立消费者的道德观、价值观、生活观，形成优良的社会风尚。

（4）树立良好的企业形象。广泛的广告宣传不仅能扩大市场份额，而且在扩大企业品牌知名度、提升企业竞争力方面也具有非常重要的意义。

案例 7-2

这就是广告

有人说世界上最难的事有两件，一是把别人的钱装到自己的口袋里，另一件是把自己的思想装进别人的脑袋里。而这恰恰都是"广告"所要直面的。

企鹅形象特显富态，广告人注意到了这一点并善加利用，给企鹅扣上一顶帽子，再给它根拐杖，立刻就打扮出来一个绅士。——信不信由你，"这就是广告"是电通广告公司的形象宣传广告，直接而明确地告诉你，广告人能为你做什么。把企鹅打扮成绅士是广告，而把野猪打扮成绅士则不是广告，是欺诈。

无论是建立对某种产品的品牌偏好，还是对人们进行教育，广告都是传播信息的一种具有成本效益的方法。在开发广告项目、制定广告策略时，营销经理必须首先确定目标市场和

购买者动机,然后做出 5 个重要决策,即著名的"5M":

使命(Mission)——广告的目标是什么;

预算(Money)——广告支出是多少;

信息(Message)——传播的信息是什么;

媒体(Media)——应当使用哪种媒体;

测量评估(Measurement)——如何评价结果。

根据广告所涉及的内容可以将广告分为商品广告、企业广告及公益广告 3 种类型。

根据商品广告提供商品的相关信息,又可分为通知性广告、劝导性广告和提醒性广告 3 种类型,如图 7-5 所示。

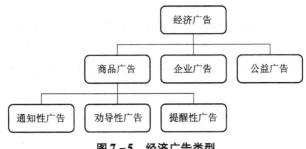

图 7-5　经济广告类型

通知性广告一般是指为新产品或现行产品的新特点而进行的宣传活动,目的是建立和激发消费者的初始需求,主要适用于产品生命周期的投入期。其目的是建立新产品或现有产品的新特征的认知度。

劝导性广告是在消费者没有对市场上的各种同类产品形成偏好之前,突出本企业产品优势和利益,目的是促使消费者形成对产品或服务建立喜爱、偏好、信心和购买。例如,芝华士公司(Chivas Regal)试图说服消费者其苏格兰威士忌比其他品牌的口味更好,更能体现饮用者的身份。劝导性广告一般适用于已进入成长期或成熟期的产品。

提醒性广告一般是指对已进入成熟期的产品而制作的广告,目的是提醒消费者经常和重复购买,保持消费者对产品的印象。对于进入产品成熟期的可口可乐而言,其广告主要是为了提醒人们购买可口可乐公司的产品。

二、广告目标

广告目标是指企业广告活动所要达到的目的。确定广告目标是广告策划中至关重要的起步性环节,是为整个广告活动定性的一个环节,广告主题要服从和服务于广告目标。企业的广告目标大致包括以下内容:

(1)提高商品的知名度和认知度;

(2)加强社会公众对企业和商品品牌的印象;

(3)加强消费者对品牌的购买率;

(4)维持和扩大广告品牌的市场占有率;

(5)向社会公众传播企业和品牌、企业经营和服务的信息;

(6)加强新产品的宣传,普及新产品知识,介绍新产品的独特之处;

(7)纠正社会公众对于企业和品牌的认知偏差,排除销售上的障碍;

(8) 提高企业的美誉度，树立企业良好的形象；

(9) 对于人员推广一时难以达到的目标市场，进行事先广告宣传；

(10) 在销售现场进行示范性广告宣传，促使消费者缩短决策过程，产生直接购买行为；

(11) 通过广告宣传，增加产品使用的持续性，维持市场销售率或增加产品的销售；

(12) 劝诱潜在消费者到销售现场或展览宣传场所参观，以提高对产品的认知，增强购买信心；

(13) 以广告宣传扩大影响、造就声势，鼓舞企业推销人员的士气，以提高工作的积极性和创造性；

(14) 创造市场，挖掘潜在市场目标；

(15) 创造流行，推进社会文化潮流的发展。

在设定广告目标时，需要仔细分析现有的各种市场条件。如果产品类型已经成熟，企业是市场的领导者，但品牌的使用量较小，那么恰当的目标应当是刺激更多的使用；如果产品类型较新，企业不是市场领导者，但品牌优于领导者的品牌，那么正确的目标应当是使市场确信品牌的优越性。

三、广告主题

(一) 广告主题构成

广告主题是广告的中心思想，是表现广告为达到特定目的而要说明和所要传播的基本观念。广告主题是广告的灵魂和广告创意的基石，在广告作品中具有统率作用，广告创意、广告策划、广告文案、广告设计制作均要围绕广告主题。广告主题使广告的各种要素有机地组合成一则完整的广告作品。广告主题、创意与制作的关系如图7-6所示。

图7-6 广告主题、创意与制作的关系

广告主题由广告目标、信息个性和消费心理三要素构成，即

$$广告主题 = 广告目标 + 信息个性 + 消费心理$$

(1) 广告目标是广告主题的出发点，明确的广告目标有利于广告效果的提升；

(2) 信息个性是广告主题的基础和依据，是广告的诉求焦点；

(3) 消费心理是广告主题的活力所在，符合消费者心理的广告主题能引起消费者的共鸣。

广告主题在很大程度上决定着广告作品的格调与价值。它是广告策划、设计人员经过对企业目标的理解，对产品个性特征的认识，以及对市场和消费者需求的观察、分析、思考而提炼出的诉求重点。广告主题必须是真实的、可靠的，必须蕴涵商品和服务的信息，必须保证消费者的利益，必须鲜明而具体，使人一目了然。

(二) 广告主题类型

1. 与消费心理有关的主题

(1) 强力介绍某项产品超越其他品种的新用途；

(2) 和同类产品比较，显示自己的产品比其他同类产品在功能、质量等方面优越；
(3) 证实若购买广告的产品，可解决或避免某种不悦之事；
(4) 诱导消费者加深对产品商标的记忆，以提高品牌在消费者心中的知名度；
(5) 强调产品能美化消费者形象，提高身份地位；
(6) 用优美的语言和影响力大的媒体宣扬产品能给消费者带来精神的享受；
(7) 再三重复广告口号，以加深消费者对企业和产品的印象。

案例 7-3

"五谷道场"广告宣传失利

最近传说"五谷道场"的资金链断了，拖欠了很多经销商的费用款项，其实"五谷道场"出问题是迟早的，其他因素不说，单从传播角度来看，问题还是不少的：不论传播口号还是传播表现，都并没有想象中的效果，换言之，"五谷道场"无法通过最后的品牌传播实现大逆转，那么由此我们预见的结果只能是："五谷道场"越滑越远，有从"先驱"到"先烈"的可能。

(1) 广告传播口号没有体现传播的阶段性任务。如果是对成熟产品，一个广告传播口号就能达到应有的目的。但是对于一个正在打天下的新品来说，消费者的教育是个渐进的过程，如果依靠一个对最终结果的描述，就期望消费者能进行认可，无疑是对消费者的信心过高。正确的处理方法是：在不同的阶段，通过广告传播口号的改变，形成消费者对新事物的逐步认知，并最终实现对消费者的教育，从而达到市场培育的目的。

"五谷道场"的传播口号可以分成 3 个逻辑阶段：

第一阶段：拒绝油炸，留住营养；

第二阶段：拒绝油炸，期待健康；

第三阶段：拒绝油炸，留住健康。

而目前，"五谷道场"直接走到了传播口号的第三个阶段，没有拿出事实证明自己的说法，这种超越阶段的做法，对能达到什么结果，我们并不乐观。

(2) 广告表现虽充满霸气，却难以形成与消费者的沟通。"五谷道场"的电视广告，确实拍得很美，还很有一些气度，因为有了《汉武大帝》中汉武帝的扮演者陈宝国在其中"飞扬跋扈"，让一包方便面也能领略一代雄主身上"霸气"的味道，够酷。可是笔者怎么也想不出和健康有什么关联性？与消费者沟通的利益点在哪里？品牌传播表现，其实是品牌在相应特性下形成的特有风格，更多的任务是让人联想，在此，笔者对"五谷道场"传播表现中的几个环节表示疑虑：

①产品提出"留住健康"，那就应该是理性的，可是理性的说教在哪里？

②陈宝国的"我不要油炸食品"似乎有点武断的嫌疑，拒消费者于千里？

③产品的特性与作为代言人的陈宝国气质是否吻合，消费者能联想到什么？

④"拒绝油炸，留住健康"作为传播口号能成为让消费者行动的购买指令？

也许，"五谷道场"整体的广告表现同样还是要回到传播口号的层面再次斟酌。"五谷道场"找不到道场，地毯式的广告轰炸，差点让笔者动了心，可是当到上海的多家超市观察发现，要不看不到"五谷道场"的仙影，要不隐世于某个不起眼的犄角旮旯里，连个像样的堆头陈列也看不到，这让我想起了当年的健力宝，猛打广告，给媒体打工，连货都懒得铺了。终端售点的生动化问题解决不了，或许，"五谷道场"会成为第二个健力宝？"五谷道场"品牌策略的偏差，渠道终端的边缘化，我们可以理解成中旺集团对方便面行业的不甚了解，但是，对它自身而言，已经投入的2 000万元学费是不是太高了呢？

2. 与企业形象有关的主题

这类广告以树立企业在某个领域内领导潮流的形象为主题：
（1）强调企业产品为提高消费者生活水平所做的重要贡献；
（2）突出企业强有力的市场销售地位；
（3）宣扬企业一丝不苟、埋头苦干、勇于进取、不甘落后的个性特征和精神；
（4）强化企业良好的国际形象，并为产品打入国际市场铺路；
（5）创造温馨亲切、让人流连的企业家庭氛围。

3. 与购买行动有关的主题

这类广告以流行时尚诱导消费者效仿为主题：
（1）使消费者增加购买商品的次数，而不做过路生意；
（2）促使消费者购买刚打入市场的新产品；
（3）刺激消费者增加对所广告商品的使用量，使消费者相信该产品的质量过硬；
（4）突出自家产品独特之处，刺激消费者产生冲动购买；
（5）诱使消费者试用自己的商品，从而使竞争对手退出市场。

案例7-4

"30天瘦身计划"的广告创意

在广告创意过程中，巧妙地从商品的产生、发展到使用情景中提炼出一个特别的特征、量化的指标，或创意出积极的情景作用、极端的夸张场面，消费者就会从中得出商品质量优异的结论。图7-7是专业减肥机构的"30天瘦身计划"宣传图片，将价值效果体现创意为"身体像图中的数字一样，由丰满变纤瘦，一天一个样"，面对这样的广告谁还会犹豫呢？

图7-7 减肥广告

四、广告预算

广告预算是广告策划者为实现企业的战略目标，根据一定时期内广告活动的计划对广告所需费用总额及使用范围、分配方法等进行的筹划和估算，是对广告费用的多少、分配流向、将要起到哪些效果等做出的计划。在进行广告预算策划时，通常要考虑以下4个方面的因素：

(1) 企业的承受能力。企业的经济实力和财务水平是决定广告预算的基本依据,直接影响广告预算的高低。

(2) 企业的营销目标和广告目标。

(3) 企业的外部环境因素影响程度。

(4) 产品本身的特点。

(一) 广告预算费用的构成

关于广告预算费用的项目构成,美国《印刷品》杂志提出了一种区分广告活动的各种费用的方法。如表7-3所列,它将所有广告费用分为3种类型,并且分别列入白、灰和黑3种颜色的表中。列入白色表中的各项费用是必须算作广告费的,是作为广告费用支出的经常项目;列入灰色表中的各项开支,可以算作也可以不算作广告费用支出项目;而列入黑色表中的各种费用,是不能算作广告费用的。

表7-3 美国广告预算费用白、灰、黑表

分类	主要项目	具体内容
白表	媒体购买费用	支付报纸、杂志、电视、广告等广告媒体的费用,购买(租用)各种户外广告媒体的费用,执行直接邮寄广告的费用,执行焦点广告的费用
	广告管理费用	广告部门的人员工资、办公用品、支付广告代理商和其他广告服务机构的手续费、佣金,为广告部门工作的焦点推销员雇佣费用、广告部门人员的差旅费
	广告制作费用	有关美术设计、制作、印刷、摄影、广播电视广告的录制、拍摄,与广告有关的产品包装设计的费用等
	杂费	广告材料的运送费(包括邮寄费),陈列橱窗的维护费,涉及白表的各种杂费
灰表		样品费、推销表演费、商品展览费、入户推销费、广告部门的房租、水电费、电话费、宣传费,为推销员提供便利所需的各种费用等
黑表		免费赠品费,邀请浏览费,给慈善机构的捐助,商品说明书费,包装费,新闻宣传员酬金,报价表制作费,推销会议费用,广告工作人员的工资、福利和娱乐费用等

(二) 确定广告预算总额的方法

(1) 销售额比例法。以销售额的一定比例作为广告费。通常是根据上年度销售额的多少,来确定广告预算总额的多少;有时是根据下一年度预计的产品销售额来确定。

(2) 销售单位法。销售单位指商品销售数量的基本单位,如一个、一箱、一台、一辆、一瓶等。销售单位法是规定每一个销售单位上有一定数目的广告费,然后根据商品的预计销售量来计算出广告费的总额。如汽车、冰箱等价格高的商品,可以用这种方法。

(3) 利润比例法。将利润额的一定比例作为广告预算总额。

(4) 目标达成法。首先是根据企业的营销目标来确定广告的目标,然后再考虑广告活动计划,如广告媒体的选择、广告表现内容的确定、广告的发布时间和频率的安排等,最后逐项计算费用,累加起来就是广告预算总额。

企业在宣传新产品时,往往采用目标达成法。因为这时的广告目标主要是提高商品知名度,而这种广告目标与广告发布的时间与数量的关系比较明确,因而很容易推算出广告预算的总额。

（5）任意增减法。以前一时期的广告费为基础，综合考虑市场动向、竞争情况、企业财务能力等因素，根据经验将广告预算总额适当增加或减少。这种方法虽不够科学，但计算简单，因而仍为一些企业采用。

（6）支出可能额法。这是一种适应企业财政支出状况的方法。要按照企业财政上可能支付的金额，来设定广告费的预算。

（7）竞争对抗法。这种方法是根据竞争企业的广告费，来确定本企业的广告预算总额，即整个行业广告费数额越大，本企业的广告费也越大。这种方法是把广告作为商业竞争的手段，需要企业有雄厚的实力做后盾。

（三）广告预算的分配

影响广告预算分配的因素很多，确定广告费用时应考虑产品的生命周期、产品的销量、市场的竞争状况、市场范围、企业经营状况等诸多因素。

（1）按广告费项目分配。按照广告费项目的不同进行分配，主要有广告媒体购买费、广告制作费、一般管理费、调查费等。

（2）按广告媒体分配。在确定购买媒体费用后，先确定地方性媒体和全国性媒体的投放比例，再确定媒体的类别，最后将费用分配到具体的媒体，如报纸、杂志、广播、电视、交通广告、户外广告等。

（3）按广告地域分配。将广告费分配到各个地域市场。

（4）按广告时期分配。根据广告计划的长短，将广告费按月或季度进行分配。

（5）按广告商品分配。把广告费按商品类别进行具体分配。

（6）按广告种类分配。这是按照商品广告、企业广告、公益广告类别的不同，来进行分配的方法。

案例 7-5

CCTV 广告招标

广告招标已经成为中国的电视媒体广告和企业营销竞争的重要风向标。2004 年 11 月，世界著名的《华尔街日报》头版称 CCTV 广告招标是"中国的品牌奥运会"。该报记者杰费里·福勒（Geoffrey Fowler）评论说："中国本土企业与 CCTV 的结盟，是造成国际企业在中国市场陷于被动的原因之一。CCTV 对中国经济的影响力可能被忽视了，至少被低估了。"

CCTV 广告招标持续受到企业追捧和社会关注。参与投标的企业和地区逐年增加，新行业新企业不断进入，从民营企业发展到国有企业和跨国公司的参加。广告招标总额从 1995 年的 3.3 亿元发展到 2009 年的 92 亿元，几乎一直呈增长状态。中标行业和中标企业的分布也反映出中国市场上广告媒体投放的重心波动和竞争（表 7-4）。

CCTV 广告招标运作也逐年完善，充分发挥自身的资源优势和品牌优势，由暗标到明标再到明暗标结合（暗标入围、明标竞位）。招标的标的物、客户服务、整合相关资源、市场推广策略等不断提升，体现出 CCTV 逐步走向以客户价值为中心的市场转型。

表 7-4　1995—2007 年 CCTV 黄金时段广告招标、中标概况表

年份	中标额度/亿元	中标企业/个	标王	中标价/万元
1995	3.6	13	孔府宴酒（酒类）	3079
1996	10.6	29	秦池酒（酒类）	6666
1997	23	32	秦池酒（酒类）	32000
1998	28	44	爱多 VCD（家电）	21000
1999	26.8	12	步步高（家电）	15900
2000	19.2	61	步步高（家电）	12600
2001	21.6	61	娃哈哈（饮料）	2211
2002	26.26	66	娃哈哈（饮料）	2015
2003	33.15	64	熊猫手机（通信）	10889
2004	44.12	81	蒙牛（食品饮料）	31000
2005	52.48	88	宝洁（日化）	38515
2006	58.69	96	宝洁（日化）	39400
2007	67.95		宝洁（日化）	42043

五、广告媒体选择

（一）选择广告媒体形式

用来向消费者传递广告信息的媒体称为广告媒体。传统广告媒体分为大众传播媒体和小众传播媒体两大类。随着科学技术的进步，近来也出现了很多新型媒体，称为新媒体。

（1）大众传播媒体。大众传播媒体主要是指报纸、杂志、广播、电视、电影等媒体。其中报纸、杂志、广播、电视是最常用的媒体，被称为四大广告媒体。

（2）小众传播媒体。户外广告、销售点广告、直接广告、交通广告等媒体往往可以直接影响消费者的购买行为，进行促销，能够弥补和配合大众传播媒介的传播活动，所以称为小众传播媒体或促销媒体。

（3）新媒体。近些年出现了一些新的传播媒体，主要有有线电视、卫星电视、互联网络、博客等。

（二）分析广告媒体的特点

1. 报纸

报纸媒体的优点有：覆盖面广，发行量大，广告接触率高；制作简便，价格较低；具有新闻性和权威性，有较强的说服力；阅读方便，便于保存。但报纸也存在时效性较短、广告内容被反复阅读的可能性小、针对性差、传播效果不稳定等局限。

2. 杂志

杂志最大的特点是制作精美，针对性强，保存期长，记录性好。不过，杂志也存在出版周期长、出版速度慢、时效性差、发行范围有限、市场覆盖率低的局限。

3. 电视

电视是一种普及率高，收视对象层次广泛，传播效果明显的大众传播媒体，它综合视觉、听觉和动作进行表现，富有感染力，能引起高度注意。

电视广告的不足表现为：制作过程复杂，制作费用高；瞬间即逝，短期传播效果不明显；查阅困难；受时间限制，广告信息容量少，不能详细传播商品特性，只有大量购买电视的时间，反复重复播出，才可能实现预期的效果，不利于中小企业的市场开拓。

4. 广播

广播媒体速度快，时效性强，收听不受时间、地点限制，具有很强的机动性和灵活性；制作过程简单，播出费用不高；同时听众群体相对固定，针对性强，可以通过热线服务实现双向交流，促销效果明显。但广播有声无形，难以吸引听众，留下深刻印象；收听效果不易测定；时间短暂，保留性差。

5. 电影

电影银幕面积大，声音效果好，真实感强，不受时间限制，诉诸观众的信息密集，诉求重点明确。电影广告一般在正片之前放映，观众接受广告信息时环境较舒适，心情较松弛，对广告有较少排斥心理，注意力较集中，因而能收到比较好的广告效果。但电影广告受放映时间和场地的限制，传播范围有限；电影广告片拍摄费用较高。

6. 户外广告

户外广告指设置在室外的广告，如霓虹灯、路牌、灯箱等。这些广告一般制作精美，欣赏价值较高，还可美化环境；主旨鲜明，形象突出，信息集中，引人注目；能够不受时间的限制，随时随地发挥作用，对过往行人进行反复诉求，使消费者产生多次重复记忆，达到印象积累的效果。但户外广告因其受空间和地点的限制，流动性差，信息无法流动传播。

7. 销售点广告

POP（Point of Purchasing Advertising），即销售点和购物场所的广告。世界各国广告业都把POP广告视为一切购物场所（商场、百货公司、超级市场、零售店、专卖店、专业商店等）场内场外所做广告的总和。POP广告的种类就外在形式的不同分为立式、悬挂式、墙壁式和柜台式4种；就内在性质的不同分为室内POP广告和室外POP广告2种。POP广告可在销售现场为消费者起到引导指示的作用，促成和便利购买；还能营造销售气氛，激发顾客的购买热情，促使消费者产生购买行为，直接提高购买率。所以有人称POP广告是"临门一脚"。

8. 邮寄广告

它是广告媒体中最灵活的一种，也是最不稳定的一种。邮寄广告的形式可以不拘一格，有较大的自由度。可随意设计，发挥创造，给消费者以新鲜感。因受众没有阅读时间的限制，所传递的信息内容更丰富详尽。

9. 交通广告

利用公交车、地铁、航空、船舶等交通工具，及其周围的场所等媒体做的广告，就是交通广告。交通广告展示时间长，内容丰富，有持久性。交通广告因价格低廉，流动性强，且有着较好的传播效果，受到企业的欢迎。但使用公共交通工具的乘客流动性大，成分复杂，不容易进行市场细分，传播对象的针对性不强。

10. 网络广告

网络广告是随着互联网的发展而出现的一种新型广告媒体，它结合了动态媒体和静态媒体的优点，传播速度快，范围广，成本低，形式多样，交互性强，不仅可以与顾客进行双向、互动沟通，还可收集市场情报、进行产品测试与消费者调查。但网络广告也存在技术要求高、信息量大、选择困难等不足。

（三）考察评估媒体

要制定广告媒体计划，选择适当广告的媒体，企业就要对所要选择的媒体进行考察和评估。在评估时，重点要考虑以下因素：

1. 媒体普及状况和目标受众。

主要是考察广告目标公众和媒体受众的关系。

（1）考察媒体或节目的影响程度，包括发行或覆盖的区域、受众规模和构成等。

（2）考察广告目标公众与媒体受众覆盖程度，也就是媒体被广告的目标对象接触的程度。广告目标对象的人数和成分，取决于媒体受众的人数和成分。

（3）考察媒体被受众接触的程度，即媒体被受众阅读、收看、收听的状况。这关系到广告能否在合适的时段、合适的空间传播出去，能否及时有效地被目标消费者接触到。如晚上11点以后播出的电视或广播广告，就不易引起人们的注意。

另外，媒体的反复性（是否被反复收听、收看）、注意率（媒体不同时间或空间被注意的状况）、传阅率（读者相互传阅的情况）、吸引力、机动性、保存性等也是重要的指标。

2. 媒体使用条件

（1）考察购买媒体的难易程度，购买手续和过程是否简便易行。

（2）考察媒体对广告的表现程度。主要包括媒体对于广告的色彩、动静、声像等要素的再现能力。如对音像要求比较强的广告，电子媒体的表现能力就比印刷媒体要好得多。

（3）考察媒体制作广告的水平、风格。有些媒体也兼有广告设计制作业务，因此对这方面的评估不可忽视。

3. 媒体的广告购买成本

广告媒介的成本是媒介选择中应倍加关注的一项硬性指标。不同的媒介，其购买价格自然不同；不同的版面、不同的时间，也有不同的收费标准。如同一时期《人民日报》一个整版的广告费为28万元，《北京日报》黑白整版的广告价格是13.8万元、《北京晨报》是11万元；而《中央电视台》一套11点30分插播的广告价格，5s是4.23万，30s是14.29万，如表7-5所列。

表7-5　2010年CCTV-1时段广告价格表

单位：元

时段名称	播出时间	5s	10s	15s	20s	25s	30s
"早间精品"节目前	约6：00	12 300	18 400	23 000	31 300	36 800	41 400
"朝闻天下"前	约6：59	17 100	25 600	32 000	43 500	51 200	57 600
"朝闻天下"后	约8：32	19 200	28 800	36 000	49 000	57 600	64 800
"新闻30分"前	约11：57	42 300	63 500	79 400	108 000	127 000	142 900
"今日说法"前	约12：33	36 300	54 400	68 000	92 500	108 800	22 400
"今日说法"后	约12：59	32 000	48 000	60 000	81 600	96 000	108 000

（四）确定媒体投放与分配

在选择广告媒体时，广告主既要根据季节和商业周期安排好广告的播出时间，又要决定广告在特定时期的集中传播、连续传播或间歇传播，安排好广告支出，以达到最佳的宣传效果。

新产品的广告投放模式主要有连续型广告投放、集中型广告投放、栅栏型广告投放和脉冲型广告投放模式4种。

（1）连续型广告投放模式是指在特定时期内的投放比较均匀，没有明显间断的广告模式。一般而言，在市场扩张时期，产品购买频率较高和购买者类别可以严格界定时，较适合采用这一模式。

（2）集中型广告投放模式是指在单独一段时间内支出所有的广告预算。这种广告投放模式只有在销售旺季和假期才有意义。

（3）栅栏型广告投放模式是指在一段时期内投放广告，然后停止投放，一段时间后再次投放广告的模式。这种模式适用于预算有限、购买次数较低和季节性销售的情况。

（4）脉冲型广告投放模式是指一般以较低的水平连续投放广告，并定期加大投放力度的广告模式。这种模式能够使受众更详细地了解广告信息，并且能够节省广告费用。

除了要确定广告的投放时间外，还要确定广告的投放地域。产品如果需要在全国性电视或全国发行的刊物上做广告，应该进行全国性购买；如果只在电视台的部分市场或全国性刊物的地方分刊上做广告，则要进行地区售点购买；如果需要使用当地报纸、电台或户外场地做广告，则要进行当地购买。

六、广告效果评估

广告效果是广告信息通过媒体传播后对受众所产生的影响。狭义的广告效果指的是广告获得的经济效果，即广告带来的销售效果。广义的广告效果则是指广告在传播过程中引起的直接或间接的变化，包括传播效果、经济效果和社会效果。

（一）广告的传播效果

广告的传播效果是指广告传播后对受众知觉、记忆、理解、情感、态度和行为等方面的影响，是受众对广告的印象以及由此引起的各种心理效应。广告传播效果是广告效果的核心。

测定广告传播效果主要是对广告认知效果和心理变化效果的评估。

1. 广告表现效果评估

广告表现的最终形式是广告作品，测定广告表现效果，就是对广告主题、广告创意、广告作品等广告表现要素的评估。

（1）意见反应测试。在广告播出之前，对同一商品广告制作多个广告作品，选择合适的测评人员进行测定评估。一种方法是消费者评定法，由消费者进行评定比较，测定反应最大、效果最明显的广告作品；另一种是采用要点采分法，预先根据测评的要求，列出评估项目，以问卷表格形式请测评人员进行测定。

（2）室内测定。这是由美国纽约雪林调查公司参照节目分析法而设计的一种测试方法。一般是邀请一些有代表性的观众或听众对广告作品的喜好程度、记忆程度进行投票选择、提问，以此测定广告的表现效果，主要有节目测验和广告测验两种形式。

2. 媒体接触效果评估

媒体是联结广告主与目标消费者的桥梁，企业80%的广告费用是用来购买媒体时间和空间的，因此媒体效果是衡量广告传播效果的重要内容。

（1）印刷媒体测定。印刷媒体主要是指报纸、杂志、宣传招贴画等。测定的要素包括媒体发行的范围、发行的份数、读者成分、阅读状况等。

（2）电子媒体测定。电子媒体主要是指电视、广播、网络等，测定的内容包括视听率、认知率等。视听率是拥有电视、收音机的个人或家庭在某一个时间段或者对某一个节目的收视收听的比率；认知率是个人或家庭收看收听某一时段或某一节目中插播的广告的比率。

3. 心理变化效果评估

广告信息被目标消费者接触后，虽然不可能直接导致购买行为，但却能够使消费者的认识和感觉发生变化。

在广告传播的各个阶段中，心理变化被视为"认识"和"购买行动"的中间环节，在接触广告、注意广告的过程中，从未知、知晓、理解、确信（好感）到产生购买行为，消费者的心理经历不断发展变化，对某产品或企业的知晓度、理解度、好感度和购买欲望等要素指标也会随之发生不同程度的变化。了解、测定消费者这方面的心理变化，是衡量广告效果的重要内容。

（二）广告的经济效果

广告的经济效果是指由广告活动带来的销售以及企业利润的变化程度，主要是指广告的销售效果。它通常反映在广告活动开展之后是否增加了销售额，是否扩大了市场份额，是否增加了企业利润，销售额是测评广告经济效果的重要指标。广告经济效果的测定方法有：

1. 店头调查法

以零售商店为对象，对特定期间的广告商品的销售量、上架陈列状况、价格、POP广告（销售点广告）以及推销的实际情况进行调查。

（1）利用商品推销员或导购员在商店里或街头开展宣传商品活动、散发商品说明书、免费赠送小包装样品等，这种模式会直接导致商品销售量的变化，能够反映出广告的质量高低。

（2）把同类商品的包装和商标写出来，在每一种商品中放置下则广告和宣传卡片，观察每种商品的销售情况，哪种商品销售增加明显，则能说明哪则广告有较好的传播效果。

（3）把录制好的广告片通过电视在典型的购物环境中播放，观察其所产生的销售效果。

2. 销售地域测定法

选择两个类似条件的地区来测定广告的效果。一个地区进行有关的广告活动，称为"测验区"；另一个则不进行广告活动，称为"比较区"。测验结束后，将两地区的销售变化进行比较，从中检验出广告的影响。

3. 统计分析法

统计分析法是运用统计有关原理与运算方法，推算广告费与商品销售的比率，测评广告的经济效果。这种方法目前在我国比较流行。

（1）广告费比率法：

$$广告费比率 = （广告费 \div 销售量）\times 100\%$$

广告费比率越小，表明广告效果越明显。

(2) 广告效果比率法：

广告效果比率 =（销售量增加量÷广告费增加率）×100%

广告费增加率越小，则广告效果比率越大，广告效果越好。

(3) 广告效益法。这种方法不考虑市场需求、环境变化等因素的影响，通过对销售量的增长幅度来估算广告经济效果，是一种简便实用的方法。

$$R = (S_1 - S_2) \div P$$

式中，R 为每元广告效益；S_1 为广告前平均销售额；S_2 为广告后平均销售额；P 为广告费用。

广告效益越大，广告经济效益越好。

以上几种统计公式，基本都是从广告费与销售额的关系来测定广告效果的，方法简单明了，容易掌握。但在实际营销活动中，考虑到影响销售额的因素较多，所以只有先排除其他因素的影响，才能比较准确地测定广告的效果。

另外，广告效果指数法、相关系数法等也是统计分析广告效果的方法。

(三) 广告的社会效果

广告的社会效果是广告对整个社会道德、文化教育及伦理等方面的影响和作用。由于广告社会效果不可能简单地以一些指标数字来衡量，因此测定时，要从法律、社会道德规范、文化、风俗习惯、宗教信仰等方面进行综合评估。广告社会效果的测定方法有：

(1) 事前测定法。一般在广告发布之前进行，主要是邀请有关专家学者、消费者代表、意见领袖等，从有关法规、道德、文化等方面，对即将推出的广告可能产生的社会影响做出预测评析，包括广告的诉求内容、表现手法、表达方式、语言等，综合有关的意见和建议，发现问题及时修正。

(2) 事后测定法。在广告发布之后，可采用回函、访问、问卷调研等方法，把消费者的意见反响及时收集整理，分析研究社会公众对广告的态度、看法等，据以了解广告的社会影响程度，为进一步的广告活动决策提供参考意见。

对广告的社会效果的测定，是关乎企业和产品在社会和公众心目中的品牌形象的评估，因此企业应加以重视。

案例 7-6

变形金刚与通用汽车

《变形金刚》系列电影一直以来都受到了人们的关注，尽管影片本身仍然存有这样那样的不足，但不能否认，美国人在广告植入方面，的确有一手。

《变形金刚》系列的汽车人主演，几乎全部来源于通用汽车，特别是片中的主角之一——大黄蜂，更是由通用汽车当时的新品雪佛兰科鲁兹担当。

在全部影片中，通用的产品占了绝对多数，科鲁兹、悍马、庞蒂亚克爵士等产品几乎包揽了影片中全部正面角色，其余的角色则由其他品牌车型产品扮演，最终结果自然也是被打败。

不过这部影片植入广告的成功因素，主要还是在于策划团队对于重点车型的刻意突出。细心的人不难发现，《变形金刚》中，主角 Sam 的座驾"大黄蜂"，由通用的新产品——雪佛兰科鲁兹扮演，而这家伙也是贯穿全部主线的角色，其他所有的车型都在为它服务。

另外，在《变形金刚》第一部中，还有一个小细节，影片开始时，主人公 Sam 的父亲为其选车时，故意路过保时捷，然后对这款车做了一点点负面宣传，其原因是起初《变形金刚》创作团队找到保时捷，希望保时捷可以作为大黄蜂出场，但保时捷不答应，或许是导演怀恨在心，于是便有了这个片段。

不过，这恰恰使《变形金刚》成为一部非常难得的美国味道很浓的影片，也成为一个非常好的营销案例。

在影片中进行植入式广告，首先要做到的就是能够正面、充分、自然地展示产品，重点突出所要推广的产品；其次要结合剧情，把握尺度，仔细斟酌拍摄技巧。

作为一部以汽车为主题的影片，想要将植入式广告做好，对于创作团队来说是个挑战。既要把握剧情需要，又要展示产品性能；既要注意突出重点，又做到主次分明。在影片《变形金刚》中，通用的营销团队很聪明地让其产品全部扮演了正面角色，通过这种方式让人们关注通用的产品，表现产品本身的内涵与气质，同时也避免了出现争议问题的可能。

（资料来源：易车网）

任务四　公关策划

情景案例

借助公共关系，打造金字招牌

情系玉树，加多宝集团捐款 1.1 亿

2010 年 4 月 20 日晚，《情系玉树·大爱无疆——抗震救灾大型募捐活动特别节目》在中央电视台举行。这台经中央批准，由中宣部、民政部、广电总局、中国红十字总会联合主办的大型赈灾晚会，得到了社会各界的大力支持，来自企业、文艺界及其他社会各界人士纷纷慷慨解囊，掀起了一波波捐赠热潮。

晚会现场，加多宝（中国）饮料有限公司总经理阳爱星郑重表示："加多宝集团和美丽的青海省，和伟大的青海省人民早就结下了不解之缘。集团旗下的昆仑山矿泉水就是来自青海昆仑山玉珠峰，此时此刻，我们加多宝集团的每一位员工和灾区人民一样更是感同身受。我们虔诚地祈祷，希望灾区人民能够早日脱离苦海，重建美好家园！"并表示加多宝集团向灾区捐款 1.1 亿元人民币，现场掌声雷动，引起了社会各界的强烈反响。中国扶贫基金会的有关负责人表示，加多宝集团作为中国民营企业代表捐出了高达 1.1 亿元的赈灾捐款，书写了中国企业慈善事业新篇章。

案例点评

善于捕捉市场机会,在玉树灾区捐款活动中,借助公共关系,以感情投入为先导,提高了企业的知名度和美誉度,在情感营销和品牌打造方面取得了较大成功。这种不用推销方式,却收到比推销更好效果的公关活动,很值得广大企业学习、借鉴。

一、公共关系含义

公共关系是指企业在从事市场营销活动中正确处理企业与社会公众的关系,树立良好形象,促进产品销售的一种活动,它是企业促销组合中的一个重要组成部分。

公共关系在营销理论和实践中都受到了广泛关注,它的好坏直接影响着企业在公众心目中的形象,影响着企业营销目标的实现。营销大师艾·里斯在2002年出版的《广告的衰落和公共关系的崛起》一书中指出,广告的时代已经过去,公共关系将成为最有效的营销理念及工具,未来的品牌将由公共关系来创建。

1. 公共关系的目标

公共关系一般以感情投入为先导,不用推销方式,却能收到比推销更好的效果。其主要目的是:

(1) 协助新产品的推出;
(2) 改变成熟产品在公众心目中的形象,对产品进行重新定位;
(3) 建立公众对产品的兴趣;
(4) 影响特定目标群体;
(5) 保护遭遇社会问题的产品;
(6) 通过有利于表现产品的方式树立企业形象。

2. 公共关系的特征

公共关系是一种以塑造组织形象为己任的传播管理艺术。良好的形象是公共关系的追求目标,塑造形象不是件容易的事,保持良好的形象更不是件容易的事。对于企业而言,公共关系和宣传之所以具有吸引力,是因为它具有以下特征:

(1) 以社会公众为工作对象;
(2) 以在公众中塑造良好形象为工作目标;
(3) 以双向传播与沟通为工作方式;
(4) 以互惠互利、真诚合作为工作原则;
(5) 以注重长远为工作方针。

3. 公共关系与广告的区别

(1) 公共关系具有高度可信性。公共关系不同于广告,广告是一种付费的宣传,其表现方式可采取文学、艺术甚至是戏剧的,乃至于神话般的夸张手法;而公共关系坚持说真话,是一种免费广告。

(2) 公共关系能消除顾客的抵触心理。广告是"让公众来买我",公共关系是"要公众来爱我"。与广告相比,公共关系可通过媒体一般性的新闻报道和特写来增加传播信息的可信性,消除公众戒备抵触心理,到达那些不喜欢推销和广告的消费者,可以弥补广告促销的不足。

（3）公共关系能提高企业知名度、美誉度。广告追求的效果往往是短期内直接可衡量的，而成功的公共关系可以利用媒体来讲述一些戏剧化的情节，吸引人们对某产品、服务和企业的关注，获得包括政治、经济、社会、文化诸方面效益在内的社会整体效应。广告的作用就像赛马时，将马骑上跑道，鞭策以加快；公共关系则像清除跑道上的沙石障碍，从而使马跑得更好。

案例 7-7

1 次卓越的公关相当于 100 次广告

1988 年 4 月 27 日，对波音公司来说是个不寻常的日子：美国阿哈罗航空公司一架波音 737 客机从檀香山起飞后不长时间，巨大的爆炸把前舱盖掀起一个直径足足有 6m 的大洞。当时客机内的乘客惊恐万分；但驾驶员却临危不惧，沉着冷静地把飞机降在附近的机场上。机上除 1 名空中小姐在爆炸时被气浪从舱顶抛出以身殉职外，其余 86 名旅客安然无恙。

对这次空难事件，大多数人都认为波音公司会保持沉默，以免影响公司声誉。但是波音公司却做出了不同寻常的举动，为这次事件进行了一次公关活动宣传。他们在公关宣传中说："这次事故主要是因为飞机太旧，金属疲劳所致。因为这架飞机已经飞行 20 年之久，共起飞 9 万次，已经大大超过保险系数。"但是这样一架飞机还能确保旅客无一伤亡，由此不是从反面说明了波音公司的飞机质量十分可靠吗？

波音公司的这次公关宣传活动消除了人们的误会，主动解释了事件发生的原因，使公司的形象不仅没有受损，反而建立了更高的商业信誉和企业形象。飞行事故后，该公司的飞机销售量不仅没有下降，而且比以前还大有提高。

二、公关策划

（一）公关策划的概念

公关策划就是营销人员根据组织形象的现状和目标，分析现有条件，谋划、设计公关策略、专题活动和具体公关活动最佳行动方案的过程。在公关策划活动中，组织目标是公共关系策划的原动力，公众心理是公共关系策划的主战场，信息个性是公共关系策划打入市场的"金刚钻"，审美情趣是公共关系策划方案深入人心的"金钥匙"。

公关策划属于公关活动中最高的层次，是公共关系价值的集中显现，是公共关系竞争制胜的法宝。

（二）公关策划的原则

（1）求实原则。实事求是，是公关策划的一条基本原则。公关策划必须建立在对事实的真实把握基础上，以诚恳的态度向公众如实传递信息，并根据实事的变化来不断调整策划的策略和时机等。

（2）系统原则。指在公关策划中，应将公关活动作为一个系统工程来认识，按照系统的观点和方法予以谋划统筹。

（3）创新原则。指公关策划必须打破传统、刻意求新、别出心裁，使公关活动生动有趣，从而给公众留下深刻而美好的印象。

（4）弹性原则。公关活动涉及的不可控因素很多，营销策划者很难把握，留有余地才可进退自如。

（5）伦理道德原则。伦理道德准则的核心内容是：组织公关活动及其策划与从业人员行为的道德要求日趋加强。

（6）心理原则。要运用心理学的一般原理及其在公关中的应用，正确把握公众心理，按公众的心理活动规律，因势利导。

（7）效益原则。要以较少的公关费用，去取得更佳的公关效果，达到企业的公关目标。

（三）公关策划的内容与程序

1. 分析公共关系现状

主要做好以下3项工作：审核已收集的公关资料，分析公关现状；明确公共关系存在的主要问题及原因；了解企业形象的选择和规划。

（1）调查影响企业生存和发展的问题和障碍。

（2）分析这些问题和障碍，哪些是由企业与社会公众关系造成的。

（3）研究企业与社会公众关系现状的主要症结和形成原因。

2. 确定公共关系目标

确定公共关系目标是指所实施的公关活动要达到什么样的目的，将公共关系调整到什么样状态。通常而言，公关目标可分成全新塑造目标、形象矫正目标、形象优化目标、问题解决与危机公关，在开展公关策划工作前应明确公关的目标是什么，这样才能有的放矢地制定策划方案。

3. 选择和分析目标公众

即公关活动要针对哪些具体公众，加强同哪些公众的关系，中断与哪些公众的关系，改变同哪些公众的关系。

4. 公关活动方案设计

公关行动方案主要涉及公关活动项目、活动策略、活动主题、活动时机等。在制定公关行动方案时尤其要注意公关时机的选择，同时要重视活动细节。

（1）公关活动主题。是指特定的公关活动所要表现的中心内容，它是公关活动的灵魂，是公关活动的主旋律。公关活动主题设计首先要与公关目标相一致，通过一个口号或一句陈述直接点明主题；其次，要通过崭新的创意使主题鲜明生动，或配以歌曲、图案、音响、画面等表现形式强化主题；另外，公关主题设计要适应社会公众的心理需要，让公众觉得可亲、可近、可信。

（2）时间。合理安排公关活动时间在方案策划中尤为重要，时机选择恰当，公关活动可以收到事半功倍的效果。企业开展公关活动往往可以选择下列时机：

①企业成立或新产品推出之时；

②企业纪念日或社会喜庆日；

③重大活动发生时；

④企业形象受损时；

⑤突发事件发生时等。

（3）地点。对公关活动的空间地域进行限定。开展公关活动对地点的选择也是十分重要的，地点选择恰当，公关效果就会十分显著。

(4) 媒体。常见的传播媒体有大众传播媒体、组织传播媒体和个体传播媒体3种。

大众传播媒体有报纸、杂志、广播、电视等。其特点是传播受众广泛、影响力大。

组织传播媒体有视听资料、闭路电视、有线广播、内部刊物、墙报、板报等内部成员之间以及组织之间进行互动过程的媒介。其主要特点是权威性高和可信度强。

个体传播媒体主要是指以具体的个人为传播者进行沟通的媒介,如口头交流、演讲、谈判、劝说等。其主要特点是亲切可信,易于接受。

在媒体策划时,要充分考虑各种传播媒体的特点,使各种传播媒体之间形成良好的配合、互补、协调效应。

(5) 预算。公关预算主要分两类:一类是基本费用,如人工费、办公经费、器材费;另一类是活动费用,如招待费、庆典活动费、广告宣传费、交际应酬费等。

5. 效果评估

效果评估是对公关策划的效果进行评价和预计,同时在公关活动实施过程中,不断进行总结,寻求进一步完善的途径。

传播信息是一个潜移默化的过程,对公关活动效果的评估很难以具体的数据反映出来,人们观念和态度上的转变更多会在行为中体现出来。

(四) 选择公关策划工具

公共关系是一门综合性的艺术,企业要有效地实施公关方案,达到公关目标,就必须善于运用各种公关活动工具和方式。常用的公关策划工具及形式见表7-6。

1. 事件

一些特殊事件可以吸引公众对企业新产品和该企业其他事件的关注,企业可以有意识地安排一些新闻发布会、研讨会、郊游、展览会、竞赛、运动会和各种庆典活动等。

2. 赞助

企业可以通过赞助文化或公益活动等获得社会公众的关注与好感,推广宣传自己企业的品牌和企业形象,如赞助公益活动、环保事业、文化体育事业等。

3. 新闻

企业可以通过制造一些对企业和产品有利的新闻增加顾客对企业的信任感。由新闻媒介提供的宣传报道对企业来说是一种免费广告,它能给企业带来许多好处:①它能比广告创造更大的新闻价值和传播效果,有时甚至是一种轰动效应;②宣传报道比广告更具有可信性,能增加信息的可靠度、可信度,使消费者在心理上感到更加客观和真实。具体形式有新闻发布会、记者招待会和新闻报道等。

4. 演讲

企业管理人员利用各种场合、机会,灵活地运用公共关系与语言艺术发表演讲,介绍企业及产品情况,解答公众关心问题,处理顾客抱怨和投诉,进行某方面的劝告和建议。演讲是提高企业知名度的一种有效形式。

5. 参与社会活动

企业在从事生产经营活动的同时,还应积极参与社会活动,在社会活动中体现自己的社会责任,赢得社会公众的理解和信任,充分表现企业作为社会的一个成员应尽的责任和义务。另外,结交社会各界朋友,建立起广泛和良好的人际关系,如捐资助学、扶贫帮困、救灾、赞助一些公益事业,如教育、健康、环境保护等。

6. 形象识别媒介

在公共关系活动中，企业可以印发各种宣传材料，如介绍企业的小册子、业务资讯、图片画册、音像资料等；还可以举办形式多样的展览会、报告会、纪念会及有奖竞赛等，通过这些活动使社会公众了解企业的历史、业绩、名优产品、优秀人物、发展的前景，而达到树立企业形象的目的。

表7-6 公关策划常用工具汇总表

出版物	企业主要发行的材料，包括年度报告、小册子、文章、公司时事通讯和杂志，以及视听材料
事件	企业可以通过安排一些特别事件来吸引目标公众对新产品或者公司活动的关注，如新闻发布会、研讨会、远足、展览、竞赛或者周年纪念活动
赞助	企业可以通过赞助体育和文化活动以及社会公益事业宣传自己的品牌和公司形象
新闻	发现和创造与企业、产品，或者员工相关的有利新闻，然后推动媒体进行报道或者参加新闻发布会
演讲	企业管理层人员要巧妙应对媒体提问，并在某些场合发表演说，以此增强公司形象
参与社会活动	企业可以通过资助一些公益事业，如教育、健康、环境保护等活动，建立声誉
形象识别媒介	通过一些手段将企业形象可视化，如口号、文具、小册子、标识、名片、网站、建筑物、服装要求等

三、公关赞助

公关赞助是指企业通过无偿地提供资金或物质，对某些公益性、慈善性、娱乐性、大众性、服务性的社会活动或体育文化事业做出贡献，并围绕这些活动开展的一系列营销宣传，目的是借助所赞助项目的良好社会效应，来提高企业的品牌形象和品牌知名度，进而获得社会各界广泛的关注与好感，为企业创造有利的生存发展环境。

（一）公关赞助的重要作用

公关赞助是企业的一种软性广告，它融合了销售推广与公共关系两个方面的特点，具有鲜明的效果，是其他形式的广告所无法比拟的。通过赞助社会公益事业，企业能够达到以下目标：

（1）表明组织作为社会成员愿意为社会的发展做出相应的贡献，乐于在承担企业社会责任的同时追求企业的社会效益。

（2）证明组织的经济实力，赢得社会公众的信任。

（3）提高社会资源的利用效率。

（4）大大提高组织的社会知名度和提升组织的整体社会地位。

（5）增强企业宣传的说服力和影响力，有助于产品的销售。

（二）公关赞助的类型

（1）从赞助的对象来看，赞助的类型可以分为：

①赞助环保；

②赞助文艺；

③赞助科教；
④赞助公益；
⑤赞助体育。
(2) 从赞助的形式来看，赞助的类型可以分为：
①组织参加赞助，即对其他组织或企业的赞助邀请做出响应；
②组织发起赞助，即一个组织为实现某项公关目的而主动发起的赞助活动，是创意性的。

案例 7-8

体育赞助——谁获得了奥运营销"金牌"？

体育赞助能够最全面、最强烈地体现出公关赞助的所有优越性，因而是当今最具魅力、最受厂商欢迎的赞助类型之一。

2008 年 8 月 24 日，将被载入奥运史册的第 29 届北京奥运会终于落下了帷幕。在这 16 天的体育盛会中，38 项世界纪录、85 项奥运会纪录作为"更高、更快、更强"的奥林匹克精神得到了最好的诠释。而在赛场之外，另一场"奥运会"的成绩也即将揭晓，那就是运作奥运营销的赞助商以及非赞助商、大企业和小公司、外国企业和本土公司之间的商业较量。他们的竞争，同样也是体力与智慧的角逐，同时更是创意、财力和执行力的比拼。

"奥林匹克，只与体育相关。"现代奥林匹克奠基人顾拜旦的这一信念，在今天似乎已经很难实现，在无数企业将"奥林匹克"看做是商业机会和营销契机的同时，他们也为"奥林匹克"注入了另一种活力和精彩。

8 月 8 日，在北京奥运会开幕式上，李宁以"夸父逐日"般的奔跑在全球 40 多亿观众的瞩目之下点燃了北京奥运会的主火炬。就那一瞬间，可能并不是所有人都会注意到，这位拥有以自己名字命名公司的伟大运动员身穿的是阿迪达斯的运动服和运动鞋，举着的是联想团队设计出的"祥云"火炬，三个品牌奇妙地组合在一起。其实，这只是硝烟四起的奥运会营销大战中一个小小的剪影，而且这场商战的激烈程度丝毫不亚于真正的奥运赛场，而且也同样诠释着"更高、更快、更强"的竞技理想。

在奥运之前，李宁公司"创意无限"的营销手段就给奥运正牌赞助商阿迪达斯制造了不少"麻烦"，特别是在奥运会开幕式上，当传奇运动员李宁点燃奥运主火炬的时候，相信其他运动品牌的心中一定会有一些别样的感觉。尽管这是李宁作为运动员所获得的伟大荣誉，如果从全球市场来看，包括李宁公司在内的一些新秀，基本是实力无法与国际巨头阿迪达斯相提并论的"小公司"。但小公司可以选择"智斗"。和其他体育赛事不同，奥运会的赛场上是不允许摆放广告的，各大品牌的较力点便放在了运动员身上。尽管中国奥运代表团需要身着赞助商阿迪达斯的领奖服登上领奖台，但是还是无数的机会会让其他品牌展示自己。

2006 年年底，李宁公司就与 CCTV 奥运频道达成协议，从 2007 年 1 月 1 日至 2008 年 12 月 31 日，为 CCTV 奥运频道所有栏目及赛事节目的主持人和出镜记者提供李宁品牌的服装、鞋及配件。用李宁公司 CEO 张志勇的话说，"这个曝光率可是不得了。"虽然根据奥组委的最新规定，李宁公司与奥运频道的某些合作受到了一些限制，但在比赛过程中，李宁品牌的

Logo 还是会不断通过赛事记者和主持人传达出去,同样成为奥运期间的一道亮丽风景。

（资料来源：中国管理网）

（三）公关赞助应该注意的问题

公关赞助对企业品牌提升的作用是其他促销形式所无法比拟的,而且效果持久,有利于企业的长远发展。但公关赞助也存在一些不足：①对企业产品的促销作用比较缓慢,对短期需要提高产品销量的企业没有太大帮助；②费用较高,一次赞助几百万元甚至几千万元乃是稀松平常的事,几万元、十几万元的零星赞助根本不能引起人们的关注,新闻媒体也会缺乏报道的兴趣。因此,营销人员和公关人员在公关赞助活动过程中应注意以下几个问题：

（1）传播目标明确。即所赞助的项目须适合本组织的特点和需要,有利于提高本组织的社会影响,或有利于扩大业务领域。

（2）受资助者的声誉和影响。要认真研究和确认被赞助的组织、个人或社会活动本身是否具有良好的社会声誉,是否有积极、广泛的社会影响,保证赞助活动取得良好的社会效益。

（3）本组织的经济承受力。要考虑赞助额是否合理、适当,本组织能否承担,避免做力不从心的事情。

（4）赞助方式切忌雷同。一般来说,凡是符合社会及公众利益的赞助活动,都会引起社会各界特别是新闻界的关注。但是,如果能够以新鲜、别致的方式来实现赞助,效果必定会更好。

四、危机公关

危机是一种特殊情况,也是一种突发性事件。企业常常会因为管理不善、同行竞争、遭遇恶意破坏或者是外界特殊事件的影响而陷入社会信任危机。

（一）危机事件的特点

1. 突发性

几乎所有的危机事件都是在人们无法预料的情况下突然发生的,往往会令组织措手不及。由于组织毫无准备,因此往往会陷于混乱之中。

2. 紧迫性

危机一旦发生,就有飞速扩张之态势,它就会像一颗突然爆炸的"炸弹",在社会中迅速扩散开来,对社会造成严重的冲击。同时,它还会像一根牵动社会的"神经",迅速引起社会各界的不同反应,令社会各界密切关注,若不采取有效的制止措施,就容易使整个组织形象彻底遭到破坏。

3. 破坏性

不论什么性质和规模的危机,都必然不同程度地给企业造成破坏,影响企业的正常运转或生产经营秩序,带来严重的形象危机和巨大的经济损失,也会造成社会公众的混乱和恐慌。而且由于决策的时间以及信息有限,往往会导致决策失误,从而带来无可估量的损失。

4. 可变性

危机事件是可变的,可以发生,也可以消除。

危机公关中的危机既有"危"也有"机",而公关的最终目标就是要实现两者之间的转变,即由"危"转"机"。

(二) 危机的类型

1. 企业内部危机

(1) 产品质量危机。这类危机是公共关系中最常见的危机,主要指由所生产产品或提供服务的质量、性能存在问题或缺陷从而导致公众或消费者的强烈不满和抗议、甚至被政府部门责令停产的事件。

(2) 品牌危机。企业被指控侵害他人名誉权、知识产权,或企业商标权受到侵犯都会带来品牌危机。

(3) 企业内部管理或经营危机。即由于投资、并购、改制、债务、供应或人事变动等经营决策带来的危机。

(4) 公害危机。即一些行为严重损害了自然环境、社会公共设施或违背了社会公德而导致的公众不满事件所带来的危机。

2. 外部环境危机

(1) 市场危机。即市场竞争者增加、竞争对手竞争策略转变、企业营销能力下降所产生的危机。

(2) 媒体危机。因媒体报道、曝光或报道失实而带来的企业形象的受损。

(3) 法律或政策危机。即政策调整、新法律法规出台导致的危机。

(4) 虚假信息危机。一些刻意捏造的虚假信息,公众就会因不了解事实真相而产生不满,企业如果不及时澄清、查明事实,快速反应,同样会带来危机。

(5) 不可抗力危机。不可抗拒的自然灾害如地震、台风、洪水、火灾等均可让企业陷入危机。

(三) 危机处理的原则

危机发生后,企业要处理好两方面的问题:一是利益的问题,无论孰是孰非,企业都应该承担责任;即使受害者在事故中有一定责任,企业也不应首先追究其责任,否则会各执己见,加深矛盾,引起公众的反感,不利于问题的解决。另一个是感情问题,公众很在意企业是否在意自己的感受,因此企业应该站在受害者的立场上表示同情和安慰,并通过新闻媒介向公众致歉,在情感上赢得公众的理解和信任。

1. 预测的原则

预测的原则是指分析研究某些引发危机的线索和因素,估计将遇到的问题、事件的性质以及发展的程度和方向,预测后立即向组织决策层、各职能部门传输信息,以加强协作,及时妥善处理危机事件。

2. 实事求是的原则

组织在处理危机事件时,无论是对内部公众,还是对新闻记者、受害者、上级领导等,都不能隐瞒事实真相,而是要实事求是,以争取主动,求得公众的了解和信任。

3. 应急的原则

危机发生后,能否首先控制住事态,使其不扩大、不升级、不蔓延,是处理危机的关键。应急的原则是指对发生的危机事件采取有效措施及时地给予控制。

4. 积极行动的原则

在危机公关中,策略固然重要,但是最重要的还是对待险情的态度。拥有一个积极的态度也是由"危"转"机"的前提条件。危机发生后，公共关系人员要迅速行动，及时赶到现场，迅速查明事实，及早采取措施；接待公众时，要尽其所能，给予帮助。

5. 承担责任的原则

组织与利益公众之间的关系一旦发生危机，最见成效的办法就是协调好各种利益关系，尤其要注意受害者的利益，对其处置得好坏与否将关系到组织的舆论状态的改变和形象的改变。

（四）危机公关策划

危机公关是指一个企业在面临危机事件时，所采取的一系列消除影响、恢复形象的自救行动和应对机制。危机公关对于国家、企业、个人等都具有重要的作用。

案例 7-9

从丰田召回事件看危机公关

从 2010 年 1 月 21 日开始，丰田因油门踏板缺陷已在美国、欧洲和亚洲召回 900 余万辆不同型号的汽车。此后，丰田深陷"召回门"，遭遇前所未有的企业公关危机；2 月 24 日，丰田总裁丰田章男泪洒记者会，面对舆论毫无招架之力；媒体关于"丰田世上最大规模召回，深陷信任危机，日本制造怎么了？"这类报道层出不穷。与此同时，危机公关一词被广泛热议，从国内的"三鹿"奶粉到紫金矿业，从国外的切尔诺贝利到墨西哥湾，危机公关手段与企业形象乃至国家形象息息相关。自 20 世纪 70 年代以来，日本汽车制造业一向以高科技含量和高品质在全世界享有盛誉。此次丰田"召回门"给其品牌号召力以及企业形象带来重创，而丰田召回门面对"召回"危机，其公关手段却不尽如人意。

（1）对当前国际局势判断失误。事实上，几乎每家公司每年都会召回大量汽车，包括通用、福特每年召回数目也不少，但是在当前丰田登上全球销售量之首而美国百年老店通用汽车宣告申请破产保护的情势下，在奥巴马上台承诺为美国民众增加 200 万个就业岗位的形势下，在美国汽车业渐入困境，官、民、媒体同仇敌忾的背景下，丰田仍以常规的召回措施来应对质量危机无疑是于事无补的，反而更激起全球消费者的抵触情绪。

（2）决策缓慢，失去话语权。丰田 1 月 21 日在美召回汽车 230 万辆，紧接着在全球召回 540 万辆。如此大的召回数量却未发表任何公开声明，仅仅在报纸上避重就轻刊登召回消息，直到一周后，丰田章男在参加瑞士达沃斯论坛被媒体截住时才轻描淡写地发表道歉声明。之后，"召回门"事件的话语权完全落入美国国会之手。丰田在召回之初没有立即决策，失去话语权，从而使事件越演越烈。

（3）危机公关基调不一致。丰田处理此事件时一度力邀五家公关公司参与，不幸的是，这五家公司的公关基调并不一致。相关人员处事犹豫、游离，始终处在一种各自为政的公关状态中。这使已经失去先机的丰田甚至出现了内部矛盾：人们站在各自的立场，寻找分散的自救方案。这不仅带来了更大的混乱，还造成不同利益相关者对话缺失或者无效，导致共同利益的流失。

（4）态度不诚恳，言行前后不一致。2 月 5 日丰田章男的鞠躬道歉，迟到了足足一个多星期，而且鞠躬的角度被日本媒体戏称为像是在打招呼。无论是听证会还是新闻发布会，丰田章男都没有解决丰田召回"什么原因""怎么解决"这两个基本问题。更为重要的是，丰田在对待是否存在质量问题时前后言行不一致。之前在发表会上强烈否认汽车油门踏车板存在缺陷，事态扩大后丰田章男却发表声明："过去几年，丰田快速扩张其业务，我也担忧这样的增长速度过快了。丰田当初坚持安全第一、质量第二、产量第三的原则，但现在似乎出现了一定程度上的混淆。我对今天'召回事件'感到后悔，对曾遭意外的车主表示歉意。"但是很明显，这一迟到的道歉，这一前倨后恭的做法已经无法将丰田带出"召回门"困局了。

正是丰田公司这次危机公关的不当处理，才导致了危机本身的升级和转化：从产品质量危机升级为品牌危机，从丰田公司的信任危机转化成殃及日本汽车业甚至整个日本制造业的信誉危机。

与此相对的，我们可以将目光聚焦于美国精英投行高盛。高盛在2010年4月16日被美国证监会以在金融衍生品中欺诈投资者罪名起诉，可是面对这一"欺诈门"，高盛CEO布兰克费恩手按《圣经》态度强硬，于法庭据理力争，最终以5.5亿美元与美国证交会完美和解。高盛赢了，赢在及时跟媒体合作，迅速掌握话语权。特别是在美国多数决定其经济发展的大型企业，如福特、NSM半导体、梅西百货等都在媒体上为高盛说话的情况下，法庭都为其一路开绿灯。反观丰田，丰田输在不完全了解美国人处理问题的方式，反而用日本人惯用的道歉到美国处理危机，奠定了这次危机公关的败笔。试想，如果丰田高层始终强硬地声明：丰田一直是精益求精的。在我们没有真正查出任何问题之前，我没办法承认任何错误，因为我们丰田是从来没有错误的。如果被证实有，我们愿意加倍赔偿。那么是否会得到更为有利的局面？所以说，不同的危机公关能力，往往决定一个企业不同的命运。

对丰田来说，接下来最重要的是如何开展事件后的危机公关，如何挽回用户，再赢得信任；面临四面围剿：赔偿、市场流失、媒体舆论，如何走出困局；遭遇财政危机，如何突破；反思经营模式，如何确定未来成长之路。要知道，面对危机公关，眼泪和鞠躬解决不了问题，唯有进行组织的根本性变革，提升产品质量，加快对消费者反馈的速度，从顾客的角度来思考企业的未来，增强和监管者沟通的透明度，才有可能重构话语秩序，走出公关危机，回归发展之路。

(资料来源：http://wenku.baidu.com)

1. 危机公关策划要点

(1) 及时处理危机。危机事件一旦发生，很容易出现人心涣散的局面。如何引导舆论、稳定人心，便成为处理危机事件的一项重要任务。危机发生后，企业应当成立危机处理小组，迅速做出反应，冷静处理，了解危机产生的真正原因，对可能出现的情况制定应急措施；启动危机应变计划，及时处理、及时报告，不让事态继续蔓延。

(2) 成立危机新闻中心。完善的危机新闻中心就是一种专门的信息管理机构。建立有效的信息传播系统，做好危机发生后的信息搜集、发布、传播反馈和沟通工作，随时接受新闻媒体采访，不间断地满足企业外部公众与媒体的咨询。

(3) 主动与新闻媒体沟通。在危机发生而事件真相尚未查明前，企业可以与新闻界取得联系，向媒体提供初步情况和企业采取的应对措施，争取新闻界的理解与合作，及时做好报道工作；在确切了解危机的原因后，应通过召开新闻发布会等方式让社会公众了解相关情况。在与新闻媒体沟通时要注意信息内容准确、传播口径统一，以免造成公众的疑虑和不满。

(4) 修正错误。如果是因为企业自身的过错而导致的危机，危机公关的重点就要放在错误方面，主动承担责任，迅速纠正错误，与当事人深度沟通，争取公众的宽容和谅解。

（5）消除误解。即消除公众中由于危机事件而引起的对企业的误会。沟通不及时或不合时宜，传播的中间环节出现故障，信息不完整，公众理解发生偏差等原因会造成公众对企业的误解，从而损害企业的信誉度。所以面对公众误解，公关人员应及时找到误解根源，防止误会的扩散。

> **小贴士**
>
> **危机处理的 5 种领导技能**
>
> 关于危机处理的最新研究认为，下列 5 种领导技能是非常重要的：
> （1）保持冷静；
> （2）危机领导者处于显著位置；
> （3）把人放在第一位，业务第二；
> （4）公布事实真相；
> （5）知道何时恢复营业。

（五）危机防范

企业可以在日常的经营中对企业薄弱环节或潜在危机给予足够重视，建立危机处理预警机制，防患于未然。

（1）建立以一把手为主的、可能导致危机的各业务部门负责人、可能受危机影响的各支持部门负责人、以及外部顾问组成的危机处理小组。

（2）建立事故汇报和评估机制。企业危机事件最大的来源，是事故处理不当而升级为危机。所以，各业务部门出现的事故，无论大小，都应及时向危机处理小组汇报事故及其处理的详细情况。

（3）完善企业对外的各种规则，并与规则影响到的各方深度沟通，达成共识，以避免争议的发生，尽量防止事故升级为危机。比如温州动车事故对赔偿标准的争议，关键在于各方的共识。

（4）媒体舆论监测，随时了解外界对自己的评论、批评甚至传言，评估其对公众的影响。

（5）定期评估自己的公众形象，检讨公众是否喜欢我们，有多喜欢我们，为什么喜欢我们。

（6）危机公关实战演练。训练正确的第一反应、正确的应对媒体、正确的对待传言和批评。

任务五　销售促进策划

情景案例

海尔家电乐活节开幕

乐活时间：2011 年 12 月 20 日—2012 年 1 月 6 日

1. 注册砸彩蛋

活动期间注册海尔官网，并完善个人资料，完成邮件激活认证后，即可获得"乐活节"

彩蛋一枚，砸开赢取100件乐活节神秘礼物。马上来注册海尔官网，赢得属于你自己那份意外惊喜吧！

2. 你逛店我买单

海尔家电乐活节活动期间，到店体验赢好礼，幸运免单周周抽！活动参与方式如下：

（1）逛店体验。

到任意海尔卖场或专柜，拍摄你所喜爱的海尔家电照片（带海尔Logo），分享体验报告，即有机会参与抽奖：

新浪微博：#你逛店我买单#＋区域门店＋产品型号＋喜爱理由，附卖场实景图片

海尔官网论坛：【家电物语】版块发帖，区域门店＋产品型号＋喜爱理由，附卖场实景图片

幸运参与奖：每天抽选10名，获得手机充值话费30元（海尔官网论坛或新浪微博均可参与抽奖）

（2）幸运免单。

每天抽选10名，获得手机充值话费30元（海尔官网论坛或新浪微博均可参与抽奖）

参加"逛店体验"的用户，如活动期间购买了海尔家电，还可参与幸运免单大抽奖。只需在分享体验报告时，再提供您的购物发票号码即可。

幸运免单奖：4名，圣诞节和元旦假期后3日内各抽出两位幸运用户，返还发票上所购海尔产品金额，最高返还4 999元。注：幸运免单奖仅限海尔官网论坛平台，奖品个税由获奖人自行缴纳。

3. 评论有好礼

为您购买的海尔家电写一篇评论，点评产品质量、使用体会或提出建议，即有机会获得：

深度点评奖：原创，评论内容翔实精彩有独到见解，奖励价值400元生活家电1台

点评达人奖：原创，评论产品最多且内容精彩翔实可信，奖励海尔时尚挂烫机1台

4. 各地卖场优惠活动

（1）海尔3D云电视，上网不死机，智能防近视。

卖场：济宁、临沂、枣庄、菏泽专卖店、社区店

活动时间：2011.12.24—2012.01.03

活动内容：

A. 新婚蜜月游：套购彩电、电脑、手机满2万元以上，享受3日省内蜜月游；凡购买海尔彩电均有机会参加青岛双飞5日蜜月游抽奖活动。

B. 新婚新居专享券：凭面值10元新婚新专项购券，购机最高可享100倍翻番。

C. 龙年迎春特惠：32寸平板电视特惠价1 499元，42寸平板电视2 499元。

D. 超低心跳竞拍：32寸平板电视399元限时竞拍。

（2）新年新梦想，好礼惠万家！

卖场：兰州市区精品店、国美、苏宁各大商场海尔专柜

活动时间：2011.12.23—2012.01.10

活动内容：

A. 幸福生活套餐：达到6 000元送价值200元内海尔电饭煲，其中购买热水器＋厨电套

餐达到4 000元即可送

B. 乐享生活套餐：达到10 000元送价值700元内海尔挂烫机

C. 时尚生活套餐：达到20 000元送价值1 000元内海尔手机

D. 品质生活套餐：达到30 000元送价值3 000元内海尔数码摄像机

（3）南宁百大"感恩之夜"海尔专场活动。

活动时间：2011.12.23　19：30—22：30

活动内容：

A. 凭16日评鉴会认筹券购机可抵1 000元

B. 凭认筹券购机可抵800元（荣和大地小区发放）C. 凭海尔会员卡（卡萨帝会员）购机可抵500元

……

案例点评

产品同质化程度的加深，使得家电企业之间的竞争变得日益激烈。针对居民家电消费"不打折不出手"的节日消费惯例，各家电企业联合大型家电连锁卖场纷纷举办促销、销售促进活动，尤其是在黄金周期间，家电卖场的这种短期内的促销活动场面显得格外热闹。

终端销售促进的目的是参与竞争，有效吸引新顾客，鼓励老顾客重复购买，提高销售量，其方式除了赠品、奖品、优惠券、打折等常见的促销工具外，一些新的促销方式也在不断地涌现。当然随之而来的产品销售成本提高，产品价格上涨，促销欺骗等问题日益突出。如何更好地提高销售促进活动效果是每家电企业应该思考的问题。

知识体系

一、销售促进的概念

销售促进（Sales Promotion，SP），也称营业推广，它是指企业运用各种短期性的诱因工具鼓励、刺激消费者和中间商迅速或大量地购买某一特定产品或服务的活动。如果说人员推销为消费者提供了详尽的购买信息，广告宣传让消费者产生了购买动机，公共关系坚定了消费者购买信心，那么销售促进则为消费者提供了购买理由。销售促进的作用主要表现在以下几个方面：

1. 加快新产品入市的进程

销售促进能在较短时间内调动人们的购买热情，培养顾客的兴趣和使用爱好，使顾客尽快地了解接受新产品。

2. 有效吸引新顾客

消费者一般对新产品具有抗拒心理，不愿冒风险对新产品进行尝试。销售促进可以让消费者降低这种风险意识，降低初次消费成本，而去接受新产品。

3. 鼓励重复购买，建立消费习惯

当消费者试用了产品以后，如果是基本满意的，可能会产生重复使用的意愿。但这种消费意愿在初期一定是不强烈的、不可靠的，销售促进活动却可以帮助顾客实现重复购买的意愿。

4. 提高销售量

因受利益驱动，经销商和消费者都可能大量进货与购买。因此，在销售促进阶段，常常会刺激消费，提高销售量。

5. 参与市场竞争

可以运用促销强化市场渗透，加速市场占有。

二、销售促进工具

企业进行销售促进时，可以根据不同的营销对象选择合适的工具，如赠品、折扣、有奖销售等。

1. 赠品

赠品是指顾客购买商品时，以另外有价物质或服务等方式来直接提高商品价值的促销活动，其目的是通过直接的利益刺激达到短期内的销售增加。赠品能直接给顾客实惠，加深顾客对商品的印象，有利于加强商品的竞争力。

常用的赠品派发方法有店内附赠、积分赠送、现场发送、随产品赠送等。

在赠品选择时，要尽量保持赠品与产品的关联性，以设计程序简单、不夸大赠品的价值为原则。

2. 赠品印花

赠品印花是指在活动期间，消费者收集的积分点券、标签或购物凭证等证明（印花），积累到一定数量时则可兑换赠品，因此，赠品印花也称为积点优惠。

赠品印花最大的好处就是在持续性的促销活动中，提高商品使用频率和突破季节性限制，培养购买习惯，建立品牌忠诚度。

3. 凭证优惠

凭证优惠是指厂商为了达到不同的促销目的，而让消费者依据某种凭证，在购买产品时享受一定的优惠。凭证优惠最常提供的是产品价格上的优惠，如现金回赠、抽奖竞赛、免费赠送中都需要用到某些凭证。

凭证优惠促销的时机一般选择在产品销售旺季或旺季来临前期，持续时间设为 6~8 周为宜；通常活动开展的前 4 周兑换率最高，以后迅速下降，因此务必注明优惠券的有效期。

4. 借势陈列

由于商品陈列位置的"好""差"对销售额的影响很大，因此大多数的商家极度重视产品陈列，往往不惜重金抢夺黄金货架，并将最好卖的产品摆放在最有利的位置。

在新产品入市时，企业可以考虑在旺销产品旁边的位置陈列新产品，增加新产品被注意的机会，从而增加顾客购买的机会。

5. 竞技活动

竞技活动以参加者身体力行的"体力"比赛为主，兼顾智力的应用，集游戏、竞赛于一体，利用消费者的争胜心理推广企业产品，提升企业品牌。

竞技活动的规模比较大，投资也较多，如提供比赛场所，通过电视媒体将活动过程播放出来等，如果组织成功，其效果也较好，所造成的影响力较大。因此竞技活动要坚持以下操作原则：

（1）针对性。竞技活动要针对有效的目标顾客群体，开展有效的营销传播。

（2）观赏性。竞技活动不仅要考虑活动参与者的竞争愿望，还须顾及观赛者的可看性，这样才能扩大活动的影响力，引起更多人的兴趣与关注。

（3）驱动性。无论多有吸引力的竞技比赛项目，终究是一项业余活动。因此，一个诱人的奖励，是驱使消费者决定投身活动的重要因素。

6. 延迟折扣

延迟折扣通常是指在购买时当场不给予购买者折扣，而在购买者购买后做一些事情才能得到的优惠。作为一种促销方式，延迟折扣常常被运用于超市等销售活动中，常用做法是在消费者购买产品时发一张优惠券或代金券，消费者在将来购买时可以使用。

7. 现场折扣

现场折扣是指顾客在购买产品时在通常价位上当场给予折扣。现场折扣最容易引起消费者的注意，能有效地刺激消费者当场的购买欲望，是一种非常有力的销售手段。

但现场折扣容易演变成价格战，引起竞争者仿效和攻击，因此企业运用现场折扣时要遵守同行市场规则，遵守价格方面的法律、法规。

现场折扣的方式有季节性折扣、数量折扣、降价、加量不加价等。

8. 合作广告

合作广告是指制造商通过向经销商提供详细的产品技术宣传资料、协助经销商进行广告宣传和店面装潢设计等优惠方式，其目的是借助合作伙伴的优势，准确地与目标群体进行互动沟通。

合作广告一般适用于：新产品入市、引入高科技产品、竞争压力较大、费用不足却想取得较大成果等情况。

9. 免费试用

免费试用是通过将产品（或其试用装）免费赠送给消费者试用或品尝的一种促销方法，其目的在于使消费者对产品或生产企业产生好感和信任，进而成为产品的潜在消费者。

免费试用的常用方式有直接邮寄、附在杂志和报纸中分发、专业分发人员上门分发、店内或零售场所分发等

> 小 贴 士
>
> **免费试用的策划要点**
>
> 免费试用促销适合那些价值低、易于小包装、差异明显、目标群易区隔的日用消费品或食品，可以通过消费者的亲身试用试吃来提高接受度。由于成本高昂，所以，并不是所有公司都能适用。企业进行免费试用活动策划时应注意以下两个要点：
>
> （1）确定免费样品活动的费用。
>
> 举办免费样品活动最主要的费用为赠品成本费、派发费、活动处理费、广告宣传费、样品包装费等。
>
> （2）确定活动的时机。
>
> 免费试用促销活动应在旺季来临前举办，但不宜在零售网点较少的情况下举办，以防止出现消费者试用满意却买不到产品的情况。

10. 有奖竞赛

有奖竞赛是利用人们的好胜心，吸引消费者参加竞赛并赢得丰厚奖励的一种促销方式。

常见形式有：有奖征集广告语；有奖征集与企业或企业产品相关的对联；有奖知识竞赛和知识问答；企业商标、包装袋、瓶盖的有奖收集竞赛等。

通过有奖竞赛可以使消费者对企业的产品产生深度认识，有效提升企业品牌价值。在实际操作中也要克服有奖竞赛难度较大、参与者较少、目标锁定不集中的缺点。

小贴士

有奖竞赛活动策划

有奖竞赛活动策划时，需要从以下几个方面着手：

1. 设计竞赛方式

根据企业的目的和产品特性来设计不同的竞赛方式。例如，如果是以品牌塑造为目的，则可举行征集广告语的竞赛活动；若以品牌宣传为目的，适宜采用简单的问答或竞猜的方式。

2. 竞赛活动安排

（1）产品背景资料介绍，如产品的功能、品牌蕴涵的意义、所获荣誉等。这些资料既可宣传企业产品，又可使参加者掌握竞赛的素材。

（2）参赛办法，包括活动的起始与截止时间、所需的个人资料、其他所需提供的凭证、是否要求购买等。

（3）评选和公布办法，即活动以哪些标准衡量优胜者，包括评委会成员的组成及最终评审权、评选时间、优胜者公布方法等。

（4）奖励内容，包括奖项、奖金的说明和兑奖办法。

（5）公证事项说明。活动是否得到有关机构认可或公证，竞征稿件的归属权与处置权、活动的解释权等说明。

三、销售促进策划

开展销售促进活动，主要包括确定活动目标、选择推广工具、制定促销活动方案、测试方案和确定评估方案的方法等程序。

1. 确定活动目标

销售促进的目标取决于产品营销目标。针对不同的活动对象营销目标不同，销售促进的目标也有所不同。

（1）就消费者而言，销售促进的目标包括：鼓励更多的购买；争取非使用者的试用；吸引竞争品牌的使用者。

（2）就零售商而言，销售促进的目标包括：劝说零售商经营更多的商品，维持较高的存货水平；鼓励淡季购买；抵制竞争品牌的销售促销；培养品牌忠诚度；赢得进入新的零售网点的机会。

（3）就销售团队而言，销售促进的目标包括：鼓励销售团队支持新产品或新型号；鼓励寻找更多的潜在顾客；刺激淡季的销售。

2. 选择推广工具

企业面对的主要营销对象有消费者、中间商和销售员，在销售促进工具选择时要结合营销对象接受习惯、产品特点、目标市场状况等来综合分析选择推广工具。

（1）针对消费者的推广工具。向消费者推广，是为了鼓励老顾客继续购买、使用本企业产品，激发新顾客试用本企业产品。其方法主要有赠送样品、发放优惠券、现场演示等，针对消费者的推广工具及使用说明见表7-7。

表7-7 针对消费者的推广工具及使用说明

工具	主要使用说明
样品	向消费者提供的一定数量的免费产品或服务
优惠券	持有人在购买指定产品时可以获得预先设定的优惠额度的一种凭证
现金返还（回扣）	产品购买活动结束之后给予顾客的价格优惠——消费者在购买产品后将"购买凭证"交给生产商，生产商再将部分购买款返还消费者
特价包装	以比正常价格优惠的价格销售的打包或标记商品
奖品（礼品）	在购买特定产品时以较低价格或者免费提供的用于刺激购买的商品
购买次数计划	针对顾客购买公司产品或服务的次数和数量给予奖励
竞赛、抽奖、和游戏	消费者在购买特定商品后有机会参与竞赛、抽奖、和游戏竞赛并获得相应的现金、旅游或者商品
回馈奖励	以现金或者点数给予光顾特定卖主的顾客的奖励
免费试用	邀请目标顾客免费试用产品，希望他们在试用后会购买产品
产品担保	卖方做出明确的或隐含的承诺，保证在一定时期内产品性能将满足特定的标准，否则卖方将负责免费维修或者退换
捆绑销售促销	两个或以上的品牌或公司合作发放优惠券、退款，开展竞赛来增加合力
交叉销售促销	利用一个品牌为另一个与其不存在竞争关系的品牌做广告
购买点的展览和演示	在购买地点或者销售促销地点进行的展览或者演示

（2）针对中间商的推广工具。对中间商开展销售促进的主要目的是促使中间商积极经销本企业产品，随着大型零售商的力量不断增大，生产商不得不牺牲消费者销售促销和广告支出而进行更多的贸易推广活动。针对中间商的推广工具及使用说明见表7-8。

表7-8 针对中间商的推广工具及使用说明

工具	主要使用说明
价格折扣	在指定时期的每一次购买都可以得到的直接的价格优惠
补贴、资助	给予那些同意以某种方式销售促销产品的零售商的一种奖励。生产商为中间商提供陈列商品、支付部分广告费用或部分运输费用等
免费商品	给予那些购买了一定数量产品或者经营某个产品品种或型号的中间商的额外商品奖励。生产商可能会为宣传公司名称的零售商提供销售佣金或者免费的广告礼品
会议	生产者邀请中间商参加定期举办的交易会、业务会、培训会或博览会等
竞赛	根据中间商销售本产品的实际绩效，给予优胜者不同的奖励
奖励	对有突出成绩的中间商给予特别的现金、物品奖励

(3) 针对销售团队的推广工具。为了激励公司的销售团队成员更努力工作,提高销售业绩,企业每年往往需要投入大量资金用于销售团队的销售促进。针对销售团队的推广工具及使用说明见表 7-9。

表 7-9 针对销售团队的推广工具及使用说明

参加展览会	活动参与者可以通过展览会招揽新主顾,与客户保持联系,介绍新产品,接触新客户,向现有客户推销更多的商品,以及通过印刷品、音像制品和其他视听材料增进顾客对公司和产品的了解
销售竞赛	企业以销售人员的销售业绩、客户数目、拜访数量、实现利润等指标对销售人员进行考核评估,并奖励优秀者
广告礼品	礼品广告是指销售人员送给潜在用户和顾客的一些有用的、低成本的商品,该商品上印有公司的名称和地址以及一些广告信息。常用的有圆珠笔、日历、钥匙链、手电筒、包和记事本
培训	企业对销售人员开展相关的业务培训,以提高销售人员的知识、技能和素质

3. 制定销售促进方案

在制定销售促进方案时,营销人员应确定以下几项工作:

(1) 销售促进工具的最佳使用规模。

(2) 销售促进参加者的条件、选择标准。

(3) 销售促进时机。销售促进的市场时机选择很重要,如季节性产品、节日、礼仪产品,必须在季前节前做销售促进,否则就会错过良好的销售推广时机。

(4) 推广期限。销售促进是短期内的促销行为,因此控制好时间长短也是取得预期促销效果的重要一环。推广活动持续时间的长短要恰当,既不能过长,也不宜过短。时间过长会使消费者感到习以为常,削弱刺激需求的作用,甚至会产生疑问或不信任感;时间过短会使部分顾客来不及接受营业推广的好处,收不到最佳的促销效果。一般应以消费者的平均购买周期或淡旺季间隔为依据来确定合理的推广方式。

(5) 销售促进总预算(包括管理成本和激励成本)。

(6) 安排其他配合方式,注重中后期宣传。销售促进要与促销组合的其他方式如广告、人员销售、公共关系等整合起来,相互配合,共同使用,从而形成销售促进期间的更大声势,取得单项推广活动达不到的效果。

企业往往注重推广前期的宣传,但也不应忽视中后期企业兑现行为宣传。这是因为企业兑现行为一方面有利于唤起消费者的购买欲望,另一方面是可以增强企业良好形象。

4. 对方案进行事前测试、实施和控制

虽然大多数销售促进方案都是根据以往的经验制定的,具有一定的可行性,但营销者仍然有必要通过事前测试来检验选用的工具是否恰当,刺激的规模是否最优,实施方法是否有效。

相对广告公关等促销方式而言,销售促进在一定程度上有贬低商品之意,因此,企业在推广全过程中,一定要坚决杜绝徇私舞弊的短视行为发生。

5. 评价方案

在销售促进方案评价时,企业可以利用分析销售数据、消费者调查和试验等方式评估销售促进效果。一般来说,销售促进的最佳效果是吸引竞争对手的顾客,令其购买本企业的产品，并成为企业忠诚的顾客。

小贴士

如何做好大卖场的促销活动

在目前的快速消费品行业，厂家想要提升品牌知名度、提升通路影响力、提升销量和打击竞品，就一定要做好各区域的大卖场，因为这是各厂家必争之地和前沿阵地，现在各厂家为抢占大卖场的终端销量和市场份额都会全力的配合大卖场做相应多的促销活动，同时大卖场通常都会要求厂家进行"前几后几"的特价供货，所以最后大部分厂家发现自己产品在大卖场销量70%左右来源于特价促销供货，30%左右才来源于正常货架销售。

因此，如何做好大卖场的促销活动就成为经营大卖场的重要课题，笔者从实战角度出发，针对如何做好促销活动管理总结为以下三部分，希望能给大家带来一些启示。

1. 要做好促销活动前的准备工作

A. 了解大卖场的促销配合流程和促销相关要求，如厂家提案时间、促销主题、促销方式、促销档期、促销品项、促销价格折让；

B. 从大卖场采购人员了解到竞品的促销方案，知己知彼，避免执行没有差异化的促销活动；

C. 综合公司行销策略和卖场终端销售现状合理安排促销方案；

D. 公司促销品项的系统出货变价确认；

E. 公司促销品项的货源准备到位和卖场门店货品配送到位；

F. 门店业务人员和促销导购人员的促销活动告知宣导到位。

2. 要做好促销活动执行中的注意事项

A. 及时了解大卖场系统和货架价格签是否进行促销变价；

B. 检查陈列位置及排面有无依协议完全执行；

C. 检查促销品项是否保持有安全库存量；

D. 促销陈列的广告宣传布置是否到位和陈列面是否美化；

E. 促销活动的信息告知是否明显；

F. 导购员的产品推广活动是否按计划开层。

3. 促销活动结束后的收尾事项

A. 确认客户系统和各门店的促销价格是否变回正常价；

B. 及时了解各门店的促销品项销售状况；

C. 及时盘点各门店促销后库存量，针对异常库存及时做出分流措施；

D. 针对促销结果及时与卖场采购和门店主管进行分析和总结，扬长避短，为精进和提升下一次促销活动效果打下基础。

任务实训

实训一　人员推销实训

1. 柜台销售情景模拟实训

最近，你们的模拟企业向市场推出一种新的产品（服务），为了传递相应的产品服务信息，请销售经理用3~5min的时间模拟柜台销售情景，向前来咨询的顾客做相应的产品或服务推销与介绍。

2. 上门推销情景模拟实训

某高校在2014年10月将迎来100年校庆，校庆期间将有一系列活动，其中需要在大型酒店中安排会议、住宿、酒宴。

你们企业作为本地区高档酒店之一，为争取到这个业务，派销售部经理到校办公室联系业务，接下来请：

(1) 销售经理根据顾客需要设计所要提供的产品或服务。

(2) 模拟企业选派两名同学扮演校办主任、秘书，与酒店销售经理沟通、商谈服务要求。

(3) 各组设计推销过程，讨论情景中可能发生的提问和对话内容，设计相应的回答方式；时间不超过10min，以最终达成协议产生交易为结束。

(4) 将场景设计成PPT，并辅以用文字、图片等，以便其他组同学（顾客）了解公司产品服务的种类、特色、价格等。

复习思考

1. 影响促销组合策略选择的因素有哪些？
2. 你比较熟悉的人员推销的基本形式有哪些？
3. 常见广告媒体有哪些？各有什么特点？
4. 如何进行广告效果评估？
5. 公关赞助应该注意哪些方面的问题？
6. 常用的销售促进工具有哪些？

案例赏析

广告创意与表现

结合下图整形美容服务平面报纸广告，谈谈你对广告表现的看法：

1. 这则广告创意能引起消费者购买的欲望吗？
2. "有便宜，一起占""同享超低价格和折扣"对于整形美容，消费者会因便宜而采取行动吗？
3. "拉帮结伙美丽团"这样的语言出现在广告标题中，是否符合广告创意要求？

——有美丽，一起享，有便宜，一起占；拒绝一切光说不练！

现在邀请您圈子里好友，共同加入强华"拉帮结伙"美丽团同享超低价格！喊你的好友，一起漂亮起来吧！

参 考 文 献

[1] [美] 菲利普·科特勒，凯文·莱恩·凯勒. 营销管理（第13版·中国版）[M]. 卢泰宏，译. 北京：中国人民大学出版社，2009.
[2] 车慈慧，彭庆环. 市场营销策划实务 [M]. 大连：大连理工大学出版社，2010.
[3] 李宇红，周湘平. 市场营销实践教程 [M]. 北京：人民邮电出版社，2009.
[4] 岑咏霆，汤寿椿. 市场营销策划 [M]. 北京：高等教育出版社，2007.
[5] 张爱邦，刘雪梅. 营销策划原理与实务 [M]. 北京：高等教育出版社，2009.
[6] 兰炜. 市场营销理论与实务 [M]. 北京：首都经济贸易大学出版社，2010.
[7] 王吉方. 广告策划与实务 [M]. 北京：中国经济出版社，2009.
[8] 陈放. 品牌策划 [M]. 北京：蓝天出版社，2005.
[9] 叶茂中. 策划·做（上卷）[M]. 北京：机械工业出版社，2006.
[10] 孙涛. 广告创意的视觉表现 [M]. 北京：清华大学出版社，2010.
[11] 杨明刚. 国际知名品牌成功营销中国 [M]. 上海：华东理工大学出版社，2002.
[12] 赵轶. 市场营销 [M]. 北京：清华大学出版社，2011.
[13] 胡德华. 市场营销原理与实务 [M]. 北京：清华大学出版社，2011.
[14] 朱华锋. 营销策划理论与实践 [M]. 合肥：中国科学技术大学出版社，2010.
[15] 第一营销网，销售与市场：http：//www.cmmo.cn/
[16] MBA智库百科：http：//wiki.mbalib.com/
[17] 中国营销传播网：http：//www.emkt.com.cn/
[18] 中国管理传播网：http：//manage.org.cn/
[19] 易车网：http：//car.bitauto.com/
[20] 有效营销：http：//www.em-cn.com